불꽃처럼 살다간 梨花人 ③

柳寬應

횃불되어 타오르다

초이스북

일러두기

1. 유관순의 성과 이름은 유관순으로 표기한다.
2. 유관순의 한자 이름은 수형기록부에 표기된 대로 寬으로 표기한다.
3. 나이는 현재 사용하는 방법으로 만 나이로 표기한다.
4. 인용문이나 구술에서 사용된 옛 단어는 현대어로 바꾸어 표기한다.
5. 유관순을 비롯한 인명의 존칭은 생략한다.

유관순 柳寬順
횃불되어 타오르다

고혜령 지음

들어가는 말
유관순 전기를 쓰며 · 10

一. 시상
더 이상 간과하지 않겠다 · 20
망우리공원 · 23
주검 되어 돌아오다2 · 5

二. 이화학당
이화동산 · 30
근대 한국 여성교육의 요람, 이화학당 · 33
배운 것을 후배에게 되돌리는 이화교육 · 42
활달하고 동정심 많은 여학생 · 45
청소와 빨래를 해서라도 은혜를 갚겠다 · 53
최첨단 시설 갖춘 기숙사 생활 · 56
모든 일을 단정히 하고 규칙을 따라 행하라 · 61
이화 교육의 특징과 이문회 · 65

三. 유관순의 생장과   목천군 이동면 지령리 · 74
지령리

유관순의 출생과 사망 일자 · 80

집안의 내력 · 83

어린 시절 - 총기 있고 당찬 소녀 · 88

국채보상운동과 지령리 야소교회 · 94

지령리의 기독교 전파 · 100

앨리스 샤프 선교사와 영명학교 · 108

四. 3.1 만세운동   3.1만세운동의 배경과 전주곡 · 122

만세운동의 준비 · 127

3월 1일, 그 날! · 133

외신의 3.1운동 보도 · 138

五. 이화학생들의   대학과를 졸업한 이화출신 교사들 · 144
3.1운동

구국의 기도와 정동교회 · 147

이화학생들의 결사대 조직과 3월 1일 · 154

3월 5일 남대문역 학생단 시위 · 162

애국부인회의 단초 · 181

고향으로 간 만세운동 · 188

여학생에 대한 일제의 악랄한 고문 · 199

목차

六. 아우내 만세시위
충청도 일대의 만세시위 · 212
아우내장터 만세시위 준비 · 215
횃불되어 타오르다 · 226
지방법원에서의 투쟁과 판결 · 242
경성복심법원 · 250
여옥사 8호 감방의 만세소리 · 256
3월 1일 1주년 기념 만세 · 270

七. 타오르던 횃불, 한줌 재가 되다
죽음과 장례 · 278

八. 유관순 열사에 대한 추모
유관순관련 저술 · 288
해방공간에서의 유관순 발굴 · 295
박인덕과 신봉조의 유관순 이야기 · 299
유관순기념사업회의 창립 · 304
유관순 영화의 제작 · 306
교과서에 실기와 비판 · 308
백석대학교 유관순 연구소 · 310

九. 유관순가의	유중권과 이소제 · 312
독립운동가들	유우석과 조화벽 · 314
	유중무 · 319
	유예도와 한필동 · 321
	유제경 · 322
	유경석과 노마리아 · 325

글을 마치며
영웅 유관순을 그리며 · 328

색인 · 335
참고문헌 · 342

유관순기념관에 있는 유관순 영정

유관순 열사 생애

1902. 12. 16.	충청남도 목천군 이동면 지령리 출생
1914~15.	공주 영명여학교 수학(추정)
1916. 04.	공주 순회 선교사 샤프 앨리스 후원으로 이화학당 보통과 2년 교비생으로 편입
1918. 03. 18.	이화학당 보통과 졸업
04. 01.	이화여자고등보통학교 1학년에 진학
1919. 03. 01.	3.1운동 발발. 서울시위운동에 참여
03. 05.	남대문역 학생단 시위 참여
03. 13.	휴교령(3. 10)으로 귀향
03. 14~31.	아우내장터 만세시위운동 준비
03. 31.	매봉산에 올라 기도하고 봉화 올림
04. 01.	아우내장터에서 만세시위 주동. 체포되어 공주형무소에 수감
05. 09.	공주법원에서 5년형 받음
06.	경성복심법원에 항소하여 서대문형무소에 이감
06. 30.	경성복심법원 재판에서 3년형 언도
1920. 03. 01.	오후 2시, 서대문 감옥에서 옥중 만세시위 주도
04. 28.	영친왕과 이방자 여사 결혼 기념 특사령으로 형기가 1년 6월로 단축
09. 28.	오전 8시 20분 서울 서대문형무소에서 순국
10. 12.	이화학당에서 시신 인수하여 수의를 해 입힘
10. 14.	정동교회에서 김종우 목사의 주례로 장례식 거행, 이태원 공동묘지에 안장.
1962. 03. 01.	대한민국 건국 공로훈장 추서
1969.	매봉산 기슭에 추모각 건립 (72년 사적 제230호 지정)
1996. 05. 30.	이화여자고등학교 명예졸업장 추서
2018. 09. 07.	망우리공원묘지 이태원합장묘역에 유관순 표지비 건립
2019. 03. 01.	삼일운동 100주년 맞아 건국훈장 대한민국장 (1등급) 추서

들어가는 말

유관순 전기를 쓰며

올해로 3.1운동 100주년, 내년이면 유관순 열사 순국 100주년이 된다. 해방 후 태어나서 60대 이상의 세대들은 '삼일절' 하면 유관순을 떠올리고, '유관순' 하면, "3월 하늘 가만히 우러러보면 유관순 누나(언니)를 생각합니다. 옥 속에 갇혀서도 만세 부르다 푸른 하늘 그리며 숨이 졌대요."라는 노래를 자동으로 부르게 된다.

지난 해 봄 이화여고 박물관 자원봉사자를 대상으로 역사 특강을 했다. 옛날 이화여대 대학원 시절에 알았던 김옥경 선생(현대고등학교 역사과 교사 퇴직)의 요청으로 사양하지 못해 맡았던 것이었고, 이화여고의 역사적 특성상 '3.1운동과 이화' 라는 제목으로 3.1운동 전후의 이화의 인물들을 짧게 소개하였다. 김란사(하란사), 유관순, 황에스터 등 3.1운동에 큰 역할을 한 선배들을 대상으로 하면서, 사실상 유관순 열사에 대해서는 생략하였다. 그 이유는 유관순 열사에 대해서는 일반 국민 모두가 개략적인 것은 알고 있고, 그의 독립운동에 대해 다시 생각하는 일은 좀 더 많은 시간을 할애하여 독립된 강의를 만들어야 할 필요성에서였다.

특강이 끝나고, 이자형 동창회장으로부터 유관순 전기를 써달라는 제의를 받았다. 사실상 유관순 전기를 다시 쓸 필요성에 대해서는 이미 생각하고 있었던 터였으나, 개인적인 사정으로 포기한 상태였다. 총동창회의 요청도 있지만, 유관순 열사의 전기는 이미 오래전부터 여러 번 출간되어 왔고, 이제 와서 새로운 자료를 발굴하기도 어려운 상태에서 이전의 전기와 다른 특별한 전기를 쓸 수 있는 자신이 없었기 때문이다.

그러나 동창회의 요청을 거절하기도 어렵고, 내 개인적 형편도 어려워 시간을 갖고 깊이 생각해보기로 하였다.

우선 유관순 전기를 쓰려면 어떤 프레임에 넣고 그려내야 할지, 자료의 수집과 발굴 정리는 얼마나 잘할 수 있을지 뇌리에서 떠나가지 않았다. 또 그동안에 유관순에 대해 어떻게 소개되고 있는지, 유관순 열사 전기의 역사(史)를 망라해 볼 필요가 있었다.

마음을 다잡고 컴퓨터 앞에 앉았다. 우선 인터넷을 뒤졌다. 유관순의 검색어를 넣자, 3시간 전, 1시간 전, 또는 1일전의 기사가 뜬다.

"NYT, 유관순 추모하는 장문의 부고기사 게재"

비슷한 제목의 기사가 거의 모든 언론매체에 소개되어 있다. 마치 내가 유관순 연구를 시작하는 것을 알고 있다는 듯이.

뉴욕타임즈는 2018년 3월 29일(현지시간) 인터넷판 첫 페이지에 "1851년 창립 이후로 주로 백인 남성들의 부고 기사를 다뤘다. 이제 주목할 만한 여성을 추가하려고 한다. 더는 놓치지 않겠다"며 때늦은 부고 기사의 취지를 설명했다. 이 신문의 기획연재 '간과된 여성들'(Overlooked=주목받지 못한 여성들) 시리즈의 일환으로 그 첫 번째는 '일제에 저항한 한국의 독립운동가, 유관순'이었다.

때맞춰 내게 다가온 유관순 기사는 내게 유관순의 전기를 써야겠다는 마음을 고무시켰고, 며칠 동안의 고민은 새로운 탐구열로 바뀌어져 내 가슴을 벅차게 하였다.

1920년 감옥에서 숨진 유관순에 대한 전기는 해방 직후 아직 대한민국이 수립되기도 전에 광복절의 제정과 함께 일반에 알려지기 시작했다. 이후 유관순은 '3.1운동의 꽃', '횃불', '별' 등 다양한 호칭으로 어린 학생들부터 어른들에게까지 애국심의 표상으로 가슴에 새겨졌다. 유관순 영화도 제작되어 온 국민의 눈물샘을 자극한 것이 한두 번이 아니었다. 유관순에 대한 상세한 연구는 미뤄진 채 영웅적인 순국소녀의 모습만 강조되어 '한국의 잔다르크'로 자리매김하였다.

그 이유는 유관순의 일생이 18년이라는 너무나도 짧은 기간이었고, 이화여자고등보통학교 1학년 학생이라는 경력이 어떤 역사적 기록을 남길만한 시간도 없는데다가, 그나마도 이화학당의 기록이 1950년 '6.25전쟁'때 이화학교 본관(메인홀) 건물이 폭격으로 완전 소실되어 근거할 자료가 남아있지 않았기 때문이었다.

유관순의 일생과 구국투쟁을 알 수 있는 초기 기록으로는 유제한의 『순국처녀 유관순전』, 전영택의 『순국처녀 유관순전』, 박화성의 소설 『타오르는 별』이 있다. 이 분들은 유관순과 동시대에 살았던 분들로서 유관순에 대한 갖가지 사실들을 당시 함께 시위운동에 참여했던 사람들의 증언을 통해서, 또는 주변 친척과 친우, 함께 감옥에서 지냈던 분들의 증언을

---

1) '6.25전쟁'은 공식적으로 '한국전쟁'이라고 한다. 이 명칭은 미국 측의 자료와 시카고대 교수 브루스 커밍스가 쓴 『The Origins of the Korean War(한국전쟁의 기원)』에서 'Korean War'라고 한 것을 받아들인 것으로 보인다. 그러나 우리나라 사람이 우리나라의 전쟁을 '한국전쟁'이라고 말하는 것은 어폐가 있다고 본다. 우리 입장에서는 어디까지나 '6.25전쟁'이라 부르는 것이 맞다고 생각되어 필자는 '6.25전쟁'이라고 쓰기로 한다.

통해서 가장 사실에 가깝게 유관순의 실체를 밝힐 수 있었다. 그러나 이 분들의 책에서 많은 사실이 밝혀졌지만 아직도 분명하지 않은 사실들이 서술되어 있고, 또 사실과 다른 부분도 많이 남아 있었다.

유관순에 대한 본격적인 연구가 이루어진 것은 백석대학교(전 천안대학교)에 유관순 연구소가 설치된 후부터라 할 수 있다. 유관순 연구소에서는 유관순에 대한 자료 조사와 불분명하고 미확인된 사실들에 대한 연구를 진행해나가면서 많은 새로운 사실들을 밝혀냈다. 그 과정에서 유관순의 영웅화에 대한 비판적인 견해도 나왔다. 이는 오히려 '유관순의 영웅화'라는 그릇된 편견을 바로잡는 조사를 진행하는 계기를 만들어주어, 해방 후 유관순이 일반에게 알려지기까지의 과정이 소상하게 밝혀지기도 하였다.

이러한 조사와 연구 축적의 결과물로 유관순을 학문적으로 조명하여 그의 생애 전모를 밝혀낸 저서가 나오게 되었다 "이정은, 『유관순 불꽃같은 삶, 영원한 빛』, 독립운동사연구소, 2004)." 이 책은 그동안의 연구 성과를 반영하여 유관순의 일생을 상세하게 밝혔고, 이후 유관순 열사 전기의 기준이 되었다. 그러나 아직도 미확인된 사실이 많으며, 필자에 따라서 다르게 기록되어 어느 기록이 정확한 것인지조차 판단하기 어려운 부분이 많다. 이 책은 이제까지 유관순 열사의 궤적을 찾고자 노력한 분들의 수고를 바탕으로 하여 지금까지 밝혀진 사실들을 정확하게 알리고, 미확인된 사실들과 그 문제들의 논점까지도 아울러 밝히면서, 유관순 열사의 생애를 재구성하였다.

집필과정 내내 머리에서 맴도는 생각은, 무엇이 유관순으로 하여금 나라를 찾기 위한 투쟁에 뛰어들게 하였을까? 16세 어린 여학생으로 옥중에서의 모진 고문에 조금도 굴하지 않고 자신의 뜻을 굽히지 않게 한 힘은 어디에서 나온 것일까? 감옥에서의 혹독한 시련 속에서 불안과 공포를 이기고 오직 조선의 독립을 위해 자기 몸을 희생할 수 있는 정신력은 어디에서 온 것일까? 하는 것이었다.

이 책을 쓰는 과정은 바로 이 의문의 해답을 찾는 과정이라 할 수 있다. 과연 나는 유관순 열사의 전기를 쓰는 이화의 후배로서 이 답을 찾을 수 있을 것인가?

이제까지의 저술과 연구 성과를 토대로 하여 순국 100주년을 앞둔 이 시기에 유관순 열사의 생장과 배움, 자유와 인간애의 정신, 이들의 결실인 애국 혼을 되찾아 위의 물음에 대한 답을 찾아보려 하였다.

　책을 저술하는 데에는 기존의 전기, 연구서, 논문들의 연구 성과를 최대한으로 반영하였다. 앞서 이루어진 충실한 연구를 통해 유관순 전기를 써 주신 선도적 작가들과 특히 이정은 박사의 공적에 많이 힘입었음을 밝혀둔다. 서술해 나가는 과정에서 유관순 열사에 대해 인위적으로 미화하는 표현은 가급적 배제하고, 오직 사실에 입각한 서술을 원칙으로 하였다. 기존의 서술에서 유관순 열사의 어릴 적 모습이나, 학생시절의 생활 모습들, 어떤 면에서는 좀 과장되지 않았나 싶은 정도의 특별한 모습에 대해서는 가능한 한 수식적인 찬사를 자제하고 사실 중심의 기술을 하려 애쓴 점이 어쩌면, 유관순 열사를 숭배하는 일반인의 기대를 저버리는 것은 아닐까라는 우려도 있다. 그러나 사실(fact) 중심의 기록을 원칙으로 하는 역사학자로서의 필자의 한계로 문장 표현이 매우 건조함을 면치 못하나, 사실을 있는 그대로 서술함으로써 유관순 열사가 특별한 신화적 존재가 아니라 우리와 같은 인간이면서, 애국충정으로 나라에 몸을 바쳤다는 사실을 강조하고자 했다. 이는 애국 운동이 남의 일이 아니라, 우리 자신 누구나 할 수 있다는 점, 나라를 위해 누구나 몸 바칠 수 있음을 더 생생히 공감

할 수 있도록 하는 것이 이 책이 추구하는 바이기 때문이다.

끝으로 이 책이 나올 수 있게 기획한 이화여자고등학교 총동창회와 그 지원에 감사드린다. 1년 남짓이라는 매우 짧은 기간 동안에 유관순 전기를 쓸 수 있게 된 것은 많은 분들의 도움이 있기에 가능하였다. 먼저 본격적으로 유관순 열사를 연구하여 훌륭한 업적을 내신 이정은 박사님의 연구에 많은 도움을 입었고, 자료조사와 집필에 많은 도움을 주신 백석대학교 박충순 교수님과 유관순 자료의 대부분을 모아 백석대학교에 제공하여서 유관순 연구가 한 단계 더 심화될 수 있도록 기여하신 향토연구가 임명순 선생님, 여성사에 있어서, 특히 항일여성독립운동가를 집중 연구하신 박용옥 선배님의 조언도 큰 도움이 되었다. 또 집필과정에서 자료조사와 확인에 도움을 주신 감리교신학대학교 조선혜 목사님, 앨리스 샤프 선교사와 유관순의 관계를 확인할 수 없어 고심 중에 뜻하지 않게 만난 후배 임연철 교수의 자료 협조, 초고를 끝까지 읽고 친절한 자문을 해준 동학(同學) 이영남 교수, 외국 선교사의 보고서를 우리말로 편하게 번역해 준 서숙 교수, 지난 5월 처음 공개된 유관순 열사의 이화학당 시절 사진을 제공해준 이화여자대학교, 서대문감옥과 8호 감방 사진 등을 제공해준 서대문형무소역사관, 학교에 비치한 『거울』지를 조사하도록 도움을 주신 이화여자고등학교의 김혜정 교장선생님과 거친 글을 잘 다듬어 편집해 주신 초이스북 최혜정 대표에게 감사의 말씀을 드린다.

    마지막으로 투병 중에도 아내의 연구 작업에 지장을 줄까 항상 염려해 준 남편 장배식이 50년을 함께 살아온 끝에 하나님을 영접하고 하늘 문을 두드리게 된 것을 큰 기쁨으로 생각하며, 무엇보다 은퇴 후에도 이같이 뜻있는 일을 할 수 있는 기회와 건강을 주신 하나님 아버지의 은혜에 감사의 기도를 올린다.

2019년 9월

아우내의 함성을 생각하며

고 혜 령

서장

❁ 더 이상 간과하지 않겠다

2018년 3월 29일자 미국 뉴욕타임즈 1면 기사.

2018년 3월 29일 미국 뉴욕타임즈(The New York Times)지는 "더 이상 간과하지 않겠다:한국독립을 위한 10대의 순국자" 라는 제목으로 유관순의 옥중사진과 그녀가 자유를 위한 외침의 상징이 되었다는 기사를 제1면에 실었다.

이 기사로 인해 유관순은 이제 한국의 독립운동가에서 전 세계에 알려진 독립운동가로 자리매김하게 되었다. 한국의 3.1운동 100주년을 한해 앞둔 시점이었다.

올해 1월 미국에서는 뉴욕주의회가 유관순 열사를 기리는 결의안을 채택했고 뉴욕주 차원에서 3월 1일을 '3.1운동의 날'로 기념하기로 정했다. 미국 뉴욕주 롱아일랜드 나소카운티(Nassau County, Long Island)도 내년부터 3월 1일을 '3.1운동의 날'로 지정하고 '유관순 상'을 제정하기로 했다는 보도를 보았다. 나소카운티는 16~18세 여고생을 대상으로 '유관순 상' 후보를 접수해 리더십과 희생정신 등을 기준으로 수상자를 선정할 계획이라고 한다.

더욱 반가운 일은, 유관순 열사의 서훈이 1등급인 '대한민국장'으로 승격했다는 소식이다. 유관순 열사는 1962년 3등급인 '건국훈장 독립장'을 받은 이래 서훈 등급이 낮다는 지적이 오래전부터 제기되어 왔는데, 올해 3월 1일 직전, 서훈 1등급으로 전격 결정된 것이다. 비록 늦었지만, 반가운 일이 아닐 수 없다.

이 얼마나 감격스런 일인가. 유관순 열사가 일반인에게 알려진 것은 옥중에서 순국한 후 장례식조차 공개적으로 치르지 못하고, 이태원에 무명의 묘로 남게 된 그 날 이후 27년이 지난 1947년이었다. 8.15 광복을 맞으면서 안중근 의사, 윤봉길 의사와 함께 유관순 열사를 기억하는 사람들에 의해서 유관순의 옥중 항거가 알려지기 시작한 그 때는 아직 대한민국 정부가 수립되기도 전이었다. 곧이어 유관순 열사의 순국의 역사는 초등학교 교과서에 실리고, 영화로 제작되고, 책으로 간행되어 전 국민 모두가 모르는 사람이 없는 '국민 누나', '한국의 잔다르크-유관순 누나'가 되었다.

그러나 21세기에 들어오면서 이상하게도 유관순 열사의 흔적에 생채기를 내고, 업적을 폄하하고 심지어 그의 순국 행동을 의심스러운 눈길로 보는 일부 사람들이 나타나면서, 유관순은 은연중에 잊혀져가는 인물이 되어가고 있었다. 왜 그들은 나라를 위해 순국한 순수한 영혼을 제대로 받아들이지 못하고 정치 이념의 산물로 왜곡시키려 하는가?

국내 일부의 이런 분위기와는 달리 외국에서 3.1운동의 독립투쟁을 높이 평가하고, 세계적인 언론에서 유관순을 다루고, 유관순의 정신을 기념하는 행사가 나오면서, 저간의 의심스런 눈초리는 이제 다시 고개를 내밀 곳을 찾지 못하고 있다.

100년이 걸려 되돌아보는 유관순의 순수한 애국정신, 10대 소녀의 불굴의 투지와 저항정신, 우리는 그 정신의 연원과 저력을 다시 찾고 계승하여 100년 전의 국제상황과 별다르지 않은 현재의 우리나라를 당당하고 번영하는 나라로 만드는데 기여할 수 있는 것이 무엇인지를 찾아야 할 것이다.

❀ 망우리공원

2018년 9월 7일. 아직 여름 더위가 가시지 않은 초가을. 지난 밤 심하게 몰아쳐내려 잠을 설치게 하던 비는 그치고, 맑은 하늘과 빛나는 태양의 아침이 열렸다.

망우리공원 묘원의 안내 표지판을 따라 100m쯤 올라가다가 왼편 언덕 아래로 내려가서, 큰 나무로 가려진 비탈진 곳에 사람들이 모여 들었다. 무슨 일일까?

이윽고 11시. 30여 명 모여든 사람들은 이곳에 '유관순 열사 분묘 합장 표지비' 설치 행사를 치르며 만감이 교차하는 듯 차분한 표정을 지었다. 이곳에는 이미 오래된 자연석 비석이 서있다. 비석에는 '이태원묘지 무연분묘 합장비'라 새겨져 있다. 1937년 이태원에서 옮겨온 무연고(無緣故) 즉 연고 없는 사망자들의 무덤을 이장하는 중에 화장(火葬)하여 그 혼백을 함께 모신 곳이라는 표지이다. 그날 모인 사람들은 이곳이 유관순의 유골이 함께 화장되어 묻혀있는 곳이라는 표지석을 세우기 위해서였다. 유관순을 배출한 이화여자고등학교의 교장과 총동창회장, 후배 동창들, 그리고 유관순 열사기념사업회 회장, 삼일여성동지회, 백석대학교 유관순 연구소 관련 인사들을 비롯하여 관심 있는 참석자들이 유관순 표지비를 제막하고 100년 동안 묻힌 곳조차 잊혀져있던 유관순의 넋을 기렸다.

 유관순 열사가 돌아가신 것은 1920년 9월 28일, 2년이 모자라는 100년 전의 일이다. 그 날도 날씨가 이렇게 청명했을까? 한국의 가을 하늘은 유난히 청명하고 맑다. 열사가 돌아가신 날이 9월의 마지막이니 아마도 오늘 보다는 좀 더 서늘하고 하늘은 더욱 푸르렀겠지. 그 푸른 하늘을 다시보지 못하고 영면한 유관순의 얼을 찾아 지금부터 100년 전으로의 여행을 시작해 보자.

이태원묘지 무연분묘합장비(왼쪽)와 2018년에 새로 세운 유관순 표지비

주검 되어 돌아오다

유관순 열사의 시신이 이화학당으로 돌아온 것은 사망일보다 한참 후인 10월 12일이었다. 3.1만세운동[2]이 일어난 다음 달인 4월 1일에 일어난 아우내장터 만세운동에서 부모가 모두 돌아가셨고 오빠와 동생들의 행방조차 잘 알려지지 않아, 서대문감옥에서는 유관순의 시신을 몰래 처리해 버리려고 하였다.

유관순이 감옥에 있는 동안 3.1만세시위에서 함께 만세 불렀던 친구들과 선생님들은 대부분 풀려나왔지만, 유관순은 3년이라는 중형으로 서대문감옥에 수감되어 있었다. 유관순은 감옥에서도 자주 만세를 부르고 일제의 명령에 고분고분하지 않고 항거하여 끊임없이 매를 맞고 심한 고문을 당한 터라 몸이 매우 쇠약해진 것을 친구들은 이미 염려하고 있었다. 그러나 9월이 되자 유관순이 곧 감형되어 풀려나올 거라는 소문이 이화학당에 전해지기 시작하였고, 친구들은 그를 맞이하기 위하여 새 옷을 준비하고 예쁜 핀을 사는 등 그의 출옥을 기다리고 있었다.

---

2) 최근 일각에서는 '3.1운동'을 '3.1혁명'이라고 불러야 한다고 주장한다. 역사적 사건은 역사의 흐름과 함께 변화하면서 그 성격에 대한 정의도 변화하기는 하나 이 책에서는 기존의 명칭인 '3.1운동', '3.1만세운동', '3.1독립운동', '3.1만세시위' 등의 용어를 그대로 사용하기로 한다.

그러던 어느 날 유관순은 거적데기에 싸인 시신으로 수레에 실려 돌아왔다. 유관순과 5년간 기숙사의 한방에서 지냈다는 이화학당 동창생 이정수(승명 보각, 당시 학교에서는 도별래라 불렀다)는 유관순의 시신이 들어올 때 썩은 냄새가 진동하며 두 사람이 들것을 가지고 들어왔다고 증언한다.[3] 들것에는 죄인의 수형표가 붙은 채 뻘건 죄수복 속의 유관순이 시신으로 누워있었다.

이 얼마나 잔인무도한 일인가? 불과 1년 전 씩씩하고 건강하던 젊은 여학생 유관순은 시위 때 입은 상처를 제대로 치료조차 받지 못한 상태에서 모진 고문과 폭행, 갖은 악형으로 온몸이 만신창이가 되어 끝내 사망에 이르러 돌아온 것이다.

사망 원인은 방광파열!

10월 14일 친구들이 눈물로 마련한 수의를 입혀 정동제일예배당에서 소박한 장례의식을 치렀다. 장례예배는 김종우 목사가 주재하였고, 예배에 참석한 친구들은 지극한 슬픔 속

---

[3] 유관순 열사기념사업회, 순국소녀 유관순, 창간호, 보각스님 인터뷰, 2003, 50~51쪽. 보각스님(이정수)은 3.1운동 이후 학업을 계속하여 이화여전 영문과와 일본 동경제국여전 사회과를 다녔다. 상해로 건너가 독립운동의 길에 들어섰으나 남편과 사별 후 굴곡의 생애를 거쳐 불교에 귀의하였다. 출가 이전에는 국방부인회장, 불교부인회장 등을 역임하면서 활발한 사회활동을 펼쳤다. 경기도 하남시 통일정사의 주지로 있다가 2006년 입적했다. 1994년 3월 1일에는 당시 이화학당 선배이던 김폴린과 해후했다.

에서 흐르는 눈물을 그칠 수 없었다. 일제는 유관순의 시신을 내어주며 월터(Miss Althea J. Walter)선생에게 이를 세상에 알리지 말라는 조건을 달았고, 장례에 친구들이 참석하는 것도 극도로 제한하였다. 당시 학당장 서리를 맡고 있던 월터 선생은 장례절차 및 장지(葬地)를 일제 당국이 제시한 조건에 따르기로 하고 유관순의 시신을 인수하였다.[4]

동급생들이 장례 행렬을 따르는 것을 막아 월터 선생과 김활란 선생 그리고 오빠 유우석 등 몇 사람만 그 뒤를 따랐다. 이태원공동묘지에 묻힌 유관순의 묘소에는 묘표(墓表)도 세울 수 없었다. 따라서 후일에 어느 누구도 그의 영혼 앞에 나가 추모조차 할 수 없게 되었다. 일제의 잔학한 고문과 압제의 참상으로 빚어진 유관순의 죽음은 이화학당과 관련되는 사람들, 친구들, 천안의 유씨 일가에게만 은밀히 알려졌을 뿐 시간이 흐르면서 역사의 뒤안길로 사라져버렸다.

유관순이 순국한지 100년, 18년이라는 짧은 생애로 마감한 그녀에 관한 유물이나 기록은 거의 찾을 수 없다. 가장 확실하게 남아있을 수 있는 것이 학교에 다녔던 기록들이다. 그러나 불행히도 이화학당에는 유관순과 관련된 기록을 전혀

---

4) 이화여자고등학교, 이화백년사, 1994, 165쪽.

월터 선생

찾을 수 없다. 1886년에 창립한 이화학당은 유관순이 다닐 때는 벌써 30년이 지나 체제가 갖추어진 학교였다. 유관순의 학적부며 성적표, 기타 부수적인 기록이 있었겠지만 아쉽게도 1950년 6.25전쟁 때 이화학당의 대표적인 건물 메인홀이 폭격으로 무너지면서 모든 기록이 함께 소실되었다. 유관순에 대한 것은 가족과 교우나 스승, 친척의 기억을 통하여 알려진 것이 최선의 자료이다. 그러나 100년이 지난 지금에 그와 접촉했던 인물은 거의 아무도 살아있지 않다. 따라서 이전에 다른 연구자·조사자들이 이루어 놓은 자료들, 기억을 더듬은 구술을 통한 자료에 의존할 수밖에 없다. 혹자는 이렇게 말한다. 유관순의 확실한 자료는 단 세 가지, 호적(제적등본), 수형자 기록부, 재판 판결문뿐이라고. 사실 그렇다. 여기에 이화학당 시절에 찍은 사진 한 장과 주변 사람들의 기억들, 이들을 가지고 유관순의 모습을 재생해 보기로 한다.

二

이화학당

프라이 당장

🌸 이화동산

유관순이 앨리스 샤프(Alice J. Sharp, 史愛理施, 사애리시)선교사를 따라 이화학당에 온 것은 1916년경으로 추측된다.[5] 이화학당장인 프라이 선교사는 당시 공주지역에서 영명여학교를 세우고 선교활동을 하고 있는 '사부인'(앨리스 샤프 선교사를 당시 한국인들은 史부인이라 불렀다)의 추천을 받아 유관순을 교비생으로 편입시킨 것이다. 당시 사촌언니 유예도(禮道, 愛多)는 이미 이화학당에 다니고 있었다.

교비생이란 오늘날의 용어로 장학생을 말한다. 즉 학교에서 입학금, 수업료 등을 부담한다는 뜻이다. 이화학당 설립 초기에 학생들은 모두 학당에서 생활하였으며, 교육비는 물론 의복 침식 등 생활에 필요한 모든 비용을 학당에서 지원해

---

5) 이화여자고등학교, 이화백년사, 1994, 162쪽. 영명학교100년사에도 1916년이라 추정하고 있으나, 1915년설도 있다. 확실한 근거는 남아있지않다.

주었다. 이화학당 초기 학생들은 형편이 어려운 집의 소녀들이 대부분이었다. 개중에는 부모가 일찍 서양문명에 눈을 떠 여자도 배워야 한다는 의식을 가지고 딸을 맡기기도 했지만, 대개는 형편이 어려운 경우가 많았다. 학당에서는 바깥세상에 나도는 좋지 않은 소문 때문에 학생들을 단속하여 거의 외출을 시키지 않았다. 초기 학생들의 증언에 의하면 그들이 학당에 들어가 10년 가까이 교육을 받는 동안 외출하여 자기 집에 돌아간 적은 한두 번밖에 없었다고 한다. 당시 학생들에게는 시집가는 날이 졸업하는 날이었다. 그러나 점차 학생들이 늘어나면서 기숙사 방이 부족하여 자기 집에서 다니는 학생도 생겨났고, 학비를 스스로 부담하는 학생들도 받게 되었다.

메인홀

처음 커다란 한옥 건물을 짓고 시작한 이화학당이지만, 점점 학생 수가 늘어나면서 1900년초에는 서양식 2층 건물(메인홀)이 이화동산에 우뚝 세워져 그 위용을 자랑했다. 유관순이 입학하던 시기에는 메인홀 외에도 심슨 부인의 후원금으로 지어진 심슨홀(심슨기념관)과 유치원 건물인 에드가 후퍼 기념관이 있어서 아름다운 '이화동산'을 구성하고 있었다. 당시 이화학당의 가족들은 학당 안의 교사(校舍)와 정원을 '이화동산'이라 불렀다.[6] 이화동산에는 또 넓은 운동장이 있어서 학생들의 체육활동과 창립기념일의 다양한 행사가 펼쳐졌다. 1916년은 이화가 창립 30주년을 맞는 해였다.

이 무렵의 학교 현황은 당시 배재학당 교사였던 강매 선생이 집필한 『정동제일교회 30년사』에 잘 소개되어 있다. 당시 이화학당의 학생 수는 230여 명, 중학과 졸업은 62인이고 그 중 교사가 된 자는 25인이요, 미국에 유학생 5인이요, 본 학당 대학과에 입학생 13인이며 대학과 졸업생은 7인으로 본 학당 교사로 근무한다고 하였다.[7] 이화학당의 직원은 당장 프라이, 사무직원 조만수와 박흔영, 일반 교사 이성회(李成會) 선생을

---

6) 김활란, 그 빛 속의 작은 생명, 이화여대출판부, 1999(1975), 28쪽.
7) 강매, 정동교회30년사, 1915.

포함하여 32인이었다.[8] 교사진은 아펜젤러·헐버트 등 미국인이 7명, 한국인 남자 선생들도 있지만, 김란사(하란사)[9]·신마실라·이화숙·윤심성·김메례 등 이화학당을 졸업한 교사가 다수였다. 즉 미국, 일본에서 유학하고 돌아온 졸업생과 이화학당 대학과를 졸업한 선배들이 교사로 와 있어서 메리 스크랜튼 선교사에 의해 시작된 신교육이 대를 이어 후배를 양성하고 있음을 볼 수 있다. 메인홀에는 대학예과와 대학과 교실, 기숙사, 강당, 선교사 숙소가 있었고, 심슨홀에는 보통학교, 고등보통학교 교실 및 체육관이 있었다.[10]

❀ 근대 한국 여성교육의 요람, 이화학당

한국에 기독교를 전파하기 위해 첫 번째 여성 선교사로 파견된 메리 스크랜튼 부인은 1886년 5월 단 한 명의 학생으로 여성 교육을 시작하였다. 학생 수가 점차 증가하고 자리가 잡히면서 고종황제로부터 이화라는 학교명을 받았다. 처음의 학교는 기숙학교로서 어린 소녀들이 입학하여 학당에서 교육을 받으면서 근대적인 신여성으로 성장하였다.

---

8) 이화여자고등학교, 이화백년사, 1994, 142~143쪽.
9) 김란사는 이제까지 남편 성을 따라 하란사로 불리었으나 이 책에서는 본래 성을 사용하여 김란사로 표기한다.
10) 이화여대, 이화100년사, 1994, 137쪽

"우리의 목표는 한국 소녀들로 하여금 우리 외국 사람들의 생활, 의복, 환경에 맞도록 변화시키는데 있지 않다. 우리는 한국인을 보다 나은 한국인으로 만드는데 만족한다. 우리는 한국적인 것에 긍지를 갖는 한국인이 되기를 희망한다. 나아가서 그리스도의 교훈을 통하여 완전무결한 한국인을 만들고자 희망하는 바이다."[11]

스크랜튼 여사가 여성교육 사업을 실시한 목표는 한국 여성들이 교육을 통해 자아를 발견하고 한국인의 자존심을 되찾게 하는 데에 있었다.

이화학당이 시작된 지 10년 후 서재필을 중심으로 조직된 독립협회에서 발간하는 독립신문에서는 사설을 통하여 "정부에서 백성의 자식을 교육함에 있어 어찌 남녀가 층등이 있게 하리요" 라며 여성교육의 필요성을 논하였다.[12] 또 북촌의 양반 여성들은 여학교를 세워 달라며 '찬양회' 라는 단체를 조직하고 통문을 돌렸다. 이들은 순성여학교를 열고 학부(學部)[13]

---

11) The Korea Repositary, March, 1892, p.90
12) 독립신문, 1896.5.12.
13) 1894년 갑오경장으로 의정부 대신에 통리기무아문이 설치되고 그 안에 교육 담당 부서로서 학부(學部)가 설치되어 조선시대의 예조(禮曹)의 기능을 담당하였다.

를 찾아가기도 하였다. 이러한 영향으로 정부 주도로 여성 교육기관이 설치된 것은 1905년 을사늑약 이후였다. 통감부가 고등학교령, 보통학교령, 고등여학교령 등을 공표함으로써 1908년 비로소 서울에 관립 한성여자고등여학교가 설립되었다. 동시에 초등과정에서도 여아의 교육이 시작되어 최초의 여자보통학교인 경성여자보통학교(지금의 덕수초등학교)가 세워진 것이다. 1886년 메리 스크랜튼 선교사에 의해서 세워진 이화학당은 이들보다 10여 년 전에 세워진 여성만을 위한 최초의 교육기관이었다.

이화학당 창립 후 초기 약 20년간은 거의 초등학교 수준의 교육기관으로서 존재해왔다. 학당 초기에 들어온 9~10세 전후의 소녀들은 10년 가까이 학당에서 교육받고 결혼 상대자가 생기면 학당에서 주선하여 혼인식을 거행하고 시집으로 감으로써 학당을 나가게 되었다. 20세기의 시작과 더불어 이화학당은 교과 과정을 제대로 갖춘 학교를 운영하기 시작하여 정부 인가를 받은 최초의 여성을 위한 중학교가 되었다.

1906년에는 일제 통감부에 의해 사범학교령, 고등학교령, 외국어학교령, 보통학교령이 공포되어 각급 학교의 학제를 개편하였다. 이러한 추세에 따라 이화학당은 '이화학당 학칙

전 12조'를 제정하였다. 그에 따르면 중학과의 수업연한은 4년이고, 정원은 80명, 입학연령은 14~22세로 한정하였다.

초기에는 미국의 학제를 따라 9월에 학기를 시작하고 6월에 졸업식을 거행하였다. 1904년에 시작된 중학과는 4년의 과정을 마친 후 1908년 6월 18일에 제1회 졸업생 5명을 배출하였다. 창립 22년 만에 첫 졸업식이 거행된 것이다. 이는 한국에서 처음 있는 여학교 졸업식으로 "우아하고 화사하였다."고 당시 신문들은 전한다.

1908년 6월 13일자 황성신문은 이화의 첫 졸업식을 이렇게 알렸다.

제1회 중학과 졸업생들

"이화학당 중학과 졸업식은 본월 18일 하오 8시 정동 감리교 제일회당에서 실행(設行)하기로 결정하고 각 대신(大臣)과 중추원 고문(中樞院 顧問) 및 외국 고등관(高等官) 제씨(諸氏)께 청첩함."

1908년 졸업생 중에는 학교에 들어온 지 9년이 된 학생부터 8년, 7년 된 학생 등 다양했는데, 1908년에 처음으로 같이 몰려다니며 배우던 다섯 학생이 졸업장을 받게 된 것이다. 열한 살에 들어온 박경숙(박꺼투룻, 결혼후에 최경숙)은 8년 동안 배우다 열아홉에 졸업하게 됐고, 열두 살에 들어온 김활란(결혼 후에 최활란)은 갓 스물이 되었다.

졸업식은 정동 예배당에서 밤에 거행되었다. 최감리사(최병헌 목사)가 축복기도를 해주었다. 졸업생 다섯 사람은 이날 둥그런 챙 머리를 틀고 배꽃같이 흰 옷을 길게 늘여 입은 후 하얀 미투리를 신었다. 당시로서는 한껏 차려입은 것이었다.[14] 이화학당 20년 만에 처음 있는 경사이자 한국에서 역사적인 이 행사에는 각계각층에서 많은 손님들이 참석했다. 월남 이

---

14) 이화여자고등학교 이화백년사에는 빨간 치마에 빨간 저고리를 입고 들어왔다고 하였고, 이화여자대학교 이화100년사에는 배꽃같이 하얀 치마저고리를 입었다고 하였다. 그런데 사진을 보면 흰 치마저고리가 맞는 것으로 보인다.

상재, 윤치호, 미국 총영사 서몬스(Summons) 등 내외 귀빈이 다수 참석하고 학부형과 사회유지들도 많이 모인 가운데 존스 박사의 사회로 졸업식이 거행되었다.

서몬스 총영사의 축사에 이어 다섯 명의 졸업생들이 각기 한국말로 연설했으며 수석 졸업생의 답사에 이어 졸업가로 '오 이탈리아'를 합창하여 내외 귀빈을 기쁘게 하였다. 졸업생 다섯 명은 김활란, 박경숙, 김순의(김순이), 송수산나, 노우리 박(김노리베카)이었다.[15]

첫 번째 중학과 졸업생을 낸 이화학당은 1908년 9월 17일자 황성신문에 학생모집 광고를 냈다. 그 내용은 초등과와 중등과, 고등과 학생을 뽑는다는 것인데, 교과목과 입학 자격, 학비, 입학시험 과목 등을 상세히 제시하고 있다.

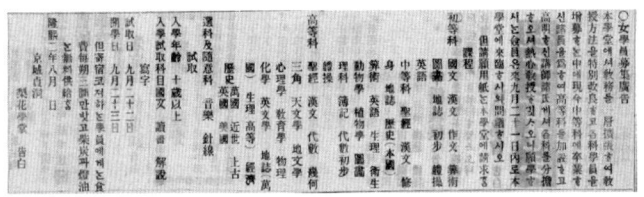

학생모집 광고, 황성신문

---

15) 이화여자고등학교 이화백년사(1994, 82~83쪽)에는 "1명은 영변자구에서, 4명은 모교에서 교사직이 기다리고 있었다."고 하였고 이화여대 이화70년사(1956, 60쪽)에는 "두 사람은 교편을 잡았고 세 사람은 가정으로 들어갔다."고 하였다.

여학원 모집광고

본 학당에서 교무를 일층 확장하여 교수방법을 특별개량하고 각과 학생을 증모하는 중에 현금 중학과를 졸업하신 여러분을 위하여 고등과를 가설하고 고명하신 강사 여러분께서 각과를 분담하셔서 열심히 교수하겠시오니 배움을 원하는 수험인은 오는 9월 21일까지 본 학당에 방문하셔서 문의하시오.

단 청원용지(입학원서)는 본학당에 청구함.

과정: 초등과/중등과/고등과

응시자격: 입학연령 10세 이상

    입학 시험과목 국문, 독서, 해설, 사자(쓰기)

    시험일 9월 22일

    개학일 9월 23일

단 기숙하고자 하는 학생은 매달 식비 3환만 받고 연료와 등유는 무료 공급함

융희2년 8월 일

1908년에는 학생모집 광고가 황성신문에 실릴 정도로 학교 규모나 조직이 갖추어졌음을 알 수 있다. 심지어 지원하는 학생을 대상으로 한글 해독 능력과 쓰기 등의 간단한 시험을 쳐서 최소한 초등교육 수준을 마친 아이들을 뽑아 교육시켰다. 이 시기의 이화학당은 이제 국내 여성교육의 효시로 인정받고 많은 학생들이 입학을 지원하게 되었다.

그리고 1910년에는 프라이 학당장의 노력으로 대학과를 설치하여 4년제 대학에 음악과, 체육과, 가정과를 두었다. 뿐만 아니라 유치원과 유치원 교사의 양성을 목표로 하는 유치사범과를 둠으로써 이화동산 안에는 유치원, 보통과, 중학과, 대학과, 유치사범과의 5개 과정이 설치되어 여성을 위한 전(全) 단계의 학습이 이루어지고 있었다.

1918년 '조선교육령 및 개정사립학교규정'에 의해 학교 체제도 개편되었다. 즉 보통과는 보통학교 4년으로, 고등과는 고등보통학교 3년으로, 중학과는 대학예과로 바뀐 것이다. 따라서 유관순이 이화학당에 입학할 당시에는 보통과였으나 1918년 3월 유관순이 졸업하던 해에 이화여자보통학교로 명칭이 바뀌었고, 고등과도 이화여자고등보통학교로 바뀌어 유관순은 이화여자고등보통학교 1학년으로 입학하였다. 당시 새 학기는 4월에 시작하기 때문에 3.1운동 당시 유관순은 아직 고등보통학교 1학년 마지막 시기였다.

유치원, 보통과, 중학과, 대학과, 유치사범과 학생들

1918년 3월 16일 이화학당 보통과 4학년 기념사진
유관순과 같은 학년이나 유관순은 없다. 총 21명.
앞줄 왼쪽에서 세 번째가 김혜장(박용옥 교수의 어머니),
오른쪽 두 번째가 유예도(애다, 유관순의 사촌언니)
〈박용옥 교수 제공〉

당시 이화학당은 가장 기본적인 성경과 찬송, 음악, 체조를 비롯하여 국문, 한문, 영어, 지리, 역사, 생리, 위생 동물학, 식물학, 부기 등을 가르쳤다. 당시 학교에서 제시한 교과목을 그대로 다 가르쳤는지는 확인할 수 없으나 고등과에서는 대수기하, 삼각, 천문학, 지문학(地文學=인문지리), 심리학, 교육학, 물리, 화학, 경제, 세계역사 등을 가르쳤다.

❀ 배운 것을 후배에게 되돌리는 이화교육

일제의 식민지 교육목표는 한민족에 대한 우민(愚民)정책과 동화(同化)정책이었다. 식민시대 초기, 이화교육이 점차 식민당국의 교과 요목을 따르고 있기는 하였으나 이화학교는 그 자신의 교육목표를 어떤 일면에 있어서는 충분히 달성해 가고 있었다. 그것은 성경교육과 음악교육을 통해서였다. 학당의 규칙은 엄격하여 실력 없는 학생은 진급을 허락지 않고 낙제시키는 것이 예사였다. 재학생 수는 많은데 졸업생 수는 극히 적었다는 것이 그러한 사실에 연유한다. 학교 당국이 학생의 실력 향상에 비상한 관심을 가지고 있었던 것은 졸업생

들을 대개 교육계로 진출시켜 교사가 되게 하려는 데서였다.[16]

1915년 선교보고에 의하면 이화학당 고등과는 학생 중 반수 이상이 가난한 가정 출신이며 학교에서 그들에게 수업료와 식비를 도와주고 있다. 학부모는 책과 의복, 침구를 담당하며, 졸업한 후에는 모교나 시골학교에서 가르치는 것으로 교비 도움 받은 것을 갚는다. 대학부가 만들어진 이후 이화학당에는 서양 선교사 교사들 외에 이화에서 교육받고 대학부를 졸업한 선배 교사들이 후배 교육의 중추가 되었다.

교비생으로 학업을 마친 졸업생은 학교에 남아 학생들을 가르치거나, 개인적으로 학교를 세워 아이들을 가르칠 것을 의무로 하였는데, 서울 각지에 생긴 부속학교가 바로 그런 예이다. 즉 여성들은 그들이 학교에서 교육받은 혜택을 또 다른 여성을 교육시킴으로써 갚도록 하는 것이다. 서양인들의 철저한 실용주의를 엿볼 수 있다. 졸업생들이 세운 부속학교는 이화학당에서 재정 지원을 하며 관리하였다. 졸업생들은 학교에 남아 가르치거나, 부속학교에서 가르치는 외에도 일본이나 미국으로 유학의 길을 떠났다. 유학을 마치고 돌아온 여성들은 곧 우리나라 여성을 교육시키고 인간다운 삶을 살도록 이끌어

---

16) 이화여자고등학교, 김용섭 저, 이화70년사, 공타이프판, 1961, 187~188쪽

가는 선도적인 역할을 하는 신여성이 되었던 것이다.

이 무렵 이미 이화에서 교육받은 김점동(박에스더)이 미국 유학에서 의사가 되어 돌아오고, 기혼 여성을 받아들이지 않겠다는 이화학당에 가서 간청하여 학생이 된 김란사는 일본으로 유학 갔다가, 다시 미국에 가서 공부하여 최초의 여학사가 되어 돌아와 있었다. 또 일본 갓츠이(活水)대학에서 유학하고 돌아온 김활란(최활란)선생이 있었고, 대학부를 졸업한 박인덕, 신준려, 윤심성, 김활란, 김독실 선생 등이 포진되어 있었다. 이들은 담당하는 교과 외에 일제 압제 하에서 독립을 열망하는 학생들의 애국심을 무언으로 지지하고 있었다.

이화 시절 유관순. 뒷줄 오른쪽 끝에서 옆친구의 어깨에 손을 얹고 있다.

이 땅에 이화가 세워진 이래 이화의 울타리 안에서는 나라를 위하여 기도하는 소리가 그치지 않았고, 민족의 고통에 동참하는 뜨거운 열정이 사그라지지 않았다. 교육을 통하여 이화인들은 자아를 발견하고, 섬기고 봉사해야할 이웃을 발견하고, 사랑하고 지켜야 할 나라와 민족을 발견하였다.[17]

❀ 활달하고 동정심 많은 여학생

유관순은 보통과에 편입하여 한 학년 위에 재학 중인 사촌언니 유예도, 이정수, 서명학과 함께 기숙사 같은 방에서 생활하게 되었다. 유관순의 성품과 학교생활에 대해서는 이정수와 서명학의 증언을 통해 가늠할 수 있다.

유관순은 키가 컸다. 이화학당 시절 친구들과 찍은 사진이 있다. 아마도 보통학교 시절에 찍은 것으로 추측되는데, 가운데 키가 큰 여인이 선생님(이활란=이계순)이고, 유관순은 뒷줄 오른편 끝에 서 있는데 키가 커서 친구의 어깨 위에 팔을 올려놓고 있다. 얼굴은 통통하고 복스럽게 생긴 편이다. 유관순의 수형자(受刑者) 기록표에는 그의 키가 5척6촌(5尺6寸),

---

17) 이화여자대학교, 이화백년사, 1994, 79쪽.

이화학당 시절 유관순(왼쪽 사진의 왼쪽, 오른쪽 사진에서는 앞줄 왼쪽에서 세번째)
〈이화여자대학교 제공〉

미터법으로 환산하면 대략 168cm가 된다. 지금으로서도 상당히 부러움을 사는 키이고, 당시로서는 너무나 큰 키라고 할 수 있다. 수형자 카드에 찍힌 유관순은 고문으로 퉁퉁 부어 16세 소녀로 보기 어려운 모습을 하고 있지만, 꼭 다문 입과 상대방을 꿰뚫을 듯 쏘아보는 눈매는 당장이라도 지면을 뚫고 나와 우리들에게 "지금 무엇하고 있느냐, 정신 차리라!"고 날카롭게 쏘아붙일 듯하다.

서명학

　서명학[18]은 유관순과 동급생으로 3월 1일과 5일의 만세시위에 함께 참가하였던 절친한 친구였다. 서명학이 체육을 전공한 상당히 씩씩하고 활동적인 여학생이었던 점은 역시 활달하고 키도 컸던 유관순과 여러 가지 면에서 잘 맞는 좋은 친구였을 것이다. 서명학의 회상을 들어보자.

　"내가 유관순이하고 친해진 것은 고등학교반 1학년 때부터였습니다. 아주 친한 사이였습니다. 학당에 3층 숙사가 있었던 제1학년 때부터 그가 감옥에 들어가기까지 같은 방에 있었습니다. 모두 36개실이 있었는데, 우리는 30호

---

18) 서명학(1905. 12. 22~1990). 강원도 강릉 출생. 교육 사업에 종사하는 서광호와 독실한 기독교 신자인 강매례 사이의 8남매 중 4녀. 부친이 설립한 의숭학교에 다니다가 노블, 빌링스 교사의 도움으로 상경하여 1915년 이화학당 보통과 3학년에 편입. 1921년 이화여자고등보통학교를 졸업한 후 대학 예과에 진학, 1925년부터 이화여고에 교사로 부임. 1927년 일본 기치조지(吉祥寺)여자체조음악학교에 입학하여 체육 전반에 걸친 교육을 받고 1929년 귀국, 다시 이화고등여학교에 부임. 55년간 이화학교에서 교사, 교감, 교장을 역임. 여성교육과 여성 체육 발전에 지대한 공로를 세웠다. 이화교육의 어머니이다.

실에 살았습니다."(거울,[19] *제1호 1954. 4. 5. 2~3쪽, 서명학, '동창 유관순의 생각')*

서명학 교장이 회상했듯, 유관순은 활달한 말괄량이었다. 예를 들면 3층에서 아래층으로 내려올 땐 층계 옆에 있는 난간을 미끄럼타고 내려오기도 하는 정도였다.[20] 서명학은 유관순과 같이 이화동산에 철철이 열리는 오디, 살구, 포도 등을 따먹다가 서양인 선생님께 들켜 꾸중 듣던 일도 기억한다.

"관순이 성질은 몹시 외향적 성격이었고 퍽 남성적이었습니다. 또한 동정심이 풍부했습니다. 그때의 고학생들은 대부분이 밤에 '만두나 호-야' 하는 장사를 했습니다. 관순이는 공부하다가도 얼떨결에 '만두나 호-야' 소리를 들으면 없는 부스럭돈을 들추어내서라도 곧잘 그것을 팔아주곤 했습니다. 지금도 밤에 '야식'이나 '메밀묵'을 팔러 다니는 어린 학생들의 처량한 음성을 들을 때면, 가끔 관순이의 복스럽던 모습이 한 폭 그림이 되어 떠오릅니

---

19) 거울(The Mirror of Ewha): 이화여자중고등학교 교지로 1954년 4월 1일 창간. 매주 1회 8면의 교지를 학생 주도하에 발간했다. 격주간에서 최근에는 1년에 2회 94페이지 책자로 발행하고 있다.
20) 박용옥 교수(유관순 열사 동창생 김혜정의 따님)의 증언

*다. 정말 관순이는 복스럽게 생겼습니다." (거울 제1호.
1954. 4. 5. 2~3쪽, 서명학, '동창 유관순의 생각')*

　유관순은 또 무엇이든 한 가지 목적하는 것은 기필코 실행해야만 직성이 풀리는 적극적인 성격이었다. 그러면서도 동정심이 풍부해 정동 거리에 주저앉아있는 거지아이를 볼 때면 서슴지 않고 가진 돈을 다 털어 주곤 했다. 한밤중에 고생스럽게 야식을 팔러 다니는 고학생이 지나가면 있는 돈 없는 돈을 긁어모아 만두를 한 보따리 사가지고 들어오다가 사감

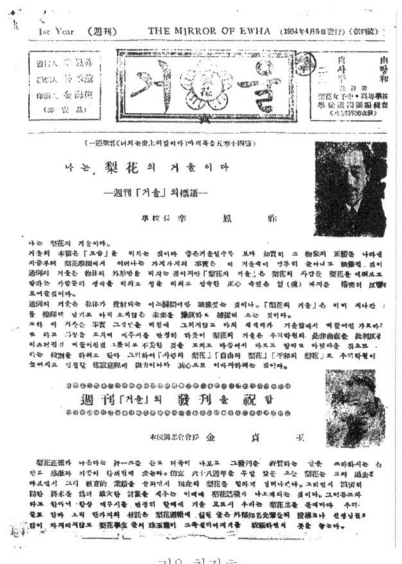

거울 창간호

선생님께 들켜 꾸중을 들은 적도 있었다. 유관순은 유독 어려운 학생들을 돕기를 좋아했다. 언젠가 식비가 밀려서 괴로워하는 친구의 식비를 대신 물어주고 제 식비를 못낸 것이 미안해서 배가 아프다는 핑계로 식당 밥을 먹으러 가지 못하기도 했다.[21]

자신도 넉넉하지 않으면서 남을 돕는다는 것이 언뜻 이해하기 어려우나, 이는 오히려 자신이 어렵기 때문에 다른 사람의 형편을 더 잘 헤아릴 수 있었던 것이 아닌가 생각된다. 유관순은 그만큼 사려 깊은 인품을 가진 의젓한 소녀였다. 특별히 봉사 정신이 강해 어떠한 일이든지 남이 싫어하는 일이면 애써 자기가 도맡아 했다.

"복스러운 관순이는 나와 가장 친한 벗이었습니다. 그때 당시의 학생들은 열심히 공부도 하고 마음껏 뛰여놀기도 하였습니다. 관순이는 공부도 남에게 뛰어나게 아주 썩 잘했습니다." (거울 제4호, 1954. 4. 26. 1~2쪽, 교감 서명학 '민족과 더부러 영원히 산 관순이가 부럽다')

---

21) 최은희, 여성을 넘어 아낙의 너울을 벗고, 문이재, 2003, 237쪽.

서명학과 유관순은 이렇게 쾌활하고 장난기 많은 여학생이었지만, 한편으로 친구 몇 명과 같이 결사대라는 것을 조직하였다.

"상급 언니들은 가끔 '우리나라는 독립해야만 산다'는 말을 역설해 주며 우리들을 격려도 해주고 가르쳐도 주었습니다. 그리하여 우리 5명은 지금으로 표현하면 한 개의 그룹으로 단결하였습니다. 우리 5명 그룹은 남이 하지 않는 일이나, 남들이 싫어하는 일을 맡아 놓고 했습니다. 웬일인지 그런 것이 하고 싶어 남이 싫어하는 방 소제라던가 식당 소제 같은 것을 맡아 놓고 했던 것입니다."(거울 제1호, 1954 4. 5. 2~3쪽, 서명학, '동창 유관순의 생각')

이 5인 클럽은 남이 못하는 일은 애써 하려 하였고, 남이 하지 않는 일, 남들이 싫어하는 일을 적극적으로 도맡아 해보려고 한 것이다. 서명학은 "지금 생각하면 먼저 간 관순이 부끄럽고 또한 그 존재가 부러운 때가 한두 번이 아닙니다. 16세 동지의 거룩한 뜻을 못 받들어준 것이 끝없이 부끄럽습니다."라고 유관순에 대해 미안한 생각을 표출했다.

유관순은 어느 날 일본어시간에 황국신민칙어를 암기하라고 지적받았다. 얼굴이 붉어진 채 자리에서 일어선 유관순은 당황했다. 옆자리의 정복희는 유관순보다 6살이나 어린 학생이었다. 어린 학생들은 칙어를 수첩에 적어 다니며 줄줄 외웠으나, 좀 더 의식 있는 큰 학생들은 이를 거부하고 외우지 않았다. 곤란해진 유관순에게 정복희가 나지막하게 불러주는 칙어를 따라 읊음으로써 벌을 모면했다.[22]

일제 치하에서도 이화는 일본어 교육에 소극적이었다. 일제 교육령에 의해서 학교에서는 의무적으로 일본어를 가르쳐야 했으나, 이화에서는 그 비중이 매우 약해서 학생들 중에 일본어를 잘하지 못하는 학생들이 많았다. 이는 3.1만세운동과 연루되어 잡혀간 이화학당 출신의 박인덕, 신준려 선생 등이 일제의 신문(訊問)과정에서 통역을 써서 신문한 사실에서도 잘 알 수 있다.[23]

유관순은 이화학당 보통과부터 고등과 1학년까지 지내며 사춘기 여학생의 감수성을 키우고 정신적으로도 많은 성장을 했다. 독립만세를 부르며 끝까지 항거한 유관순의 생애에서 가장 큰 영향을 받은 곳이 이화학당이었다.

---

22) 조선일보, 1990.3.1. 19면, 정복희의 회고
23) 국사편찬위원회 편, 한민족독립운동사자료집 14, 3.1운동. 신준려 신문조서

청소와 빨래를 해서라도 은혜를 갚겠다

"관순네 집은 충남 병천이란 곳인데, 그 때 가정경제의 환경은 퍽 곤란했던 것 같습니다. 옷도 변변히 입지 못했었지요. 방학 동안에 집에 갔다가 기숙사에 돌아올 때는 모두 떡이니 엿이니 뭐니 맛있는 군음식을 해가지고 오지만, 관순이는 그런 것 한번 못해와 봤지요. 그렇게 가정이 궁해서 그랬는지는 몰라도 관순이는 음식을 가리지 않았습니다. 아무 음식이나 닥치는 대로 잘 먹었습니다."(거울 제1호, 1954.4.5. 2~3쪽 '동창 유관순의 생각')

서울에서 함께 생활하는 친구들이 보기에도 관순네 가정 형편은 퍽 어려웠던 모양이다. 방학 동안에 집에 갔다가 돌아올 때 다른 친구들은 특별한 음식을 가지고 오거나, 새 옷을 장만해 입고 왔는데 유관순은 그러지 못했다.

기숙사에서는 밤에 잠자리에 들기 전에 돌아가며 기도를 하였다. 한번은 유관순이 기도하는 차례였다. 기도가 다 끝나면서 마지막에 "예수님 이름으로 빕니다"라고 해야 하는데, 유관순은 "명태이름으로 빕니다"라고 해서 같은 방 학생들이 배를 잡고 웃었다. 그 날 이정수네 집에서 부쳐온 명태 반찬

이정수(보각스님)

이 하도 맛있어서 유관순은 저도 몰래 말이 잘못 나오고 말았던 것이다.[24]

유관순은 교비생으로 공부하면서 "나는 학교에서 청소를 해서라도 도움을 받은 것을 갚겠다"[25]고 하면서 청소와 빨래 같은 궂은일을 도맡아 했다. 교비생이므로 학비는 면제되었으나, 일상생활에 필요한 물건은 스스로 부담해야 했다. 가정형편이 좋지 않았던 유관순은 친구들과 선생님의 빨래를 대신해 생활비를 마련하는, 요즘말로 아르바이트를 한 것이 아닐까 추측할 수 있겠다. 그의 말대로 도움 받은 것을 갚기 위함도 있었지만, 용돈을 마련하려는 목적도 있지 않았을까? 실제로 그가 친구들과 선생님들의 빨래를 도왔다는 증언이 있다. 친구 서명학이 강릉의 부유한 가정 출신이면서도 이화여

---

24) 유관순 열사기념사업회, 순국소녀유관순, 창간호, 보각스님인터뷰, 2003, 54쪽.
25) 이화여자고등학교, 이화백년사, 1994, 171쪽.

고보에 입학한 후에 서양인 선교사들의 빨래를 해주는 등 닥치는 대로 일을 하여 고학하였다[26]는 기사를 참고해볼 때 유관순도 비슷한 사정이었을 것으로 추측된다.

유관순 전기를 가장 먼저 쓴 유제한은 유관순이 항상 빨래를 하는 것을 특별히 다루었다. 유제한의 책을 인용한 전영택의 『순국처녀 유관순전』에는 유관순의 빨래를 다음과 같이 묘사하였다.

유관순이 빨래하던 우물(왼쪽), 우물의 현재 모습(오른쪽)

---

26) 이화여자고등학교, 이화백년사, 514쪽.

"'관순은 밤낮 빨래만 한다'는 것이 동무 사이에나 선생들의 이야기 꺼리가 되었다. 학교가 파한 오후에나 새벽에나 밤에나 과연 관순은 흔히 빨래를 하고 있었다. 그것은 물론 제 빨래만 하는 것이 아니요 삯빨래도 아니요, 선생님의 옷이나 동무나 웃반 언니의 의복을 빨아 주는 것이다. 저편에서 청해서 하는 것이 아니라 자기가 자원해서 하는 것이다. 입은 옷을 벗어놓으면 어느 틈에 슬쩍 내다가 빨아서는 갖다 놓고 하였다."

현재 정동에 있는 이화여고에는 본관(화암 신봉조관) 앞 언덕아래 커다란 은행나무가 있고 그 옆에 '유관순 빨래터'란 표지가 붙어있는 우물이 있다. 이화 시절 특별히 빨래를 많이 했다는 사실에 초점을 맞춰보면 이 우물의 의미가 남다르게 다가온다.

❀ 최첨단 시설 갖춘 기숙사 생활

유관순은 교비학생으로서 기숙사 생활을 했다. 유관순이 다니던 시절은 미국 유학에서 돌아온 김란사 선생이 총교사로서 기숙사 사감을 맡고 있었다. 김란사 선생은 매우 엄격하게 학생들을 관리하였다. 미국 유학에서 자유로운 미국생활을 체험한 신여성이지만, 여성 교육에는 엄한 규율을 강요하였고, 학생들이 규칙을 어길 때는 무섭게 책임을 물었다. 그래서 당시 학생들은 김란사 선생을 '호랑이 어머니'로 불렀다. 특히 위생교육을 매우 엄격하게 했다. 서구사회에 비해 아직 비과학적이고 위생적인 관념이 미약한 조선에서 청결과 위생을 강조함으로써 선진국으로 발돋움하기 위한 실용주의 교육의 일면을 보여주는 것이다.

이처럼 이화는 서양의 새로운 학문과 과학 기술 문명을 가르치면서 한국인의 비위생적 생활 습속이나 환경을 개선하는 데에 주력하였다. 따라서 기숙사 생활에서 가장 중요시하는 것은 청소와 위생교육이었다.

이화학당의 생활규칙은 1975년에 화재로 소실된 프라이홀의 초석 밑에서 발견된 소중한 자료들로 확인된다.

1. 기숙사 규칙을 엄수할 것

2. 아침 7시 기상, 8시 식사, 9시 상학(上學), 4시 하학(下學), 저녁 5시 석식(夕食), 식사 후 기도회 모임, 9시 소등. 교사들이 자리옷을 입고 누웠는지 일일이 조사한다.

3. 자기 방을 매일 쓸고 닦으며 자기 거처를 깨끗이 할 것.

4. 병이 났을 때는 그 방의 큰 언니가 사감에게 급히 알리 것.

기숙사의 규칙은 엄격했다. 아침 7시에 기상해 8시에 식당에서 아침밥을 먹고, 수업은 8시 20분에 시작되어 오후 4시까지 계속된다. 오후 5시에 저녁식사를 하고 7시에 기도회, 그리고 오후 9시에는 소등하고 잠자리에 든다. 자리에 누우면 교사들이 학생들이 자리옷(잠옷)을 갈아입고 누웠는지를 조사했다. 1900년에 지은 본관(메인 홀)에는 방이 15개 있었는데 한 방에 8명씩 기거했고, 상·하급생이 섞여 있어 질서를 유지했다.

유관순보다 먼저 이화학당에 들어와서 1919년 봄에 대학예과(중학과)를 졸업하고, 계속해서 본과 4년제 대학과를 졸업한 후 이화에 교사로 부임한 김폴린[27]의 회고록에서도 당시 이화학당 학생들의 생활을 엿볼 수 있다.

---

27) 김폴린(金保麟,1898~1996): 한국 선교 초기의 전도부인 전삼덕의 손녀. 이화학당 고등과와 예과, 대학과를 졸업했으며, 이화학당 교사를 지내고 미국에 유학하여 에모리대학에서 석사학위를 받았다. 감리교신학대학 교수로 정년퇴직하였다. 1920년 김활란 선생과 함께 7인 전도대를 결성하여 황해도 평안도 전역을 돌며 강연회를 열었다. 자서전으로『주남이 함께 한 90년』(보이스사, 1989)이 있다.

"우선 학교에 갈 때 준비물은 자신의 의복과 필요한 물건들과 함께 밥그릇과 수저를 준비하는 것이었다. 기숙사에 들어갈 때 방의 크기에 따라 두 명 혹은 세 명이 같이 있고. 방에는 장이 한 개씩 있어서 옷 넣는 서랍이 셋이 있고. 맨 위층에는 미닫이로 되어 있는데 거기에 밥그릇과 수저를 두었다. 맨 밑에 문이 있는 장은 신발 두는 곳이었다. 잠 자리는 광목 속에 짚을 넣어 만든 것이었으나 후에는 침대로 바뀌었다."

계속해서 김폴린의 자서전을 인용해 본다.

"식사 시간이면 각자의 밥그릇과 수저를 들고 식당에 모였다. 식당은 장판이 깔려있는 넓은 방으로, 부엌에는 커다란 가마솥이 두 개가 있었다. 하나에는 밥을 지었고 다른 하나는 국이나 찌개를 끓였다. 장작으로 불을 때 음식을 장만하는데 이 불로 식당 바닥까지 데워졌고 아랫목은 절절 끓을 정도였다.

장방형의 나무 식탁은 여덟 명이 같이 앉아 먹을 정도의 크기였으며 식탁 상머리에는 선생님이 한 분씩 앉으셨다. 흰 쌀밥과 팥밥 두 가지가 담긴 밥통에서 각자 원하는 밥을 먹을 만큼씩 덜어 먹었다. 반찬은 대개 깍두기 하나뿐이나, 일주일에 한 번씩 고깃국이 나왔다.

김란사 선생은 기숙사 생활에 큰 변화를 일으켰다. 당시 이화학당 기숙사는 한국에서 최초로 찬물과 더운 물이 나오는 시설에 목욕통, 세수통, 수세식 화장실을 갖추고 있었다. 그는 목욕통 밖 좌우로 세면대를 만들어, 매주 전체 기숙사생이 목욕하고 머리를 감을 수 있게 했으며 화장실에 다녀온 후나 외출에서 돌아왔을 때, 그리고 식사 전에는 반드시 손을 씻는 습관을 들이게 하여 학생들의 건강 유지에 힘을 썼다.

옷도 매주 세탁하여 깨끗한 옷으로 갈아입었다. 월요일에 리어카꾼이 와서 세탁물을 실어다가 세검정 흐르는 물에서 깨끗이 빨아 말려 토요일에 들여오면 김란사 선생이 옷에 쓰여진 이름을 부르면 식당에 둥글게 둘러앉아 있던 학생들은 자기 이름을 부를 때마다 받아가곤 했다.[28]

학생들은 방물장사 아주머니에게 원하는 물감과 풀을 사서 옷을 물들이고 풀을 먹여 다듬잇돌에 깔끔하게 다듬어

---

28) 학생들의 빨래는 별도로 해주었다는 증언이 있으나, 유관순이 항상 빨래를 해서 남을 도왔다는 증언도 있어서 어떤 방식으로 학생들의 빨래를 했는지는 확실치 않다. 개인 형편에 따라 외부에 빨래를 맡기기도 하고, 자기가 직접 세탁하기도 했을 것으로 추측된다.

입고 교회에 가곤 했다. 대개 고양사나 옥양목 소재로 옥색이나 분홍색으로 물들인 치마저고리를 검소하게 입고 다녔다. 그러나 머리에 기름을 바르지 않아 (학교)밖의 사람들과 달라보였고 경쾌한 걸음으로 활발하게 다니니까. 오해하여 이화학당 학생에 대해 사치스럽다는 소문이 자자하였다."

❀ 모든 일을 단정히 하고 규칙을 따라 행하라

김란사 사감은 학생들에게 규칙적인 생활이 몸에 배도록 구호를 만들어 붙였다. 그것은 '모든 일을 단정히 하고 규칙을 따라 행하라'는 구절로 검정색 바탕에 자개글자로 써서 액자에 넣어 기숙사 식당 벽에 걸어두었다. 이것은 곧 이화학당의 교훈이 되었다.

그리고 식탁 예의를 비롯해서 일상생활에서의 예의범절을 가르쳤다. 서로 양보하고 질서를 지키며 각자의 사생활을 침해하지 않음으로써 여러 사람이 모여 사는 기숙사 생활에 불편함이 없게 하고 또 그 자체가 배움이었기 때문일 것이다. 예를 들면, 두 사람이 동시에 문을 열고 들어오고 나가게 되는 경우 반드시 한편이 먼저 '어서 가세요'라고 양보하는 여유를 보이고, 누구나 남의 앞을 불가불 지나가야 할 때는 '용서하세요'라고 청하며, 혹시 친구의 방에 가면 절대로 친구의 책상에 있는 물건을 건드리지 않고, 더욱이 편지 같은 것은 뒤적거려 보지 않는 예절을 가르쳤다.

손수건 사용을 장려하여 흰 손수건을 왼쪽 소매 안에 항상 넣고 다니게 했다. 특히 기침이나 재채기가 날 때 즉시 수건을 꺼내어 입을 가리도록 했는데, 이것은 감기가 남에게 전염될 우려를 예방하기 위함이었다. 이를 습관화하기 위해 선생님 한 분이 식당 문 곁에 서서 식사하러 들어오는 학생들이 손수건을 가졌는지 아닌지 일일이 조사하고 각 학생은 반드시 왼쪽 저고리 소매 속에 있는 손수건을 꺼내 보인 후에야 식당에 들어갔다.

이화학당 기숙사 내에는 위생실이 있고 기숙사생들의 건강을 전적으로 돌보는 간호부를 두어 같이 기숙하며 매일 방

김폴린 선생의 수업시간

을 순회하다 병난 학생이 있으면 위생실로 데려가서 상비약으로 치료해 주었다. 봄가을에는 정기적으로 전 기숙사생이 기생충 약을 복용하였다. 또한 학당에 지정 의사를 두어 세브란스 의사가 일주일에 한 번씩 의료실에 와서 학생들의 건강진단을 해주었다. 큰 병을 앓는 학생은 간호부가 세브란스 병원으로 데리고 가곤 했다.

김장때가 오면 학생들이 직접 김장을 담그기 때문에 일주일간 김장방학을 했다. 김장하는 모습이 장관이었다. 식당 밖 넓은 마당에 학생들이 모여 김장 준비를 했다. 우선 모두 앞치마를 입고 자기가 쓸 칼을 준비하여 칼자루에 자기 이름을 새겼다. 배추와 무가 들어와 마당 한쪽에 산더미처럼 쌓이면 첫날은 모두 앉아 다듬고 소금에 절였다. 식당의 식탁을 전부 마당으로 옮겨 놓고 각자 맡은 일을 했다. 무를 채 써는 학생,

일주일 김장방학 동안 학생들이 직접 김장을 담갔다.

배추 속을 만들고 버무리는 학생, 배추 속을 넣는 학생, 속 넣은 배추를 광으로 나르는 학생, 광에서 그것을 받아 독에 넣는 학생…

김폴린은 김장 때 새우젓을 도마 위에 쏟아 놓고 대여섯 명의 학생이 둘러앉아 노래를 부르며 칼로 장단을 맞춰 다지곤 했다고 회상한다.

다양한 동아리들이 있어 각자의 취미와 개성에 맞춰 참여했다. 대부분은 신앙심을 키우기 위한 선교와 봉사, 이웃사랑, 절제 등을 주제로 한 모임이었다. 기독교 학교이니 만큼 전교생과 교직원이 매일 기도실에 모여 30분간 찬송, 기도, 설교로 하나님의 은총을 감사하며 신앙심을 키우는 경건한 시간을 가졌다. 그리고 1년에 두 번씩 부흥회를 열었는데, 그 기간엔 거의 수업을 전폐하고 새벽, 오전, 오후, 야간 등 네 차례에 걸쳐 열성으로 모임을 가졌다. 해마다 부흥회가 끝나면 수십 명의 세례자가 나왔다. 학생들은 복음을 듣고 모든 잘못을 회개하는 간증을 하였으며, 부흥회를 통해 큰 기쁨과 소명을 얻곤 했다.[29] 어려서부터 교회에 다닌 유관순은 이화에서 행해지는 기독교 교육을 통해 더욱 굳건한 신앙심을 키

---

29) 김폴린, 주님이 함께 한 90년, 보이스사, 1989, 88~107쪽

우게 되었을 것이다.

🌸 이화 교육의 특징과 이문회

이화 교육의 특징은 기독교인의 양성, 여성에 대한 신교육, 미국인 선교사에 의한 영어 교육 세 가지라고 할 수 있다. 이화 교육에서는 예배가 특히 중요시되었다. 이는 기독교계 미션스쿨의 교육 목적이기도 하다. 이화에서의 교육은 처음부터 서양인 선교사가 학생들과 말도 통하지 않는 상황에서 이뤄진 교육이었다. 그러므로 찬송가를 통해, 그림을 그려 표현하면서 자연스럽게 영어를 구사할 수 있는 능력을 갖게 되었다. 현대 사회에서 가장 강조되는 외국어 교육이 이화학당에서는 원어민에게 직접 배워 누구나 영어를 잘할 수 있게 되었다. 그러기에 이들은 무리 없이 중등과 혹은 대학과를 졸업하고 미국 유학길에 오르는데 별 어려움이 없었을 것이다.

이화학당에는 여러 종류의 동아리(Society)가 있었다. 공주회, 선교회, 러빙소사이어티, 무흠단 등 대부분이 일상생활에서의 영적 성장을 도모하거나 개인의 믿음을 한데 모아 이웃에 봉사함으로써 하나님에 대한 신앙을 표현하거나, 신앙과 선교 등을 목적으로 하는 단체였다. 그 중에서 가장 역사적인 의미를 갖는 모임이 이문회(以文會)였다. 이문회는 논어(論語)의 '君子以文會友 以友輔仁'(군자는 문으로써 친구를 만나고, 친구를 만남으로써 인을 보충한다)이라는 문장에서 '이문(以文)'을 인용한 것으로 한문을 담당하면서 문예반의 지도교사인 이성회 선생이 지은 이름이다. 영어로는 문예반(Literary Society)으로 지칭된다.

이문회의 조직 목적은 학생들의 지(知)와 덕(德)을 연마시키고 발표력을 키움으로써 조직적이고 민주적인 생각과 행동을 할 수 있는 인재 배출에 있었다. 특히 여학생들의 숨겨진 재능을 끌어내고 많은 여학생들이 가지고 있던 소심증을 극복하는데 크게 기여하면서 학생들의 열렬한 호응을 받아왔다.[30]

"이문회는 매월 3차씩 집회하되 그 예식 순서는 본회 임원이 교사 등 1인과 상의하여 예비함이 정례라. 본회의 목적은 학생들을 단련하여 모사(謀事)는 물론하고 상당히 부담할 방침을 준비하여 연설 혹은 찬미 주악 등을 사회상에 응용하게 하며 또 혹은 자기들에게 유쾌한 흥미를 갖게 함이니라.'[31]

---

30) 이화여자대학교, 이화100년사, 146쪽.
31) 이화여자고등학교, 이화백년사, 1994, 91쪽.

이문회 25주년 기념식을 알리는 동아일보 기사

이문회가 본격적 조직을 갖추게 된 것은 1907년 이후인 듯하나, 실제 이문회는 1904년 정식으로 중학과가 설치된 이후 시작되었다.[32] 규칙에는 15세 정도로 연령제한을 두었으나 1916년경에는 고등과 학생이면 누구든지 한 달에 3전(錢)의 회비를 내고 가입할 수 있었다.

다음은 지도교사였던 아펜젤러 선생의 말이다.

"학교생활 중에서 문예회를 통해서 얻는 것과 같은 즐거움을 얻을 곳은 없을 것입니다. 재학생 중에 초등 소학교 이상 학생으로서 누구든지 한 달에 1전 이상의 회비를 내고 자기 몫을 담당하면 회원이 될 수 있습니다. 어떤 금요일이고 기도실을 들여다보면 무지개같이 오색의 채색 옷

---

32) 동아일보 1925. 11. 20, 11. 23일자 기사에서 이문회 창립 21주년 기념식과 이문회 행사를 소개하는 것으로 보아 창립은 1904년으로 확인된다.

을 입고 또 길게 땋은 머리를 느린 여학생들이 모여서 즐겁게 지내는 것을 엿볼 수 있을 것입니다. 개회한 후에 그들 중에 누가 속삭이면 사회자가 엄격하게 꾸지람할 것입니다. … 이 모임에서 학생들은 자기들의 재주와 특기를 발표합니다. 여기서 그들은 자기들의 의견과 모든 질문을 발하며 유창한 연설과 시를 발표하고 시대의 사조와 재미있는 이야기 중에 자기들이 아는 것을 발표하며, 또한 때로는 열렬한 토론을 하기도 합니다. … 문예회는 학생들의 지혜를 연마시키고 공중 앞에서 말할 수 있는 담력과 기능을 연마시켜주며 또한 그들로 하여금 기쁜 시간을 보낼 수 있게 해줍니다."(이화70년사. 194~195쪽)

이문회 회원들은 매 금요일마다 정기 집회를 가졌다. 두 명의 미국인 선교사와 이성회·김란사 선생 등이 참석한 가운데 자율적으로 회의를 진행했다. 집회에서는 피아노 연주, 노래, 학생 창작 작품 낭독, 연극적 표현, 연설과 토론 등의 프로그램이 진행되었는데[33] 이러한 프로그램들은 학생들 자

---

33) 이화여자고등학교, 이화팔십년사, 1986. 143쪽.

신의 정서와 지도 능력 개발에 많은 도움이 되었다.[34] 김란사는 이문회를 지도하면서 학생들에게 민족의 현실과 세계정세를 주지시킴으로써 학생들의 의식을 깨우쳐 주려 노력하였다. '꺼진 등에 불을 켜라' 이 말은 이화학당의 학생들 머리에 각인되어 자기도 모르는 새에 애국심을 키워 나갔다.[35]

1914년에 이르러 이문회가 회원 자격을 대학과 학생으로 제한하게 되자 중학과 학생들이 성문회를, 보통과 학생들이 연습회를 조직하여 이문회와 같은 성격의 활동을 하게 되었다고 1913년 3월에 보통과에 입학한 김엘라는 증언한다.

"이문회는 보통학교 학생들을 넣어주지 않았기 때문에 '우리도 웃반(고등과)에 올라가기 전에 우리 학생끼리(보통과) 회합을 만들자'고 제안하였다. 김엘라는 김금봉 등과 함께 연습회라는 것을 만들어서 얼마 동안 연습을 했다. 당시 프라이 교장선생은 처음에는 보통과 학생들이 무슨 회합이냐고 무시하다가 나중에는 허락해주셨는데, 어느 날 교장선생과 웃반 형님들을 다 청해서 보통과 학생들이 연습한

---
34) 장희영, 유관순의 삶에 미친 이화학당 교육의 영향: 현대 기독교 교육적 조명, 유관순 연구 15집, 백석대학교 유관순 연구소, 2010.
35) 고혜령, 꺼진 등에 불을 켜라-김란사, 이화여자고등학교총동창회, 2016.

것을 보여드렸다. 그것을 보고 보통과 학생이라도 씩씩하게 잘 한다고 장차 큰일을 할 수 있겠다고 칭찬을 하여주었다. 1914년의 일이었다."(거울 제68호, 1955.10.31. 3~4쪽.)

성문회도 역시 아직 이문회에 들어갈 자격이 없는 고등과 학생들이 만든 동아리로서 이문회의 예비적인 성격을 갖는 것이었다고 할 수 있다. 이문회 회장은 3.1운동에 참가했던 손정순, 박인덕, 차사복, 박영복 김성실 등이 역임했다.[36] 학생들은 연습회에서 성문회로 다시 이문회로 올라가면서 독서와 토론, 시와 문학, 연극 발표 등을 통해 지적 능력을 키우고 친목을 도모하였다. 토론의 주제로는 시국문제가 자주 등장하여 학생들의 시국관을 바로잡고 민족의식을 고취시키는데 중요한 역할을 하였다. 3.1운동을 전후하여 이문회 지도자들을 중심으로 교내에 비밀단체가 조직되어 학생들의 움직임에 영향을 미치기도 하였다.[37] 3.1만세운동 전날 이문회는 2월 28일 금요일 정기 모임에서 전교생이 만세를 부르기로 결의하였다.[38] 이문회는 후에 YWCA가 구성되면서 자연스레 통합되었다.

---

36) 거울 제68호, 1955.10.31, 3-4쪽.
37) 이화여자대학교, 이화100년사, 146쪽.
38) 이화여자고등학교, 이화백년사, 159쪽.

1915년 건립된 심슨홀.

2011년 복원한 심슨홀. 현재 이화박물관으로 사용중이다(등록문화재 3호)

三

유관순의 생장과 지령리

🌸 목천군 이동면 지령리

유관순이 태어난 곳은 목천군 이동면 지령리(地靈里) 338번지이다. 목천군은 현재 천안시에 속한 읍이 되었고, 지금은 천안시 병천면 용두리로 편제되어 있다. 지령리라는 이름은 문서상의 명칭이 아니고 이곳 사람들이 '지랭이골'이라고도 하는 속칭이다. 현재 이곳 용두리 338번지에는 유관순의 생가가 소박하게 복원되어 있으며, 바로 옆에는 현대적인 건물의 매봉교회가 우뚝한 종탑을 세우고 유관순 생가를 지키고 있다.

지금 지령리 마을은 매봉산 기슭에 바짝 붙어서 길게 형성되어 있지만, 예전에는 50호가 넘는 큰 동네로 지금의 마을 앞 들판에까지 민가가 들어서 있었다. 마을 앞 만화천이 넓고 편편한 들을 싸고돌아 고요히 흐르고 있으며, 내 건너편에는

복원된 유관순 생가

1960년대 후반의 지령리 전경

용두산의 깨끗하고 높은 봉우리가 단정히 솟아 있어서 동네 풍경을 아름답게 만들어주고 있어 예로부터 인걸을 길러내는 영기 있는 터전이었다.[39] 그러나 만화천은 비가 많이 오면 용틀임하듯 구비 쳐 물길을 바꾸거나 둑이 넘쳐 여러 차례 수해를 입었다. 그 바람에 점차 길 아래 민가는 헐어 없어지고 마을은 산기슭 높은 지대에 바싹 올라붙어 자리하게 되었다. 지금의 만화천은 경지 정리를 하면서 본래의 모습과 달리 마을에서 들을 멀리 돌아 흐르게 방죽을 새로 쌓았다.

유관순은 바로 이곳에서 태어나 자라며 어린 시절을 보냈다. 유관순 생가를 시작으로 매봉산 기슭에는 고흥 유씨 집성

---
39) 전영택, 순국처녀 유관순전, 수선사, 1948. 20~21쪽.

매봉교회

촌이 구성되어 있고 수십 호의 가옥들이 모여 있다. 지금은 집들을 대개 개보수해서 옛 자취를 찾기 어렵지만, 필자가 유관순의 생가 마을을 찾았을 때 마을에 살고 있는 유씨 일가 어른은 당시의 모습을 일일이 손으로 가리키며 설명해주었다. 마을 앞 논밭은 예전에 조병옥 씨 가옥이 있던 자리였는데 지금은 밭으로 변해버렸으며, 자신이 살고 있는 집 앞이 원래

교회가 있던 자리라는 것 등을 옛 어른들께 들었던 이야기라며 실감나게 들려주었다. 지금 복원된 생가 앞 주차장 있는데서 마을 쪽으로 내(川)가 돌아 서너 마지기 논 앞으로 흘러 지나고 있음을 볼 수 있다.

목천은 백제시대에는 대목악군, 신라 시대에는 대록군이었다가 고려 때 목주로 불리었다. 이곳은 반골 기질이 강한 지역이어서 고려 태조가 그 지역 사람들에게 모두 우(牛), 마(馬), 상(象), 돈(豚), 장(場) 등 짐승이름으로 성을 내렸다. 나중에 우(牛)는 우(于)로 고치고, 상(象)은 상(尙)으로, 돈(豚)은 돈(頓)으로 고치고 장(場)은 장(張)으로 바꿨다고 한다.[40]

아마도 속마음을 잘 드러내지 않는 충청도 사람들의 기질과, 그러면서도 시대 변동에 영합하지 않고 지조와 신념을 끝까지 지키는 성격은 언제 어떻게 변할지 모르는 세력관계 속에서 수백 년간 살아왔던 역사적 경험으로 인해 형성된 것이 아닌가 한다.[41]

이 지역에서는 수많은 충신열사들이 나왔다. 항일 운동가만 해도 목천면 동리에서 출생한 석오 이동녕(石吾 李東寧) 선

---

[40] 신증동국여지승람 제16권 충청도 목천현
[41] 이정은, 유관순 불꽃같은 삶 영원한 빛, 한국독립운동사연구소, 2004, 69~70쪽.

생,[42] 병천면 용두리 출신의 유석 조병옥(維石 趙炳玉) 박사[43], 대한민국 초대 국무총리를 지낸 목천면 서리 출신의 철기 이범석(鐵驥 李範奭) 장군[44] 등을 들 수 있다. 해방 후 우리나라 정치계의 큰 지도자가 된 조병옥 박사는 유관순과 자신이 태어난 고향에 대해 이렇게 이야기했다.

---

42) 이동녕(1869~1940). 상해임시정부 의정원 의장, 내무총장, 국무총리, 대통령서리, 주석 등을 역임하면서 일생을 항일운동에 바쳤다. 1896년 독립협회 가담, 한일협약 강제체결 후 서울 상동교회에서 청년회를 조직해 국권회복운동을 전개했다. 만주 북간도 용정촌으로 망명 서전의숙(瑞甸義塾)을 설립하고 안창호·전덕기·양기탁·이동휘·이갑·노백린·유동열 등과 신민회를 조직했다. 만주 서간도에서는 한국인 자치기관 경학사(耕學社)와 신흥학교(新興學校)를 설립하고 신흥학교 초대 소장으로 취임하였다. 대한민국임시정부 주석(1930~1932, 1935~1939)을 2회 하였다.(한국민족문화대백과, 한국학중앙연구원)

43) 조병옥(1894~1960)은 충청남도 목천(지금의 천안) 출생 한학 수학 후 캐이블 목사 추천으로 공주 영명학교에 편입하였다. 1909년 평양 숭실중학교 입학, 1914년 연희전문학교 졸업, 1918년 펜실베이나아주 와이오밍고교 졸업, 컬럼비아 대학 학사학위와 박사학위를 받았다. 1925년 귀국하여 연희전문학교 교수로 있으면서 독립운동에 투신했다. 미국 체류 중 흥사단·수양동우회 활동에 참여했다. 해방 후 한국민주당 창당에 참가하였고 미군정청 경무부장으로 1948년까지 재직하면서 경찰력을 장악하였다. 1954년 5월 대구에서 제3대 민의원이 되었으며 1955년 민주당에 참여하였다. 1959년 민주당 대통령 후보가 되었으나 선거를 한 달여 남겨두고 심장마비로 사망하였다.(한국민족문화대백과, 한국학중앙연구원)

44) 이범석(1900~1972). 호 철기(鐵驥). 서울 출신 아버지는 이문하(李文夏)이며, 어머니는 연안이씨이다. 1915년 중국으로 건너가 1916년 항저우체육학교에서 6개월간 수학하였으며, 윈난강무학교(雲南講武學校)를 수석 졸업했다. 구대장 서가기(徐家驥)가 자기의 기(驥)에 철(鐵)을 덧붙여 '철기'라는 호를 지어주었다. 중국에서 독립운동을 전개했으며, 1940년 9월 대한민국임시정부가 광복군 총사령부를 창설한 뒤에는 제2지대장으로 미국군과 합동작전에 참가하였고, 1945년 광복군 참모장(중장)이 되었다. 광복 후 조선민족청년단을 창설하여 청년교육에 힘썼다. 초대 국무총리 및 국방장관 등을 역임했다. (한국민족문화대백과, 한국학중앙연구원)

"내가 난 곳은 목천이란 곳인데. 후일 천안과 목천이 합군하였다. 목천 사람들은 순박하면서도 고집이 아주 센 탓으로 반항심이 누구보다 강하여, 왕건 태조 당시 3년이란 기간에 걸쳐 항거하였다는 것이다. 그 때문에 왕건 태조는 6축성(六畜姓)을 주면서 미련한 인간들이라고 하였다는 것이다. 나는 나의 선친의 혈통을 받아 정의감이 강한데다가, 이와 같이 토질적으로 고집이 세고 강직하고 순박한 사람들만이 살고 있는 목천에서 자라났기 때문에 나의 성격도 그러한 혈통과 환경의 영향을 받아 후천적으로 형성되었다고 생각한다."[45]

3.1만세운동 중 천안과 인근 목천, 병천에서 전국에서 대표적인 만세시위가 일어난 것은 이런 역사적 맥락과 연결된다. 같은 이유로 목천에 독립기념관이 들어선 것은 적절한 택지 선정이었다 하겠다.

---

45) 조병옥, 나의 회고록, 민교사, 1959. 42쪽.

❀ 유관순의 출생과 사망 일자

유관순의 이름은 호적에는 冠(갓머리 관)順이라 되어 있는데, 족보에는 寬(너그러울 관)順으로 되어 있다. 1936년에 간행된 『흥양 류씨 검상공파세보』에는 관순의 형제들, 오빠 우석의 초명은 준석(俊錫)이고 남동생은 일석, 칠석으로 되어 있다. 그리고 준석은 일명 관옥(寬玉), 동생 일석은 관복(寬福), 칠석은 일명 관석(寬錫)이라고 같이 기재되어 있다. 그러니 관옥, 관복, 관석은 자(字) 또는 아명으로 사용되었음을 알 수 있다. 유관순은 3.1운동 때 재판을 받으면서 본인이 진술하여 작성한 판결문과 서대문감옥의 수형자기록표에는 寬자를 쓰고 있다. 여러 다른 기록이 있을 때 가장 기본으로 할 것이 법적으로 가장 유효한 기록(호적)을 채용해야 하지만, 이미 유관순의 이름이 각종 공식기록에 寬順으로 통용되고 있으므로 이 책에서는 寬順으로 표기하기로 한다. 현재 고흥 유씨는 공식문서에 류(柳)로 표기하고 있으나, 보훈처 기록과 교과서 등 공적(公的) 기록에는 유(柳)로 표기하므로 이에 따른다.

유관순의 생년월일은 족보와 호적, 수형기록표에 각기 다르게 기재되어 있다. 먼저 『고흥유씨족보』에는 1904년 3월 15일생으로 기재되어 있다. 따라서 이후 대부분의 유관순의 기록에서 1904년 출생이라 하였고, 따라서 16세(한국나이) 소

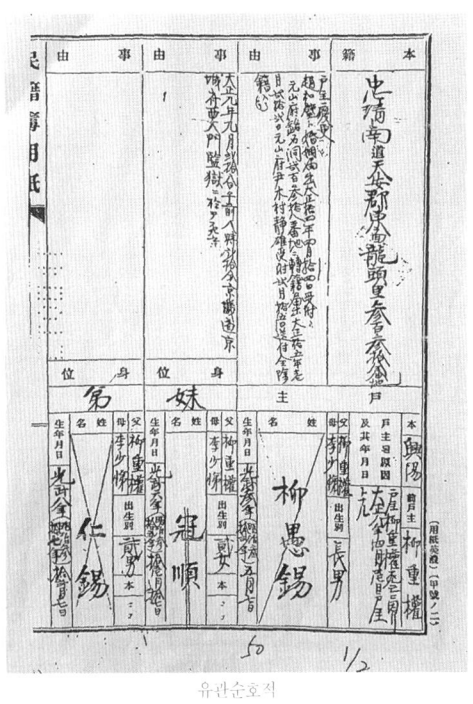

유관순호적

녀로서 만세운동에 참여하였고 17세에 순국했다고 알려졌다. 그런데 후에 유관순의 판결문과 수형기록표(국사편찬위원회 소장, 1960년대 발견)에 '1902년 12월 17일생(17일 또는 11일로 읽을 수 있다) 18세'라고 되어 있고, 호적(호주 유우석)에는 '1902년 11월 17일'로 되어 있음이 알려졌다(1999년, 충남지역 향토사료연구가 임명순 씨 발굴). 판결문과 수형기록부는 1919년 6월에 작성된 것이고, 유우석의 호적은 유관순의 부친이 사망한 후 호주 승계한 것이므로, 아우내만세 시위로 부모가 사망한 후, 기존의 호적 즉 유관순이 출생한 후에 작성된 것을 베껴 적었을 것이다. 그런데 유우석은 초명이 준석이었다. 배재학교 입학 당시(1920년 4월 1일)에는 준석으로 적혔으나 졸업할 때(1922년 11월3일)에는 우석으로 개명되었다. 그러므로 우석이라 표기된 호적은 적어도 1920년 4월 이후에 작성된 것이다. 그러면 유관순의 생년월일이 호적과 수형자 기록이 다른 것을 어떻게 해결할 것인가?

이런 기록들 중 가장 신빙성이 큰 것은 유관순이 직접 구술하여 작성한 판결문과 수형기록부라 할 수 있다. 우선 당시 호적에 생일을 기재할 때는 아직 음력으로 기재하는 관습이 지속되고 있었다. 그러므로 호적에 기재된 11월 17일을 음력으로 보고 당시의 양력 날짜로 환산하면 12월 16일이 된다. 그러므로 수형기록부에는 양력으로 환산하여 기재한 것으로 볼 수 있지만, 수형기록부의 날짜와 하루 차이가 난다. 이를 당시 기록자가 양력으로 환산하는 중에 착오를 일으킨 것으로 본다면 양력생일을 12월 16일로 추정할 수 있다.[46] 현재는 그 주장을 따라 1902년 12월 16일이 공식적으로 통용되고 있다.

---

46) 박충순, 유관순과 3.1운동, 유관순 연구 창간호, 2002, 56-58쪽.

판결문에는 3.1운동 때 유관순의 나이를 18세라 하였다. 그러나 현재 우리나라에서 공식적으로 사용하는 나이는 만 나이를 기준으로 하고 있으므로 1919년 유관순의 나이는 16세, 순국 때의 나이는 17세로 기술하는 것이 맞다. 또한 유관순의 사망일자도 유우석의 호적에 "1920년 9월 28일 오전 8시20분 서대문 형무소에서 사망"이라고 되어 있어서 이에 따른다.

❀ 집안의 내력

유관순의 본관은 고흥(高興, 또는 흥양(興陽)이라고도 함)으로 시조는 유영(柳英)이고 유관순은 그의 27세손이다. 고흥 유씨 중 역사에 드러나는 인물은 7대조 유청신(柳淸臣), 9대조 유탁(柳濯), 그리고 16대조 유몽인(柳夢寅) 등이다. 유청신은 고려 후기 원간섭시대의 인물로, 몽골어를 잘해서 원나라에 사신으로 왕래하면서 쌓은 공로로 부지밀직사사(副知密直司事)에까지 오른 인물이다. 충렬왕 이후 충선왕, 충숙왕 대까지 원에 의한 정치 간섭으로 왕권이 불안정할 때 주로 충선왕의 편에 서서 활동하였다. 후에 도첨의찬성사, 판군부시사에까지 올랐다. 유탁은 유청신의 손자가 되는데, 조부의 음덕으로 관직에 올라 왜구 방어에 공을 세워 공신이 되었다. 고려 말 왜구의 침입, 홍건적의 침입이 잦을 때 양광도 도순문사, 경기병마도통사 등의 지휘관이 되어 군사적 공로가 컸다. 관직은 중서문하평장사, 도첨의시중에 올랐으며 공 시호를 받았다.

　조선시대 인물인 유몽인은 어우당(於于堂)이라는 호로 더 잘 알려져 있는데, 16세기 후반부터 17세기 전반기 인물로 임진왜란 때는 선조를 호종하여 평양까지 갔고, 왜란 중 명나라와의 외교를 맡아 외교가로 이름을 떨쳤다. 선조에서 광해군, 인조로 이어지는 시기 당쟁의 와중에서 서인들의 공격으로 역모로 몰려 죽음을 당했으나, 정조 때 신원(伸寃)되었다. 설화문학의 대가로 야담을 집대성한 『어우야담(於于野談)』이 유명하다. 유몽인의 형제 중 한 사람인 유몽표(柳夢彪)가 유관순의 직계 조상이 된다. 유몽표의 직계 후손 중에는 조선 말기 의병을 일으켜 항전했던 유인석(柳麟錫)이 있다.

　유관순의 친족이 목천에 터전을 잡은 것은 10대조 검상공 유활(柳活)부터이다. 유활은 일찍이 대과에 올라 한림에 뽑히고 검상사인(檢詳舍人)에 이르렀다. 형제간에 우의가 돈독하고 효성이 지극하였다 한다. 병자호란 때 공을 세워 경기도사에 제수되었으나, 곧 사직하고 청주로 내려와서 은거하였다 한다. 이를 계기로 후손들이 이 지역에 퍼져 살게 되었다. 검상공파 유씨의 가문을 보면 효제와 충의가 출중하며 문학으로

고흥 유씨 가계도

```
1세     2세    …   7세      8세      9세      10세  …
英  -  숭제  …  청신  -  유기  -  탁   -   습
       (崇濟)     (淸臣)    (有奇)    (濯)      (濕)

15세    16세    17세      18세       19세      20세    21세
당(樘)  몽표    숙遘(숙遘)
       (夢彪)   활(活) - 지림(之霖) - 협 ┬ 광흥  -  담   -  영한
                                    └ 광운  -  준   -  기한

       몽인(夢寅, 於于堂)


22세    23세    24세    25세    26세    27세      28세
  …      …      …       …       …     인석(麟錫)

┌영한 - 갑  ┬ 영운  ┬ 석기
│           │        ├ 윤기(出) - 중권 - 관순
│           │        ├ 선기(出)
│           │        └ 풍기(出)
│           ├ 영업  - 풍기(入)
│           ├ 영관
│           └ 영도  - 빈기  - 중영
│
└기한 - 영 - 영직  - 윤기  ┬ 중권(重權) ┬ 우석(愚錫)=조화벽 - 제충= 김정애
 (起漢) (塋) (榮稷) (潤基(入)) │ =이소재   ├ 인석(仁錫)      - 제의
                              │           ├ 칠석(七錫, 冠錫) - 장부
                              │           ├ 계출= 이상칠
                              │           └ 관순(寬順)
                              │
                              └ 중무(重武) ┬ 경석(京錫)=노마리아 - 제경
                                =김은혜    ├ 정석(丁錫)
                                          ├ 인석(寅錫)
                                          └ 예도(禮道, 애다)
```

도 이름을 떨쳤다. 부모가 돌아가셔서 시묘살이 한 조상, 손가락을 잘라 피를 내어 마시게 함으로써 부모를 살린 조상들도 여럿 있었다. 유영일은 부모의 병환에 효성도 깊었지만, 정조가 붕어하자 3년 동안 날마다 매봉에 올라가 북망통곡하여 충의를 보였다. 많은 일화를 남긴 유씨 가문은 십여 대를 내려오면서 호국한 분이 한 분이요, 서원 배향이 두 분이요, 건국공로훈장이 아홉 분이요, 정려 포상이 예순다섯 분이다.[47] 이런 유씨 가문에 맥맥히 흐르는 전통이 유윤기와 그의 자손들 유중권, 유중무, 유우석, 유관순의 항일 독립운동의 정신적 기반이 되었음을 알 수 있다.

유관순의 할아버지 유윤기(柳潤基)의 생부는 영운(榮運)이었으나 먼 친척인 영직(榮稷)에게 양자로 들어가서 가문을 잇게 된다. 유윤기(1845~1919)는 중권(重權, 1863~1919)[48] 중무(重武, 1875~1956) 두 아들을 두었다. 중권은 유윤기의 첫 번째 부인 전주 이씨 소생으로, 중권의 초명은 중화(重華), 자는 원희(元希)이다. 중무는 둘째부인 완산 이씨 소생으로 초명은

---

47) 안호상, 목천유도회에서 세운 삼강려비, 1993.
48) 유중권의 생년은 족보(『홍양류씨 검상공파세보』, 1979)에는 1863년생이라고 되어있으나, 호적(제적등본)에는 1870년이라고 되어 있다. 일반적으로 호적 등재를 원래의 출생 연월보다 늦게 하는 경우가 많아, 이 경우는 가족의 증언에 따라 기록되는 족보가 더 정확할 수 있다.

중용(重容), 자는 성관(盛寬)이다.

유중권은 장남이지만 결혼 후 분가하였고, 후에 유윤기가 죽자 둘째 아들 유중무가 호주 승계를 하였다. 유중권은 소유한 토지가 없고 경제적으로도 어려웠던 것 같다. 중권의 가세가 유족하지 않았던 정황은 유관순의 행적 곳곳에서 엿볼 수 있다.

유중권은 3남2녀를 두었는데, 첫 번째 부인 청주 한씨에게서 계출을 낳았고, 한씨가 일찍 죽고 둘째 부인 전주 이씨 이소제(1875~1919)와의 사이에 3남 1녀를 낳았다. 유관순의 위로는 언니 계출이 1910년에 이상칠과 혼인하였고, 오빠 준석(俊錫, 후에 愚錫으로 개명, 일명 寬玉)이 있고, 아래로 두 남동생 인석(仁錫, 초명 一錫), 칠석(七錫, 또는 冠錫)이 있었다.

유중무는 5남4녀를 두었는데, 그 중 경석(京錫)과 예도(禮道)는 관순과 특별히 절친하게 지냈다. 후에도 언급하겠지만, 유관순은 사촌언니인 유예도(애다)와 함께 이화학당에 다녔으며 사촌오빠 경석이 결혼하여 조카 제경이 태어나자 그를 위해 모자를 떠서 선물하였다. 이로 보아 중권과 중무 형제는 한 마을에서 화목한 관계를 유지하며 지낸 것을 알 수 있다. 뒤에서 다시 언급하겠지만, 기미년 아우내만세운동 때 유관순 집안은 부모가 같은 날 일제의 총탄에 맞아 돌아가셨고,

오빠 유준석은 공주에서 시위운동을 벌였으며, 삼촌 유중무와 사촌언니 유예도까지 한 집안에서 다섯 사람이 아우내만세운동에 참여하여 구국의 투지를 불태운 가문이다.

아우내만세운동으로 유씨 일가는 아들과 며느리를 동시에 잃고, 또 한 아들은 잡혀가고, 손자와 손녀가 감옥에 들어간 상황에서 집안이 풍비박산되었다. 유윤기는 충격으로 몸져누웠고, 결국 그해 6월 16일 75세를 일기로 별세하였다. 유윤기가 사망하자 집안에서는 장례식을 기독교식으로 할 것인지 유교식으로 할 것인지에 대해 의견이 분분하였다. 유윤기는 아들 유중무와 함께 기독교로 개종하였기 때문이다. 결국 조선식(유교식)으로 장례를 치렀다.[49]

✿ 어린 시절 - 총기 있고 당찬 소녀

유관순의 어릴 때 모습은 그와 같이 살던 사람들이나 그들의 이야기를 들은 사람들의 증언을 통해 그려볼 수 있다. 어릴 때 관순은 몸집이 아담하였다. 오빠 유우석과 숨바꼭질할 때 바로 곁에 있는 절구통 아래 숨었는데도 찾지 못했던 일도 있었다. 유관순은 성격이 괄괄하고 고집스러울 만큼 똑똑했

---

49) 국사편찬위원회 DB, 大正八年 騷擾事件ニ關スル道長官報告綴 七冊, 地方民心ノ傾向ニ關スル件, 1919.7.9.

다. 아무도 유관순에게 글을 가르쳐주지 않았는데도 어깨너머로 한글을 익혀 성경을 줄줄 읽고 외우기까지 했다.

"그 시절에 한글을 반절이라고 했겠다. 아무도 가르치지도 않은 그 반절을 혼자 익혀 성서를 읽더니 외워대지 않겠어? 재주는 꽤 있었던 것 같애…"

오빠 유우석이 회상하는 유관순에 대한 기억이다. 관순은 괄괄한 성격으로 남자아이들이 노는 놀이를 좋아했다. 그녀가 잘 부르는 노래는 '샘물이 돌돌아…'나 '무쇠골격돌근의 청년남아야!' 하는 등의 사내가 부를 우국창가를 잘 불렀다. 아마도 마을 청년들이 학교에서 부르던 듣고 따라불렀을 것이다.

유관순은 어린 나이에도 집안일을 마다하지 않으며 어머니를 도왔다. 유우석은 "보리 절구를 야물게 잘 찧던 일…이 기억에 아련하다"고 했다. 그러면서도 십장생 수를 곧잘 놓는 여성스러움도 간직한 소녀였다. 또 오빠의 기억 속 유관순은 동무들과 놀 때 지기 싫어하고 고집스러우며, 자기주장이 강한 아이였다. "저희 동무들하고 놀 때 억세게 우겨대던 일, 그런 억세고 고집 부리던 사연만이 기억에 아련합니다."라고 회

상한다.[50]

유관순 일가는 한때 지령리를 떠나 매봉산을 사이에 두고 반대쪽인 서쪽 기슭의 탑원리 등재부락에서 살았다. 등재부락에 살던 김원숙 씨는 이웃집 아이 중에서 사내아이처럼 동네를 휘젓고 다니는 다섯 살 가량 된 유관순을 기억하고 있었다.

"내가 17살에 5,6가구 밖에 살지 않는 이 마을에 시집을 왔을 때 소녀 관순은 귀밑머리, 황새머리, 조랑머리로 머리를 세 갈래로 땋고 사내아이처럼 동네를 휘젓고 다녔으니 5살 되었을거야."[51]

유관순 일가는 이곳 탑원리에서 5년쯤 살다가 다시 지령리로 이사를 갔다. 특히 탑원리 342번지에서 살아온 최선재(崔先在) 씨는 조부모로부터 어린 시절의 유관순에 대한 이야기를 들어왔다고 한다. 즉 유관순의 부모 형제들은 최씨 일가의 집과 거의 맞붙은 사랑채에서 기거하고 있었고, 당시 유관순의 나이는 5~6세 정도 되었다고 한다.

---

50) 조선일보. 1961. 8. 26. 4면, '故人回憶'.
51) 한국일보, 1984. 2. 28.

남동순 여사

　유관순의 소꿉친구 남동순 여사[52]는 숙부와 할머니의 집이 있는 병천시장 안에 살았다. 어린 시절의 유관순은 병천의 남동순네 집에 자주 놀러갔다. 남동순 여사는 어린 시절의 기억을 더듬는다.

> "우리 작은댁이 병천에 살고, 관순은 용두리라고 가까운 촌에 살았어요. 길도 안 좋고 옛날 집이에요. 제집보다 우리 삼촌집이 좋거든요."
> "난 집에서 6살 때 한글을 떼고 관순이도 우리 집에 와서 배우기도 했어요."

---

52) 남동순(1903-2010): 충남 천안출생 유관순과 소꿉친구로 지냈고, 독립운동에 투신 옥고를 치렀다. 신익희 선생이 3.1운동 직후 결성한 '7인결사대'의 유일한 여성독립군으로 참가하여 만주와 연해주 독립군들에게 독립자금을 전달했으며 무장투쟁을 벌이기도 했다. 광복 후 독립촉성부인회, 대한애국부인회 활동을 했으며, 전쟁고아를 헌신적으로 돌보았다. 새마을 운동에 앞장섰고, 여자예비군을 창설하여 훈련도 받고 봉사활동도 하였다. 3.1여성동지회 회장을 역임하고, 제1회 윤희순상, 3.1 정신대상, 국민훈장목련장을 받았다.

남동순은 사진을 보면서 유관순의 지기 싫어하는 성격의 단면을 이렇게 말한다.

"얘가 인물은 나만 못해요. 그래서 사람들이 날 이뻐하니까 얘가 지지 않으려고 해. 코가 두꺼비코야, 눈은 사진은 이래도 오들오들해요."

눈이 초롱초롱하다는 뜻으로 해석된다. 남동순 여사는 또 말한다.

"얘가 성격이 강해요. 어릴 때 풀을 뜯어다 달래각시를 만들잖아요? 내가 먼저 만들면 그걸 기어코 날 이기려고 해. 그래서 어떤 때는 내가 천천히 만들어요. 걔가 자꾸 질투를 하니까. 가갸거겨를 배울 때는 나보다 잘했어요. 어릴 때부터 여자인데도 커서 대장이 되겠다 그래요."

그런데 의문점은 병천과 용두리(지령리)는 거리가 상당히 떨어져 있어서 6,7세 되는 어린아이가 왕래하며 놀러 다닐만한 거리는 아니라는 점이다. 그러나 유관순이 탑원리에 살았다고 하는 시기가 5,6세 무렵이었고, 그 시기에 남동순과 함께 놀았다면, 어느 정도 이해가 될 수도 있다. 용두리는 매봉산을 돌아서 한참을 가야하지만, 탑원리 등재부락에서는 멀리로 병천 읍내가 훤히 보인다. 광기천과 천변 논바닥만 건너면 바로 병천 읍내이기 때문이다. 그러므로 유관순처럼 씩씩하고 사내아이 같은 활달한 성격이라면, 걸어서 병천까지 다니는 것도 가능하였을 것으로 보인다.

유관순의 생가와 관련하여 제기되어온 이런 증언 속에서 유관순의 어린 시절은 지령리와 탑원리 등지를 오가며 이사를 했던 상황이었음을 보여주고 있다.

대체로 어린 시절의 유관순은 총기가 있었을 뿐 아니라, 장난기 있고, 동무들과 놀 때는 대장 노릇을 단단히 하는 당찬 아이였다. 유관순은 어려서부터 씩씩한 장난을 좋아하고, 장난을 하면 반드시 우두머리가 되었다. 달 밝은 밤이면 완고한 어른들의 눈을 피해가면서 동네 아이들을 데리고 앞 냇가에 있는 모래밭에 달려가서 진쌈하기와 술래잡기를 하는데, 매양 대장노릇을 하고, 줄넘기를 하면 제 길로 한길은 쉽게 뛰어 넘었다. 추운 겨울이라도 널뛰기는 물론이요 남자처럼 얼음지치기와 눈 장난을 하며, 방안에 있을 때에도 동무들과 같이 풍게문이와 쌍륙을 치면서 큰 소리로 웃으며 유쾌하게 놀았다. 이 모양으로 관순은 여자라기보다 차라리 남자다운 기운이 있으므로 '장난꾼'이라는 별명을 들었다. 그리고 동정심이 많아서 언제든지 남을 도와주기를 좋아하며, 심술궂게 싸우거나 부모의 말을 거슬러 근심을 끼치는 일은 도무지 없었다. 그러나 만일에 어른의 말이라도 도리에 어긋나는 일이면 한사코 듣지 않고 제 마음대로 하기 때문에 어른들도 능히 그 뜻을 굽히지 못하였다고 한다.[53]

이제까지 어린 관순에 대한 기록은 가족과 지인의 기억에 의지한 것이다. 따라서 증언들이 서로 상치되는 부분도 있고 분명하지 않은 부분도 있다. 대부분의 증언이 수십 년 전의 기억에 의존하기 때문에 정확도는 떨어지는 면이 있으나, 독자들은 여러 사람의 증언을 종합하여 어린 시절 유관순의 모습을 퍼즐 맞추듯 상상해볼 수 있을 것이다.

❀ 국채보상운동과 지령리 야소교회

러일전쟁(1904~5)이 끝난 후 1905년 11월 특명전권대사로 대한제국에 온 이토 히로부미(伊藤博文)는 고종과 조정 대신들을 강압하여 을사늑약(乙巳勒約)을 체결함으로써 대한제

---

53) 전영택, 앞의 책, 1948, 23-24쪽.

국의 외교권을 박탈하고 내정을 장악하였다. 을사늑약에 따라 이토는 대한제국의 초대 통감(統監)으로 부임하여 조선 병탄(倂呑)의 기초 공작을 수행하였다.[54]

1906년 2월 통감부가 설치된 이후 일제의 강요로 교육제도의 개선, 금융기관의 확장정리, 도로·항만시설의 개수 확충, 궁방전 정리, 일본인 관리 고용 등 각종 명목의 시정개선으로 재정 수요가 증가되었다. 대한제국 정부는 통감부의 알선으로 일본에서 높은 이율의 차관을 도입하여 늘어나는 재정 수요에 충당하였다. 통감부 설치 이후 대일(對日) 부채가 더욱 격증하여 1907년 2월까지 한국 정부가 일본에 진 외채(外債)는 당시 한국의 1년 예산에 맞먹는 1,300여만 원(圓)에 달했다. 이는 일본이 한국을 식민지로 만들기 위한 기초 작업에 필요한 재원을 일본에서 도입한 차관으로 충당했기 때문이었다.

국가 재정이 바닥나고 막대한 대일차관이 알려지자 일본에서 들여온 국채를 국민의 모금으로 갚자는 거족적인 애국운동이 일어났다. 1907년부터 1908년 사이에 국권수호운동의 일환으로 전개된 국채보상운동은 대구지방에서부터 시작되

---

54) 국사편찬위원회, 신편한국사 42권, 대한제국, 일제의 국권침탈, 1999.

었다. 1907년 1월 29일(음력 1906년 12월 16일) 대구의 광문사(廣文社)에서 그 명칭을 대동광문회(大東廣文會)라는 새 이름으로 바꾸는 특별회가 개최되었다. 도내(道內) 인사 200여 인이 참석한 이 회의에서 회원 서상돈(徐相敦)은 국채 1,300만 원을 갚지 못한다면 장차 토지라도 주어야 한다고 전제하고, 국고금으로 갚을 수 없는 국채를 우리 2천만 동포가 담배를 석 달만 끊고, 그 대금으로 국채를 보상할 것을 제의하고 자신부터 800원을 내겠다고 하였다.

회의에 참석한 회원들은 서상돈의 제의에 찬동하였다. 광문사 사장 김광제(金光濟)는 당장에 실시하겠다고 찬동하고 자신의 담뱃대와 담배쌈지를 없애고 3개월 담배 값 60전과 따로 10원을 더 내놓았다. 회장의 결심에 많은 사람들도 찬성하여 즉석에서 담배를 끊고 의연금으로 2,000여 원을 갹출하고, 이 운동을 전국적으로 전개키로 한 후 국채보상취지서를 발표하였다. 대구 광문사의 국채보상취지서가 전국 각처에 널리 공포되고 각 신문에 게재되자, 각지에서 즉시 호응하였다. 처음에는 개별적으로 참여하였으나 곧 이어 지역별 조직이 이루어지고, 그 조직 안에 다시 직업별 지방별 가문별로 조직이 구성되었다.

2월에는 대구민의소(大邱民議所)에서 단연회(斷煙會)를

조직하고 국채를 상환하여 국권을 회복하자는 국채보상운동이 대한매일신보, 제국신문, 황성신문, 만세보 등을 통해 전해지자, 경향 각지의 각계각층 민중들이 즉각적인 반향을 일으켜 적극적인 운동을 광범위하게 전개하였다. 각 지방에서도 도, 군, 면 단위로 국채보상운동을 지지하는 취지서를 발표하고 국채보상회를 발족하였다. 1907년 3월 말까지 전국에는 27개의 국채보상운동 단체가 설립되었다.

국채보상운동은 전국적으로 확산되어 각계각층의 국민이 모금에 참여하였다. 애국계몽단체, 학회, 언론기관들은 국채보상운동의 취지서를 보도하고 보상소를 설립하여 이 운동을 범국민적 운동으로 발전시켜 나갔다. 특히 대한자강회(大韓自強會), 기독교청년회(基督敎靑年會), 서우학회(西友學會), 한북흥학회(漢北興學會) 등은 대개 기독교 청년회관을 이용하여 국민의 의무와 단연에 관한 토론회 연설회 등을 자주 열어, 국민의 애국심을 환기하고 절용 보국의 생활을 강조하였다.

한국인의 열렬한 국채보상운동 전개와 참여를 보고 외국인들도 감탄과 격려를 아끼지 않았다. 국내에 있던 어느 서양인은 4월 14일 국채를 보상하기 위하여 국민이 의연금을 내는 것은 세계 어느 나라에서도 볼 수 없는 일이라고 감탄하고 4

원을 의연하였다.[55]

　국채보상운동의 불길이 전국으로 퍼져나가자 유관순의 고향 목천과 천안 지역에서도 국채보상운동의 열기가 불타올랐다. 충청도 일대에서는 이 운동에 직산군에서 1,987명, 천안군에서 1,019명, 목천군에서 506명이 참여했는데, 그중 목천군에 속하는 지령리에서는 82명이 참여하였다. 이는 지령리 마을의 규모로 볼 때 이 마을의 성인 주민 대부분이 참여하였다는 의미로 해석할 수 있다. 당시 국채보상의연금을 낸 사람들의 명단과 의연금 액수가 연일 신문에 게재되었는데, 이에 각 지방에서는 경쟁적으로 의연금을 모아냄으로써 애국 의지를 불태웠다. 당시 국채보상운동을 위해 남자들은 술을 끊고 담배를 끊는 금주단연(禁酒斷煙)운동을 벌이고, 여자들은 은패물, 머리장식 등 가지고 있는 값진 물건들을 팔아 보상운동에 의연금으로 냈다.

　국채보상운동은 거의 대부분 동리 차원에서 참여하였다. 그런데 지령리에서는 동리 이름이 아니라 '대지령야소교당'

---

55) 국사편찬위원회, 신편한국사 제43권, 국권회복운동, 국채보상운동, 1999.

조성택 박노철 김문삼 박은규 이희림	각 1원
서상빈 유성배 김상찬 조병규 김정운 윤병승 김춘삼 김진수	각 50전
권정규 한인수	각 40전
김재성 한성백 한기수 황상호 유성득 김순기	각 30전
유일장 백천일 김정화 유우석 유도원 유운서 유치운 목학선 김영보 유기서 김인서 윤덕일 박치삼 서희천 함주경 김성현 김화선 김성국 김원여 조형원 유중무 강경안 정성삼 윤명중 김희도 윤경량 최덕중 이한종 이천길 이순현	각 20전
김원칠 전덕원 이정삼 이재관 김명균 김치문 김원도	각 15전
장춘일 엄사일 김백련 유치선 김춘실 유대원 김영운 윤성업 김학서 김덕현 박정습 김치령 전정운 윤운성 고정선 박영숙 이성운 최순오 안경장 권만복 김원삼 배도연 김순천 윤종술	각 10전
합 82명	합 21원 5전

국채보상운동 의연금 납부자 명단

이라는 이름으로 참여하였다.[56] 지역의 교회 이름으로 국채보상운동에 참여한 것은 천안, 직산, 목천 군내에서는 유일한 일이었다.

대지령야소교당이 모금한 돈은 도합 21원 5전. 모금에 참여한 82명의 주민들 중에 눈에 띠는 인물은 조성택(조인원의 다른 이름), 유성배(유빈기, 유관순의 종조부, 교회지도자), 조형원(조인원의 형), 유중무(유관순의 숙부) 등이다. 즉 지령리에서는 교회를 중심으로 조인원 등 일찍 개종한 기독교도

---

56) 대한매일신보, 융희원년(1907). 8. 16. 국채보상의연금수입광고, 충남목천아동면대지령야소교당.

들이 주도하여 국채보상운동을 전개하고 교회당 이름으로 참여한 것이다.[57] 이중 1원을 낸 조성택의 이름이 맨처음에 나와 있고, 유성배는 50전을 냈다.

지령리 예수교인들의 국채보상운동 참여는 교회가 국권회복과 독립운동, 나아가 사회발전의 한 구심체로서 한국사회의 전면에 등장하는 신호로 볼 수 있다.[58]

국채보상운동이 시작되고 3개월만인 1907년 4월말, 4만여 명의 국민들이 모금에 참여했으며, 5월말에는 230여만 원이 모금되는 등 전국적인 운동으로 전개되자 일제 통감부는 국채보상운동이 한국의 국권회복을 위한 배일운동이라고 간주하여, 온갖 모략과 간교한 탄압으로 방해하였다. 결국 국채보상운동은 더 이상 진전하지 못하고 좌절되고 말았다.[59]

❀ 지령리의 기독교 전파

여기에서 지령리의 야소교회에 대하여 좀 더 알아볼 필요가 있다.

앞에서 보았듯이 1907년 전국적으로 국채보상운동이 일

---

57) 이 기사 속의 유우석은 유관순의 오빠와는 동명이인으로 판단된다. 당시 유관순의 오빠 이름은 준석으로, 후에 개명한 이름이 우석이고 한자도 다르다.

58) 이정은, 앞의 책, 2004, 128쪽.

59) 국사편찬위원회, 신편한국사, 제43권 국권회복운동, 개요, 1999.

어났을 때 '대지령야소교당'이란 이름으로 82명이 의연금을 냈다. 즉 이때 이미 100명에 가까운 신도 수를 가진 교회당이 지령리에 세워져 있었다는 이야기이다.

그러면 지령리에 처음 교회가 세워진 것은 언제일까?

충청도 천안 공주 지방에 선교사가 들어간 것은 스크랜튼(William B. Scranton, 의사 선교사로 메리 스크랜튼 선교사의 아들) 박사가 처음이며, 스웨어러(서원보, Wilber. C. Swearer) 선교사가 뒤를 이었다. 스웨어러 선교사는 1902년 여름 171일 동안 자전거를 타고 경기 충청 지방 일대 3,000마일을 여행하여 교회를 방문했다. 스웨어러 선교사는 그중 충청도 지역의 선교 상황을 이렇게 보고하였다.

"이미 목천과 진천뿐 아니라 청주와 충주에서도 기독교 선교가 시작되고 있었고 이들 지역에서는 사람들이 우상숭배를 그치고 교회조직을 만들기 시작하여 마을에 속회가 조직되고 수백 명의 새 신자가 생겼다. 어느 동네에서는 65가구가 믿는 가정이 되었고, 다른 곳에서는 40가구가 믿는 가정이 되었다."

선교사 한 사람으로는 감당할 수 없을 만큼 폭발적으로 늘어나는 신자들을 보며 스웨어러 선교사는 한두 사람의 선교사를 더 보내달라고 요청하고 있다. 이를 그는 "지금은 추수할 때이다. 수확은 풍부하다"라고 표현하고 있다.[60]

선교사들은 사방에서 믿는 자들의 모임이 생기는 것을 보았고, 여기저기에서 자신들을 기독교인으로 인정해달라는 요청을 끊임없이 받았다. 이처럼 선교사만으로는 감당할 수 없을 정도로 급속히 교회가 확산되자 실제 교회 개척과 전도 활동은 한인 지도자들인 본처전도사, 조사(助師), 매서인(賣書人)[61], 전도부인(傳道夫人)[62]들이 담당하였다. 선교사들은 주로 이들의 활동에 의하여 확장되는 선교 구역과 교회들을 조직, 정비, 관리하는 일을 맡았던 것이다.

스웨어러 선교사의 뒤를 이어 공주지방에 파송된 케이블 목사[63]는 "우리는 지금, 우리 앞에 있는 훌륭한 기회와 성공에

---

60) Official Minutes of the 18th Annual Meeting Korea Mission, 1902, p.55

61) 매서인(賣書人, colporteur, bookseller)선교 초창기 때 전도지나 성경(쪽복음)을 배부하거나 팔면서 예수 그리스도의 복음을 전했던 사람. 책 판매가 아니라 전도 사역이 주된 목적이었다. 권서인이라고도 한다.(교회용어사전 행정 및 교육, 2013. 9. 16, 생명의 말씀사)

62) 한국 개신교 초기에 유급으로 전도활동에 종사하던 여성 종교인 여전도인 여조사 여전도사 부인전도사

63) 케이블(Elmer M. Cable, 1874~1949), 한국 이름은 기이부(奇怡富), 미국 아이오와 출신으로 뉴욕 코넬대학교를 졸업하고 25세에 목사 안수를 받아 한국에 파송되었다. 1905년부터 경기 서부, 충청도 감리사, 제물포 지방 감리사, 공주 지방 감리사, 충청도 지방 감리사를 역임했다.

당황하고 있다"라 하였듯이 이미 기독교가 크게 일어나고 있음을 보고 감동하였다.

목천군의 이러한 분위기로 보아 지령리에도 1900년대 초에 이미 교회가 세워졌음을 알 수 있다. 그리고 지령리교회의 불처럼 타오른 신앙은 '대지령야소교당' 이름으로 국채보상운동에 참여한 것에서 짐작할 수 있다. 이 마을 출신인 조병옥 박사는 그의 부친 조인원이 기독교를 믿게 된 사실을 이렇게 말한다.

"나의 가친은 (내가) 열다섯만 되면, 어느 얌전한 신부를 골라 장가를 보낼 포부를 가지고 계셨다. … 때마침 미국인 감리교 선교사인 케블 목사가 우리 동네에 와서 전도를 하게 되었는데, 우리 가친은 감리교 신자가 되는 동시에, 우리 집 사랑채를 사경회 강습 장소로 개방하고 신자들을 많이 모이게 하였으며, 그리하여 용두동 기독교의 창설자가 되고 속장이라는 교직까지 얻게 되었던 것이다. 그리하여 나의 가친이 기독교 신자가 되었던 관계로 해서 케블 목사는 나를 공주에 있는 미선계의 학교인 영

명학교에 추천하여 입학하게 하였던 것이다.[64]

그런데 국채보상의연금을 거둔 바로 그 해에 일본군에 의해 목천에서 교회가 불탔다는 기사가 황성신문 1907년 11월 2일자에 실렸다. 당시 지령리는 목천군에 소속된 지역이었다. 이 사건에 대하여 케이블 선교사의 보고를 보자.

" 필자는 여주에서 목천으로 갔다. 이곳(목천) 사람들은 일본군으로부터 심한 박해를 받았다. 한 교회가 전소돼 교인 몇 명이 죽었고, 그 밖의 거의 모든 신도들이 모욕을 당했다. 지난 가을 난리가 일어났을 때 목천에 있는 우리 신자들은 심한 고난을 받았다. 안내(Annai)에 있는 우리 교회가 일본군에 의해 전소되었고 이곳에서 몇 리 밖에 있는 사자골에서는 3명의 신자가 일본군에게 붙잡혀서 총살형을 당했다.[65]

이렇듯 충청도 지역에서는 아우내, 사자골 등 여러 곳에서

---

(64) 조병옥, 나의 회고록. 43쪽.
(65) 홍석창 편, 천안 공주지방 교회사자료집, 도서출판 에이멘, 1993, 54쪽; 1908 KMC(미감리회연회록) 1908년 공주지방 보고, 40~41쪽.

일본군에 의한 피해를 보았다. 즉 이 기사는 지령리 교회가 불탄 것을 의미하는 것이다.

또 지령리(용두리)에 교회가 건립되는 과정을 유우석은 다음과 같이 증언한다.

"다른 곳보다 예배당을 일찍 마련하게 된 것은 육촌 할아버지 유승백 씨(유빈기를 말함)가 세브란스 의사였던 미국인 선교사 케이블과 친교를 맺더니 지령리 한 초가를 얻어 종을 달고 십자가를 붙인 다음 선교를 시작했다."[66]

유관순의 육촌 할아버지 유빈기(柳斌基, 字 聖培. 1883~1927)는 조부 유윤기의 사촌이다. 선대까지 유교 집안 분위기에서 자라난 유빈기는 17세 때까지 한문서당에서 공부하였다. 1900년에 결혼해 아들 중영(重永, 1902년생)을 비롯하여 4남1녀를 두었다. 일제 침략으로 나라가 기울고 일본의 횡포가 심해지자, 공부를 중단하고 집을 떠나 방랑생활을 시작하였다. 그가 공주 감영에 머물 때 그곳에서 미국 선교사들을 만나 기독교로 개종하였다. 유빈기는 매서인이 되어

---

(66) 조선일보 1961. 8. 26.

성경 찬송을 팔며 도내 각 지방을 순회하게 되었다. 2년 동안 선교사들과 지내다가 고향에 새 교회를 세우려고 선교사와 함께 고향에 돌아왔다. 유빈기가 만난 선교사는 당시 세브란스 의사였던 케이블 선교사로 추정된다. 예배를 시작하자 파란 눈의 미국인을 구경하기 위해 어른 아이 할 것 없이 부근에서 수백 명이 모여들었다. 선교사들은 아이들에게 선물도 나누어 주었다. 유빈기의 아들 유중영은 이때 여섯 살이었다고 증언한다.[67] 즉 유빈기는 유관순 집안에서 최초로 기독교를 받아들인 인물이다.

위 두 사람의 진술이 같은 시기의 사실을 말하는지는 확인하기 어려우나, 유빈기와 함께 지령리에 들어온 선교사는 케이블 목사이며, 조인원이나 유빈기 등이 지령리 기독교 전파의 주역이었음을 전하고 있다. 조병옥 유중영 모두 10세 전후 때의 일을 기억하는 것이므로 어느 쪽이 더 정확하다고 판단하기는 어렵다.

케이블 목사의 보고서에는 목천에서의 현지 교인들이 그를 환영하는 모습을 이렇게 기록했다.

---

[67] 유중영, 고흥 유빈기(자 성배)씨 약사, 1986.1. (필사원고). 고흥류씨족보(1994년간)에 의하면 유빈기는 1927년 졸, 유중영은 1902년생이라 되어있다.

"우리가 마을로 들어가던 저녁때 그 곳 신자들은 멀리까지 우리를 맞으러 나와서 우리를 한없는 반가움으로 맞이하였다. 우리를 영접하기 위해 그들은 노래를 한 곡 지었는데. 우리가 그 곳에 도착하자 그들은 한 줄로 서서 우리 뒤를 따르면서 그 노래를 불러 주었다. 나와 내 처는 그들의 이런 헌신과 사랑의 표현에 깊이 감동하였다. 마을에 들어서자 우리는 100명 가량의 남녀가 우리를 기다리고 있는 것을 발견하였다. 그리고 그 다음날 우리는 사경반을 시작했다. 100명이나 되는 사람들이 사경반에 참석하려고 이곳으로 와서 교회가 꽉 찼다."[68]

이상에서 본바와 같이 지령리에서는 유씨 일가에서는 유빈기, 조씨 일가에서는 조인원 등이 일찍부터 기독교를 신봉하였고, 이어 유관순의 숙부 유중무 등이 기독교로 개종하여 교회 일에 앞장서 활동하였다. 조인원은 곧 속장이 되어 자체적으로 교회를 운영하였고 유중무는 1909년에 지령감리교회 선교사로 임명받았다.[69]

실제로 지령리교회는 속장 조인원이 선교사를 대리하여

---

(68) Minutes of the Korea Mission Conference (KMC), 1908, p.40.
(69) 독립유공자 유중무의 공적서

설교하고 교인들을 돌보았다. 조인원은 한양 조씨로서 일찍부터 신지식에 눈이 떠 서양학문을 배운 인물이었다. 조인원의 첫째 아들은 해방 후 이승만 정권기에 야당 당수로서 대통령에 출마하여 국민의 지원을 한 몸에 받았던 조병옥이며, 둘째 아들은 아버지 조인원과 함께 아우내 만세시위에 가담한 조병호이다. 조인원은 마을 사람들의 개화와 민족의식을 높이는데 앞장섰고, 기독교 속장 일을 보면서 마을의 지도적 인물이 되었다. 유관순이 3.1운동 후 서울에서 고향으로 돌아왔을 때, 서울의 만세운동의 동향을 듣고 아우내에서도 만세시위를 열 것을 주도한 인물이다.

한편 유관순의 아버지 유중권은 기독교로 개종하지 않았다고 한다. 그러면서도 딸 관순을 사애리시 부인을 따라 공주로 보내 신교육을 받을 수 있도록 한 것으로 보아 신문명에 대해 개방적인 태도를 지니고 있음을 짐작할 수 있다. 조부 유윤기와 숙부 유중무가 이미 기독교로 개종하여 지령리교회를 중심으로 활동하고 있었으므로, 어린 나이의 유관순은 동네에 있는 지령리교회에 다녔을 것으로 보인다.

❀ 앨리스 샤프 선교사와 영명학교

유관순은 공주의 감리교회 충청도 교구에서 일하던 앨

앨리스 사프 선교사

리스 사프 선교사의 추천에 의해 그의 사촌언니 유예도가 다니던 이화학당 보통과에 편입하였다. 그런데 유관순이 이화학당에 가기 전 공주 영명학교에 다녔다는 사실이 공주 영명학교를 통해서 알려져 있다. 다음은 영명학교 관계자들의 증언이다.

"우리암(William)선교사 부부와 사우어 목사 부부 말씀이 사애리시 선교사가 유관순의 고향 지역에서 부흥회가 끝나고 공주로 데려와서 수양딸로 삼아 공부시키면서 2년 정도 데리고 있다가 서울 이화학당으로 편입시켰는데 이를 계기로 관순의 오빠인 유우석이 영명학교에 오게 되었다고 들었다. 저의 두 고모들도 학비 없이 영명여학교를 다녔으며 큰고모(강나열)는 유관순과 같은 때 영명을 다녔다. 큰 고모 말씀에 의하면 사애리시 선교사가 관순이를 유별히 친딸처럼 보살펴주고 사랑을 해서 다 부러워 했다고 한다."(강신근, 4.1공주읍내장 만세시위의 주도자 강윤의 3남)

"황인식 조부님과 방우로 조모님, 유관순 오빠 유우석에게 직접 유관순이 영명여학교에 재학했던 이야기를 들었다. 조부님은 영명학교 1회 졸업생이시고 영명학교의 교사, 교장으로 봉직하셨고, 조모님은 이화학당에서 수학하였다. … 또 조모님으로부터 지방에 있는 선교사 설립학교는 선교와 교육의 기초역할을 하였고, 가능성이 보이는 학생을 학년 관계없이 남학생은 평양 숭실이나, 서울 배재, 여학생은 서울 이화학당으로 유학시킨 사실을 말씀하시는 것을 들었다. 유관순 열사도 이런 경우에 해당되며, 공주에 계시던 선교사 사애리시께서 이화학당으로 유학시켰다는 말씀을 수차례 들었다."(황용배. 전 공주 영명중고등학교 교장, 황인식의 손자)

"노마리아 장로님은 영명여학교 1회 졸업생이다. 장로님은 유관순의 사촌오빠인 유경석과 결혼하여 슬하에 2남5녀의 자녀를 두었다. 1968년 혹은 1989년쯤 노마리아 장

로님으로부터 유관순이 영명여학교에 2년간 재학했다는 이야기를 당시 조창석 담임목사님과 청년부 학생회 30여 명이 있는 자리에서 들었다."(박흥순의 증언)

 이런 증언들은 영명학교에서 발간한 영명백년사에 수록되어 있는 것이다. 이런 증언들을 토대로 영명학교 교사(校史)에는 유관순이 영명학교에 다녔음을 분명히 기록하고 있으며, 영명학교 교내에는 유관순 동상이 세워져 있다.

영명학교 유관순 동상

 영명학교는 앨리스 샤프 선교사가 여자 아이들을 교육하기 위해서 세운 명선여학교에서 출발한다. 앨리스 샤프 선교사의 원래 이름은 앨리스 하몬드(Alice J. Hammond)로서 1900년 미감리회 조선선교회의 일원으로 한국에 들어왔다. 그는 주로 서울의 상동교회와 지방 선교사업에 힘을 기울이는 한편 한국의 낙후한 여성 교육에 큰 관심을 보였다.[70] 1903년 여름에 함께 선교사로 일하던 로버트 샤프 선교사(Robert A. Sharp)와 결혼함으로써 사애리시(史愛利施, 史부인)라는 이름으로 불리어졌다. 샤프 선교사 부부는 남편의 선교 책임지인 공주에 가서 신혼생활을 시작하였다. 샤프 부부는 먼저 자기들의 신혼집을 지었다. 공주지방에서는 최초로 지은 서양식 벽돌건물이었다. 주민들은 이 집을 구경하러 먼데서도 찾아왔고, 샤프 부부는 주민들을 따뜻이 맞았다.

사애리시는 공주 인근지역의 전도를 맡아 선교활동을 하는 한편, 여성교육사업의 꿈을 이루고자 1905년 10월 미감리회 여선교회의 승인을 받아 명선(明宣)여학당을 세웠다.[71] 공주에서의 선교 사역이 미처 개화되기도 전인 1906년 3월, 샤프 목사가 갑자기 발진티푸스에 걸려 사망했다. 남편을 잃은 사애리시는 학교를 스웨어러 여사(May Shattuk Swearer,

---

70) 이화여자고등학교, 이화백년사, 1994. 부록 740쪽. 외국인 교사 명단의 하몬드(Miss Hammond)라는 이름이 나오는데, 곧 앨리스 하몬드를 지칭하는 것으로 추정된다.
71) 공주영명중고등학교총동창회 편, 영명팔십년사, 1985, 91~95쪽.

徐思德)에게 맡기고 미국으로 돌아갔다. 스웨어러 부인 역시 감리회 여선교회 소속으로 한국에 나와 스웨어러 선교사(Wilbur C. Swearer, 徐元輔, 1871~1916)와 결혼하고 공주에 와서 주로 여성을 상대로 한 선교활동에 정성을 기울여왔다.

사부인은 2년 후인 1908년에 다시 한국으로 돌아왔다. 사부인은 공주 지방에서 선교활동을 하면서 스웨어러 부인의 영명학교 운영을 열성적으로 후원하였다. 뿐만 아니라 강경에는 만동(萬東)여학교를, 논산에는 영화(永化)여학교를 세웠으며 목천에도 영향을 미치는 등 한국의 여성교육을 위한 그의 열정은 충청도 일대로 뻗어나갔다.

사부인은 지칠 줄 모르고 지방을 순회하며 공부하고 싶어하는 총명한 여자아이들을 학교로 데리고 와 교육시켰다. 한편으로 남자 학교가 영명학교로 개명하자 명선여학당도 영명여학교로 변경하고 시설 및 교원을 충원하는 등 남학교와 대등하게 운영하기 시작했다. 1912년 사부인은 여학교의 건물도 새로 갖게 되어 매우 기뻐하면서 학생 수가 60여 명에 이르렀다고 보고한다. 1913년에 영명여학교는 드디어 첫 졸업식을 거행하였다. 후에 유관순 열사의 사촌올케가 된 노마리아는 제1회 졸업생으로 첫 졸업생 6명 속에 들어 있다.

사애리시 여사가 유관순을 처음 알게 된 것은 천안에 있는 지령리교회[72]에서였을 것이다. 당시 지령리교회는 조인원, 유중무 등이 주축이 되어 예배를 이끌어가고 있었다. 공주에서 충남 일대를 선교 구역으로 활동하던 사애리시 선교사가 지령리교회에 왔을 때 그는 신앙 깊고 총명한 소녀들을 보게 되었다. 바로 유관순과 사촌언니 예도였다. 한국에서의 여성 교육이 절대적으로 필요함을 신념처럼 가지고 있던 사애리시 부인은 지령리교회의 유예도와 유관순에게 주목했다. 사부인은 유관순보다 여섯 살이 많은 유예도를 먼저 이화학당에 추천하여 보냈다.[73]

사애리시 여사와 유관순의 만남에 대한 구체적인 증언이나 자료는 찾아지지 않는다. 아마도 사애리시 여사는 유관순의 두터운 신앙심과 교회 주일학교를 열심히 다니는 것을 보고 관순을 눈여겨보았을 것이고, 총명함과 성실함, 그리고 활동적이고 자신감 넘치는 모습에서 한국의 미래 여성상을 기대했을 것이다. 사부인은 총명하고 신앙심 깊은 유관순을 교육시키려고 부모의 허락을 얻어 공주로 데려갔다. 당시에 유

---

72) 지령리교회는 3.1 운동 후 불타 없어지고 그 자리에 현재의 매봉교회가 건립되었다. 매봉교회는 이화여고 동창회의 지원으로 건립되었다.
73) 공주영명중고등학교, 영명백년사, 2007. 588쪽.

관순의 오빠 유준석은 1913년부터 공주 공립보통학교에 다니고 있었고[74] 사촌오빠 유경석도 1912년에 보통학교를 마치고 공주 영명학교 고등과에 진학하였다. 또 유관순의 숙부 유중무와 함께 교회를 운영해온 조인원의 아들 조병옥은 1909년에 영명학교를 졸업하고 숭실학교로 진학하였다가 1914년에 미국으로 유학을 떠났다. 이처럼 지령리 마을 사람들은 이미 공주 지역, 또는 영명학교와 인연을 맺고 있었고, 유관순의 집안도 영명학교와 인연이 깊다. 이런 연결고리로 볼 때 유예도 보다 어린 유관순이 사애리시 선교사를 따라 공주 영명학교로 간 것은 그리 어려운 결정은 아니었을 것이다.

실제로 앞 황용배의 증언에서처럼, 당시 지방에 있는 선교사 설립 학교는 여학생의 경우 가능성 있는 소녀들을 이화학당으로 보내 교육시키고 이들이 다시 지방학교의 교사로 채용되어 여성교육을 확대해나가는 선순환기능을 가졌던 것이다.

앞의 증언에서 유관순이 영명학교에서 2년쯤 교육받은 것으로 말하고 있지만, 이화학당으로 간 것이 언제였는지는 확실하지 않다.

---

74) 배재학교 유우석 학적부에 기재됨

유관순의 친구 이정수는 유관순과 5년을 같이 지냈다고 구술하였다. 5년이라면 1915년부터 3.1운동이 일어나는 1919년까지를 말하는 셈이다. 그러나 영명학교의 증언들은 대체로 1914년에 영명학교에 입학하여 약 2년을 다니다가 1916년에 이화학당 보통과 3학년에 편입했다고 한다.[75]

그런데 샤프 부인의 보고서에 유관순의 이화학당 편입과 관련지어 볼 수 있는 언급이 있어 주목된다. 1915년 4월 22일부터 27일까지 이화학당에서 열린 제17회 조선여선교회연례회의(KWMC)에서 샤프 부인은 Day School(매일학교)에 대한 보고에 "5명의 소녀가 초등과정을 졸업했는데 1년 후에는 공부를 계속하기 위해 이화로 가기를 희망하고 있다."고 하였다. 이 다섯 명의 소녀는 1915년에 영명학교를 졸업하고 다음 해에 이화학당으로 편입할 예정이었다. 그들이 모두 이화학당에 갔는지, 일부만 갔는지 알 수 없으나, 유관순이 다섯 명 중의 한 명이지 않을까 추정해볼 수 있겠다. 만약 이 추정이 맞는다면, 유관순이 공주 영명학교에 다닌 시기도 1915년까지가 된다.

---

75) 공주영명중고등학교, 영명백년사, 2007, 588쪽. 이화여고 이화백년사에 의하면, 유관순은 1916년 이화학당 보통과에 편입했다 하였으나(162쪽), 한편으로는 1915년 3월에 그의 이록을 소개하고 있다(171쪽). 이정수와 유예도는 유관순보다 1년 선배였다.

그러면 공주에서 영명학교에 다니는 동안 유관순은 어디에서 기거하였을까. 이미 오빠 유준석은 공주 공립보통학교에 다니고 있었고 사촌오빠인 유경석도 영명학교 고등과에 다니고 있었다. 유관순은 이들 오빠들과 함께 기거하였을까? 그런데 일부 구술자들의 증언에는 사애리시 부인이 유관순을 특별히 총애하여 수양딸로 삼았다고 말하는 것으로 보아 유관순이 사애리시 부인의 집에서 함께 지냈을 것으로도 추측할 수 있다. 사부인은 유관순을 비롯하여 여러 명의 소녀들을 데리고 와서 교육시키고 있었고, 그 아이들은 대부분 사부인의 수양딸처럼 지내고 있었을 것이다. 훨씬 후의 기록이기는 하지만, 논산에 사는 박치화 씨는 사부인이 자기의 딸을 수양딸로 삼아 교육시켜주고 이화학당에도 보내준 것에 감사해 공주에서 열린 사부인의 회갑잔치에 비단으로 한복을 지어 선물로 들고 갔다고 한다. 사부인은 이 한복을 입고 사부인선교기념비의 제막식에 참석하였다. 그런데, 기념식장에 가보니 박치화 씨의 딸 외에도 수양딸이 줄지어 서 있었다고 하였다.[76]

사 부인은 유예도나 유관순 외에도 충남 일대 교회를 순회

---

76) 임연철, 이야기 사애리시, 신앙과지성사, 2019. 156쪽. 2016. 7. 17. 대전중앙감리교회에서의 김영한 장로 인터뷰.

하면서 총명하고 눈에 띠는 여자 아이가 있으면 이들을 적극 권유하여 학교로 보냈다. 아산의 구미동교회에 다니던 김복희도 사애리시의 추천으로 이화학당에 다니게 되었다.

　이화학당에서 교비로 공부한 학생들은 졸업 후 이화학당이나 지방의 매일학교에 교사로 나가 자기가 배운 것을 더 많은 여학생들에게 가르쳐주었다. 예를 들면 사애리시가 둔포에 학교를 설립했을 때 그곳에는 이화 출신의 안나(Anna)가 학생들을 가르치고 있었고, 공주에서는 이씨와 이화 출신인 그의 아내 엘라(Ella)가 열심히 학생들을 가르쳤다. 또 논산에서는 이화 출신 교사 에델(Ethel)이 유능하게 일을 하고 있었다. 또 에스더(Esther)와 루스(Ruth)도 이화 출신으로서 논산 영화학교에서 가르치고 있었다.[77] 지방의 매일학교(Day School)에 교사가 부족하면, 선교사는 서울 이화학당 출신의 교사가 와줄 수 있도록 요청했다. 이러한 관행으로 유관순과 유예도는 이화학당 입학 후, 방학이 되면 고향에 내려가 학생들을 가르침으로써 자기가 받은 혜택을 다시 돌려주었다.

---

77) Korea Woman's Conference(KWC), 1915, pp.28~30

그러면 유관순이 영명학교에 들어가기 전에는 어떤 교육을 받았을까?

위에서 오빠 유우석은 관순이 어려서부터 총명하여 한글을 가르치기도 전에 깨우쳤다고 하였다. 반면에 관순의 어릴 적 친구 남동순 여사는 함께 글을 배웠다고 말했다.

"난 집에서 6살 때 한글을 떼고 관순이도 우리 집에 와서 배우기도 했어요."

관순이와 함께 배운 것이 무엇인지, 누구에게 배웠는지, 어디에서 배웠는지 다 불확실하지만, 어린 시절에 뭔가 배웠음을 알려준다. 아마도 병천의 교회에서 설립한 주일학교(진명학교)에 다니면서 초등 수준의 교육을 받았을 가능성도 제기된다. 그런데 유관순이 흥호학교에 다녔다고도 한다. 흥호학교에 대해서는 유관순의 아버지 유중권이 세운 학교라고 알려져 왔다. 유중권이 흥호학교를 세워 운영하다가 재정이 어려워지자 일본인에게 빚을 져서 곤욕을 당했다는 이야기도 있다.[78] 그러나 한편으로 사실과는 다른 기록도 나온다.

---

78) 박화성 타오르는 별, 세운문화사, 1972, 66-67쪽.

"충남 목천군 흥호학교는 병진학교로 설교3재(設校3載)에 재정이 궁핍하게 되어 폐지되기에 이르니… 남계석, 각 면장 등 제씨가 의연금을 내고 이정래, 이정구, 박초양, 유은상… 등과 학부형 등의 성금으로 재건하여 군수가 축사를 했다."(1903년 3월 21일 황성신문)

이 기사는 흥호학교가 세워진지 3년만에 재정이 궁핍하게 되어 폐지되기에 이르렀으나 목천군의 유지들, 학부형, 면장 등이 성금을 내어 재건하였다는 것이다. 흥호학교가 세워진지 3년만에 재정이 어렵게 되었다는 것이 어쩌면 유중권이 세워서 운영하던 흥호학교를 말하는 것인지 확인이 되지 않는다. 그러나 흥호학교를 재건하는 과정에서는 유중권의 이름이 빠져 있으므로 사실관계를 확인할 수가 없다. 1907년 국채보상운동에서 지령리 주민 82명이 의연금을 냈는데, 유중권은 그 명단에 없는 것을 보면 유중권의 경제사정이 그리 녹록치 않았음을 알 수 있다. 흥호학교와 유중권의 관계는 사실을 확인할 수 있는 근거 자료가 남아있지 않으므로 추측으로 남겨둘 수밖에 없다.

四

3.1 만세운동

3.1 만세운동의 배경과 전주곡

일본은 1910년 8월 29일 병합조약을 강요하여 한국을 식민지로 만들고 식민지 최고 통치기구로 조선총독부를 설치해, 조선사회를 급격히 식민지적 구조로 개편해 나갔다. 일본에게 강제로 병합된지 10년째인 1919년, 우리나라는 조선총독부의 무단통치하에 신음하고 있었다. 군인 출신의 총독을 정점으로 헌병경찰이 치안을 맡고 있었고 언론·출판·집회·결사 등 모든 근대적 기본권이 철저히 부정되었다. 조선인을 일본인으로 만들기 위한 식민지 동화교육방침이 수립됐으며 한국의 경제구조를 식민지 수탈에 적합하도록 재편성하였다.

우리 민족이 갖고 있는 전통적인 절서도 용납하지 않았다. 1914년에는 지방행정구역의 전면 개편을 단행하여 면(面)을 식민지 말단 행정기구로 강화하였다. 전통적인 향촌사회의 마을(동·리)을 면 중심으로 바꿔 지방통제체제를 구축한 것이다. 이런 행정체제 아래서 악법과 규칙, 온갖 종류의 세금을 통해 민중을 고통스럽게 몰아갔다. 사사건건 강압적이고 직접적인 규제를 강화하여 소위 '법과 규칙'을 위반한 자에 대해서는 형벌로 강제하여 즉결처분이 증가하였다.

1910년부터 1919년까지 토지조사사업을 시행하여 농민들의 경작권 등 제 권리를 박탈하고 소수 지주의 소작인으로 전락하게 하였으며, 일인들의 이주 증가와 토지 수탈을 쉽게 하였다. 이는 일정한 기간 내에 토지소유자가 토지조사국에 소유 토지를 서면으로 신고하도록 한 것이었는데, 이로 인해 미처 신고하지 않은 땅이나 국유지, 공유지 등은 총독부의 소유로 넘어가게 되었다. 토지조사사업은 조선총독부와 일본인의 토지소유를 증대시키는 중요한 계기가 되었고 반면에 자작농을 몰락시키고, 소작농과 농업노동자 및 이농(離農)을 증가시켰다. 더 나아가 토지에 대한 지주의 권리만을 일방적으로 인정하였을 뿐 경작권 등 농민의 여러 권리는 부정되어 소작농민은 더욱 어려운 상태로 몰아넣고 생활의 빈궁은 더욱 촉진되어 화전민·유민이 되거나 망명의 길을 떠나지 않으면 안 되었다.

한국의 시장과 무역은 일인과 일본에 의해 독점되고 한국은 쌀을 비롯해서 일본의 원자재 공급지가 되고, 직물을 비롯한 일본 공업제품의 소비지로 전락하였다. 특히 쌀은 제1차 세계대전 중에 일본군이 시베리아로 출병하므로 인해 군량미 조달 등의 목적으로 일본으로의 반출이 급증하였다. 조선 쌀의 수요가 많아지자 쌀값이 폭등하여 민생의 도탄이 극을 달

리고 이로 인한 사회적 소요도 일어나고 있었다.[79]

　제1차 세계대전이 끝난 후, 전쟁에 대한 책임과 유럽 각국의 영토 조정, 전후의 평화를 유지하기 위한 조치 등을 협의하기 위해 1919년 1월부터 파리에서 국제회의가 열리게 되었다. 이 회의에서 국제문제를 풀어나갈 원칙으로 미국의 윌슨 대통령이 14개 조항(The Fourteen Points)을 제시하였다. 그 제안의 핵심은 크게 두 가지로 말할 수 있다. 민족자결주의(民族自決主義 National Self-Determination)와 집단안전보장 원칙이었다. 그 결과 이전의 오스트리아-헝가리 제국과 오스만 제국, 러시아의 영토였던 발트해 연안지역 등이 여러 신생국가로 나누어졌다. 민족자결주의의 발표는 당시 강대국의 지배를 받던 전 세계의 수많은 약소민족들에게 커다란 희망과 용기를 불러일으켰다. 그러나 미국대통령 윌슨이 제창한 민족자결주의는 패전국의 식민지, 특히 유럽지역의 식민지에 한정된 것이었으며 미국 중심의 새로운 국제질서를 수립하는 데 그 목적이 있었다. 즉 민족자결의 원칙은 전승국의 식민지에는 적용하지 않았다.

---

79) 국사편찬위원회, 신편한국사 제47권, 일제의 무단통치와 3.1운동.

그러나 민족자결주의에 따른 세계적 흐름은 한국과도 무관하지 않아 곧 국내에 전해졌으며, 독립운동이 활발해지는 기회를 제공했다.

일본에 강제로 나라를 빼앗긴 우리 민족의 가슴속에는 자주독립 사상이 갈수록 강하게 불타올랐다. 민족지도자들 중 적극적인 인사는 중국 만주 러시아 미국 등 국외로 망명하여 독립운동을 줄기차게 전개하고 있었으며, 국내에 남아있는 인사들도 비밀리에 독립사상을 고취하면서 기회가 오기만을 기다리고 있었다.

우선 민족자결주의의 발표에 가장 민감한 반응을 보인 것은 북아메리카 대륙에 거주하는 교민들이었다.

미국의 교포 단체인 대한인국민회(Korean National Association)의 안창호는 파리강화회의에 대표를 파견해 '독립청원서'를 제출하기로 결의하는 한편, 독립운동을 지원하기 위한 모금에도 적극 앞장섰다. 대한인국민회는 정한경, 이승만, 민찬호를 대표로 선정해 파리에 보내려 했으나 1차 세계대전의 전승국인 일본의 항의로 미국 정부가 여권을 발급해 주지 않아 출발할 수 없었다.

중국 상해에서도 바삐 움직였다. 상해에 있는 독립 운동가들은 세계대전의 전후 처리를 위해 파리강화회의가 열린다는 소식을 듣고 역시 대표를 파견하기 위한 조직을 만들었다. 그것이 신한청년당이다. 이들은 1919년 1월 김규식을 대표로 선정해 파리에 보내기로 했다.

미주 한인 동포들의 독립운동 소식과 민족자결주의에 자극을 받은 일본의 한국인 유학생들도 가만히 있지 않았다. 조선청년독립단(朝鮮靑年獨立團)을 조직한 동경의 한국인 유학생들은 동경 조선기독교청년회관에 모여 한국의 독립 문제를 의제로 격렬한 토론을 벌이고 1919년 2월 8일에는 '2.8독립선언서'를 작성하였다. 조선청년독립단의 이름으로 이광수가 대표로 썼다.

동경의 한인 유학생들은 2월 8일 오전 10시에 선언서와 결의문, 민족대회 소집 청원서를 귀족원과 중의원, 조선총독부, 동경 및 일본 각지의 신문사와 잡지사, 여러 학자들에게 보내고 오후 2시에는 유학생학우회 선거를 빌미로 약 400명의 학생들이 모여 유학생대회를 열었다. 이 자리에 참여한 황에스더(애덕(愛德) 애시덕(愛施德)), 김마리아 등은 여학생도 함께 참여해야 한다는 취지로 열변을 토했으며 곧 2.8독립선언서를 숨겨서 조선으로 돌아왔다. 이들은 독립운동을 위한 모금을 하는 한편 여성 대표를 뽑아 파리강화회의에 보내는 등의 활동을 하였다.

이처럼 3.1독립운동의 전주곡이 미국과 중국, 일본 등지에서 울려 퍼졌다.

● 만세운동의 준비

그런데 1919년 1월 21일[80] 고종황제가 돌연 사망하여 모든 국민을 충격에 빠뜨렸다. 일제 헌병대 보고서에조차, "1월 22일 '돌연히' 이태왕(李太王) 승하의 소식이 발표되자, 상하 모두 그 급격한 부음(訃音)에 놀라지 않는 사람이 없었다.(경기)"고 하였다. 일제에 의해 강제 양위(讓位)를 당하고 절치부심하던 고종황제의 갑작스런 죽음은 여러 가지 추측과 의혹을 불러일으켰다. 일본의 정략에 의해 일본 여인과 혼례를 올리게 된 셋째 황태자 영친왕 이은(李垠)의 혼례 날을 앞두고 그 혼례를 좋아하지 않아서 자결하였다는 소문도 그중 하나였으나, 이 중 국민에게 가장 큰 영향을 끼쳤으며, 3.1운동 발발에 기름을 끼얹은 소문은 '독살설'이었다. 광무황제가 일

---

80) 고종황제의 붕어일에 대해 매일신보 1월 23일자에는 1월 22일이라고 했으나 순종실록 순종 12년(1919) 1월 21일자에는 "묘시에 태왕전하가 덕수궁 함녕전에서 승하하셨다. 다음날 복(復)을 행했다."라 하였다. 일제는 당시 영친왕(황태자 李垠)과 일본인 방자 여사의 혼례일(1월 25일)을 앞둔 터라 혼례 후에 고종의 사망 사실을 발표하려고 하였으나, 여의치 않아 하루 늦게 사망한 것으로 발표했다.

본에 의해 독살 당했다는 소문은 식민지 지배하의 민족적 울분을 촉발시켰으며, 이로 인해 배일사상이 갑자기 비등하게 되었다. 고종황제의 갑작스런 죽음은 결국 일제의 식민지 통치하에서 신음하던 우리 민족의 항일 감정을 더욱 격렬하게 만들었으며, 거족적 독립운동의 결정적인 동기가 되었던 것이다.[81]

해외에서의 독립운동의 움직임과는 별도로 국내에서도 종교단체와 학생 조직이 독자적으로 독립운동을 계획하고 있었다. 일제 식민지하에서 모든 사회단체가 해산 당하였고, 언론·출판·집회·결사의 자유가 극도로 억압되자 독립 운동가들은 해외로 망명함으로써 국내에 유일하게 남은 조직적인 힘은 종교단체와 학교뿐이었다.

천도교 측은 손병희(孫秉熙)를 대표로 하여 국내에서의 구체적인 독립운동 계획을 본격화하였다. 독립운동은 첫째 대중화, 둘째 일원화, 셋째 방법은 비폭력으로 할 것이며 그 실현방법으로 독립선언서를 발표하여 민족의 여론을 환기시키고, 일본 정부와 귀족원 중의원 및 조선총독에게 국권반환요

---

81) 김진봉, 3.1운동의 성격, 한국현대사의 전개, 한국사연구협의회 편, 1988, 63~66쪽.

구서를 보내고, 미국 대통령과 파리강화회의에 독립청원서를 제출해 국제 여론을 움직임으로써 일본에 압력을 가해 독립을 성취하기로 결정하였다.[82]

그리고 거족적인 독립운동을 전개하기 위하여 기독교와 불교, 유림(儒林) 등 각 종교단체를 망라하여 민족대표를 내세우기로 합의하였다. 그리하여 1월 중순경부터 기독교 측 유력인사 이승훈과 만나 동의를 얻고, 불교도 이에 가담함으로써 최남선이 지은 독립선언서에 서명할 민족대표 33인의 인선도 이루어졌다. 33인은 천도교 측 15인, 기독교 측 16인, 불교 측 2인으로 구성되었다. 천도교·기독교·불교의 연대를 이룩한 위에 유림과도 연대해야 비로소 완전한 민족운동의 연대가 이루어질 수 있었으나, 아쉽게도 촉박한 시간과 일제의 삼엄한 감시로 유림과의 연대는 성사되지 못하였다. 후에 심산 김창숙(金昌淑)은 유교 대표가 참여하지 못한 것을 통곡하며 아쉬워하였다. 결국 유림이 참여하지 못한 가운데 천도교 기독교 불교 3교만 통일체가 이루어지게 되었다. 유림들은 민족대표의 일원으로 참여할 기회를 놓쳤으나, 많은 지역에서 광무황제의 인산(因山, 장례)에 참여차 상경하여 3.1운

---

82) 김진봉, 삼일운동사연구, 2000, 18쪽.

동을 전국으로 확산시키는 데 큰 역할을 하였으며, 시위운동을 주도하거나 참여하여 운동을 대중화하는 데 큰 역할을 하였다.[83]

처음 추진계획에서는 광무황제의 인산일인 3월 3일을 거사일로 내정하였다가, 황제의 국장일에 거사하는 것을 피하는 것이 예라고 생각해서 그 이전인 3월 1일로 정하였다.[84]

구체적인 일정은 3월 1일 오후 2시를 거사일시로 하고, 탑골공원(탑동공원, 파고다공원)[85]에서 '독립선언서'를 낭독하여 독립을 선언하기로 하였다. 독립선언서는 비밀리에 인쇄하여 서울에서는 독립선언 당일 군중에게 배포하여 만세를 부르게 하며, 독립선언서를 각 지방에 나눠 보낼 때 서울에서의 만세 일시 및 독립선언서 배포 절차를 전달하여 각 지방에서도 서울을 따르게 할 것 등 몇 가지 항목을 정했다.[86]

---

83) 국사편찬위원회, 신편한국사 제47권, 일제의 무단통치와 삼일운동. 3장 삼일운동. 삼일운동의 전개

84) 김진봉, 삼일운동사연구, 2000, 17~19쪽.

85) 탑공원탑동공원(塔洞公園)파고다공원이라고도 불린다. 사적 제354호로 '서울 최초의 공원'이다. 1919년 3월 1일 독립선언서가 낭독되고, 일제에 항거하는 민족봉화의 불이 붙여진 유서 깊은 곳이다. 고려시대에는 흥복사가 있었고 1465년에 원각사를 세웠으나 연산군 때 폐사되었다. 1897년 영국인 브라운의 설계로 공원이 조성되었으며 1920년 '파고다공원'으로 개원하였다가 1992년 '탑골공원'으로 개칭하였다. 국보 제2호 원각사지십층석탑과 독립선언문을 낭독한 팔각정이 있다

86) 국사편찬위원회, 신편한국사 제47권, 일제의 무단통치와 삼일운동. 3장 삼일운동. 삼일운동의 전개

독립운동을 전개하는 중에 박희도와 이갑성은 독립운동을 위하여서는 학생층의 참여가 필요하다고 보고 연희전문학교 김원벽(金元璧), 보성전문학교 강기덕(康基德), 경성의학전문학교 한위건(韓偉健)·김형기(金炯璣), 경성공업전문학교 주종의(朱鍾宜), 경성전수학교 김공후를 서울 시내 관수동 중국요리점 대관원(大觀園)에서 만나 독립운동에 학생들이 나설 것을 권유하였다. 서울의 전문학교 학생들은 일본 동경 유학생들의 2.8독립선언에 큰 자극을 받아 독립운동을 하고자 비밀리에 협의를 진행하고 있었다. 각 학교 대표자들은 종교계 대표들과 연합하여 독립운동을 추진할 것을 종용하여 승낙을 얻었다. 종교계 지도자들은 3월 초 독립선언을 하고 시위운동을 개시한다는 결정을 학생들에게 통고하였다. 이에 학생단 대표들은 2월 25일 정동예배당 이필주 목사 방에 모여 3월 1일 각 전문학교와 중등학생은 모두 파고다공원에 집합하여 시위운동에 참가하도록 하고, 그 후 형편에 따라 전문학교 학생들을 중심으로 일대 시위운동을 전개할 것을 결의하였다. 나아가서 학생 대표자들은 제2, 제3의 독립운동을 계획했다. 제1회, 제2회 독립운동에서 체포를 피한 학생들은 뜻을 굽히지 말고 더욱 독립운동을 계속하여 최후의 목적을 완수할 것

을 결의하였다.[87]

이런 준비과정과 함께 학생단 대표들과 각 중등학생들도 이에 찬성하여 그때가 오기만을 기다리고 있었다. 학생단도 종교계와 함께 민족대연합전선에 합류하게 되었으며, 학생들은 민족대연합전선의 전위로서 3.1운동에 앞장서게 되었다.

2월 28일 밤에 민족대표로 서명한 인사 중 서울에 있던 20여 인은 재동의 손병희 집에 모여 최종 점검했다. 이 자리에서 3월 1일 오후 2시에 탑골공원에서 독립을 선언하기로 했던 계획을 바꾸어 같은 시각에 태화관(泰和館, 명월관 지점)에서 거행키로 했다. 이같이 독립선언식 장소를 갑자기 바꾼 것은, 탑골공원에는 젊은 학생들이 모이게 되어 있었으므로 혹시 불상사가 생겨 큰일을 그르칠까 염려했기 때문이다.[88] 여기에서도 3.1운동의 지도층이 비폭력적, 평화적 만세시위운동으로 전개하려 했다는 그 방향성을 확인할 수 있다.

최남선(崔南善)이 기초한 독립선언서 원고는 최린(崔麟)에게 전달되고, 다시 보성사인쇄소를 경영하는 이종일에게 넘

---

[87] 국사편찬위원회, 신편한국사 제47권.
[88] 김진봉, 3.1운동, 민족운동총서 제2집, 민족문화협회, 1980, 77쪽.

어가서 2월 27일 2만1,000장이 인쇄되었다. 이 독립선언서는 28일 아침부터 여러 사람들에게 나누어져 비밀리에 전국 각지로 우송되고 해외에도 전달되었다. 한편 이갑성은 조선 총독에게 독립의견서와 독립선언서의 전달을 담당하였다.

✿ 3월 1일, 그 날!

드디어 3월 1일 아침 시내 각지의 집 앞에 독립선언서와 함께 조선독립신문이 뿌려지고, 동대문과 남대문, 숙명여학교 앞에 독립운동을 촉구하는 격문이 나붙었다. 이날 정오경에는 서울 종로구 인사동 명월관 지점 태화관에 민족대표 33인 가운데 지방에 있어서 참석하지 못한 4명을 제외한 29명이 모였다. 오후 2시경이 되자 민족대표들은 독립선언서를 낭독하고 우리 조선이 독립국임과 조선 국민이 자주민(自主民)임을 선언하였다. 최린은 태화관 주인 안순환에게 조선총독부에 전화를 걸어 민족대표들이 독립선언식을 거행하고 축배를 들고 있다고 통보케 하였다. 통보를 받은 일본 경찰 80여 명이 곧 달려와 태화관을 포위하였다. 독립선언식을 마친 민족대표들은 일본 경찰의 인도에 따라 조용히 5대의 자동차에 나누어 타고, 총독부로 연행되어 갔다.

한편 탑골공원에서 민족대표가 나타나기를 기다리던 4~5천 명의 학생들과 시민들 가운데 강기덕·김원벽·한위건 등은 태화관으로 민족대표를 모셔 오고자 달려갔으나 뜻을 이루지 못하였다. 이 때 군중 속에서 한 청년[89]이 팔각정에 올라서서 독립선언서를 낭독했다.

우리는 이에 우리 조선이 독립한 나라임과 조선 사람이 자주적인 민족임을 선언한다. 이로써 세계 만국에 알리어 인류 평등의 큰 도의를 분명히 하는 바이며, 이로써 자손만대에 깨우쳐 일러 민족의 독자적 생존의 정당한 권리를 영원히 누려 가지게 하는 바이다.

5천 년 역사의 권위를 의지하여 이를 선언함이며, 2,000만 민중의 충성을 합하여 이를 두루 펴서 밝힘이며, 영원히 한결같은 민족의 자유 발전을 위하여 이를 주장함이며, 인류가 가진 양심의 발로에 뿌리박은 세계 개조의 큰 기회와 시운에 맞추어 함께 나아가기 위하여 이 문제를 내세워 일으킴이니, 이는 하늘의 지시이며 시대의 큰 추세이며, 전 인류 공동 생존권의 정당한 발동이기에, 천하

---

89) 국사편찬위원회, 한국독립운동사 2, 경신학교 졸업생 정재용(鄭在鎔)이었다.

의 어떤 힘이라도 이를 막고 억누르지 못할 것이다.

낡은 시대의 유물인 침략주의, 강권주의에 희생되어, 역사가 있은 지 수천 년 만에 처음으로 다른 민족의 압제에 뼈아픈 괴로움을 당한 지 이미 10년이 지났으니, 그 동안 우리의 생존권을 빼앗겨 잃은 것이 그 얼마이며, 정신상 발전에 장애를 받은 것이 그 얼마이며, 민족의 존엄과 영예에 손상을 입은 것이 그 얼마이며, 새롭고 날카로운 기운과 독창력으로 세계 문화에 이바지하고 보탤 기회를 잃은 것이 그 얼마나 될 것이냐?(*현대어로 번역함)

당시 배재학교 4학년이던 신봉조(후에 이화여자중고등학교 교장이 됨)는 학생들을 이끌고 파고다공원에 집결하여 단

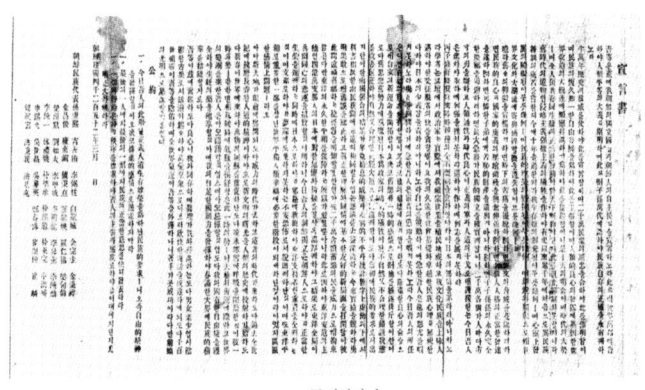

독립선언서

3.1만세운동이 일어난 탑골공원

상 맨 앞에서 민족대표들이 오기만을 기다리고 있었는데, 갑자기 군중 속에서 한 청년이 나와서 독립선언서를 낭독하는 것을 직접 목격하였다. 그 청년이 바로 정재용이었음을 후에 증언했다.[90]

탑골공원에서부터 시작된 독립만세 시위운동은 날이 저물 때까지 계속되었다. 그 한 무리는 종로, 광교, 남대문, 남대문역(현재 서울역)을 돌아 의주통(義州通)으로 꺾어 들어 프랑스공사관 쪽으로 행진하였고, 다른 무리는 대한문 앞에 이

---

90) 고춘섭 편저, 수양산인 정재용 전기, 수양산인기념사업회, 2008.

르러 머물면서 만세를 불렀다. 그 중 일부는 일본 군경의 제지를 물리치고 덕수궁 안으로 들어가, 전 황제의 영전에 조례(弔禮)를 올리고 나왔다. 그들은 대한문 앞 광장에서 독립 연설회를 개최한 다음, 다시 여러 갈래로 나뉘어 일대는 정동의 미국영사관 쪽으로 행진하고 일대는 구리개(지금의 을지로) 방면으로 향하고, 일대는 일본인 거리인 진고개(지금의 충무로) 방면으로 행진하려다가 일본 경찰에 저지되었다. 또 일대는 종로 광화문을 지나 경복궁 방면으로 행진하고, 다른 일대는 창덕궁 쪽으로 시위행진을 벌였다.[91]

태화관의 민족대표 29인은 독립선언식이 끝난 뒤, 5대의 자동차에 태워져 일제 경찰에게 붙잡혀갔으며, 탑골공원의 4~5천 군중은 거리로 뛰쳐나온 주민과 지방에서 국장(國葬)에 참여하기 위하여 상경한 인사가 뒤섞여 수십만의 대군중으로 불어나, 대한독립만세를 외치면서 온 시가지를 누비는 시위행진에 들어갔다. 이날의 만세운동은 삼천리 방방곡곡에서 모인 2천만 민중의 각계각층을 총망라한 것으로써 전 민족 항일독립운동의 축소판 바로 그것이었다.[92]

---

91) 김진봉, 삼일운동사연구, 2000, 22-23쪽.
92) 김진봉, 삼일운동사연구, 2000, 53쪽.

이날 서울의 만세시위 군중은 독립선언서 공약3장에서 밝힌 대로 질서를 철저히 유지했기 때문에, 수십만 군중이 밤까지 거리를 누볐지만, 단 한 건의 폭행사건도 발생하지 않았다. 그것은 가장 평화적이고 비폭력적인 방법으로 우리 민족의 절대 숙원인 독립 의지를 표현하는 것이 3.1운동의 기본정신이었기 때문이다.[93]

❀ 외신의 3.1운동 보도

한국에서의 독립만세운동 소식은 세계로 재빨리 퍼져나갔다. 특히 일본에서 발행되는 『재팬애드버타이저(Japan Advertiser)』는 조선의 만세 시위 소식을 다각적으로 전하고 있다. 『재팬애드버타이저』는 일본개화기에 간행된 영자 신문으로 토쿄에서 간행된 주간지이다. 이 신문은 일본 고베에서 발행된 『재팬크로니클(Japan Chronicle)』과 함께 영어권 독자들에게 일제의 3.1운동 탄압의 실상과 한국인의 독립의지와 열망을 알리는 중요한 통로가 되었다. 이들 신문기사는 일본정부에 비판적이고 한국인에게 우호적인 국제여론 형성에 일정한 기여를 하였다.[94]

---

93) 국사편찬위원회, 신편한국사 제47, 개요.

94) 김승태, 재팬애드버타이저의 3.1운동 관련보도, 한국독립운동사연구 54, 2016, 172쪽

고종의 장례행사와 관련하여 한국의 불온한 낌새를 챈 일본 의회에서도 2월 하순부터 조선 문제에 대한 논의가 시작되었다. 세계정세의 영향을 받고 극단적인 견해를 표출하는 학생들이 있다던가, 불온한 사상을 가진 조선인들에 대한 대책을 논의하였다는 기사가 나온다. 가장 먼저 조선에서의 '소요'를 전한 것은 3월 3일자 신문이었다. 그리고 3월 4일(화요일)자에서 토요일(3월 1일)과 일요일(3월 2일)에 경성에서 발생한 폭동에 대한 기사가 나오고 있다.

경성. 3월 2일자. 경성의 미션스쿨 학생들에 의해 시작된 소요는 경찰과 헌병대의 온건한 조치로는 진압이 불가능할 정도로 토요일 오후에 급속도로 번지며 맹위를 떨쳤다. 2시가 되자 다수의 여학생들을 포함해 폭동에 참여하는 일대의 학생들이 대한문 앞에 운집하였다. 그들이 궁을 향해 나아가자 숫자는 점점 불어났고 대궐문으로 진입하였다. 폭동을 진압하기 위해 경찰이 많은 노력을 하였음에도 불구하고 오후 내내 시내 곳곳에서 시위는 멈추질 않았다. 경찰은 이 소요사태의 주동자로 여겨지는 112명

의 학생들을 체포하였다.[95]

3월 7일(금)자에는 '비폭력저항으로 봉기하는 경성' 이라는 제하에 저항운동이 조선반도 전역으로 확산해 감을 알리고 있다. 특히 '용감한 여성 주동자'들을 주시하였다. 수요일(3월 5일)의 시위에는 많은 여학생을 포함해 수백 명이 체포되었음을 밝히며, 조선인들은 당국에 평화적 저항을 이어나가고 있으며, 철저하게 비무장이었고, 시위 주동자들은 모든 폭력을 금하고 있다고 하였다. 또 미국인이 운영하고 있는 경성의 한 여학교 학생들 사이에 화요일 밤 전단지가 돌고 나서 다음 날 아침 미국병원의 간호사 50명과 많은 여학생을 포함해서 약 1,500명의 학생들이 남대문역에 집결하였다고 보고하였다.[96] 이렇게 외신을 통해서도 조선 독립만세운동에서 처음부터 용감한 여학생들의 참여가 큰 힘이 되었다는 것을 분명히 밝히고 있다. 미션계 여학교는 이화 외에 배화, 정신 등이 있지만, 그 주도세력은 덕수궁과 남대문역에 가깝고, 정동 외교가의 한 축에 자리하고 있는 이화학당 학생들이었음은 두

---

95) 독립운동사연구소 편, 재팬애드버타이저 3.1운동기사집, 2015, 1919년 3월 4일 화요일 1면, 92쪽~93쪽
96) 독립운동사연구소 편, 재팬애드버타이저 3.1운동기사집, 2015, 1919년 3월 7일 금요일 1면, 107쪽

덕수궁 앞 3.1만세 시위 군중

말할 것도 없다.

그리고 재팬어드버타이저는 3월 17일자에서 "큰 도시에서의 시위사태는 사실상 진압되었지만 상당한 개인의 자유와 정부에 대한 특정대의권에 대한 개혁은 계속 요구되고 있다. 조선의 독립이 불가능해지면서 이러한 개혁에 대한 요구로 대체된 것이다. 개혁에 대한 요구는 조선반도 전체에 퍼져있으며 이곳에 살고 있는 자유주의적 생각이 있는 모든 외국인들도 진압조치 만으로는 충분하지 않으며, 일본제국 안에서 조선인에게도 인간의 자유와 평등에 대한 미래에 대한 확신을 주는 정책이 있어야 한다고 느낄 것이다."[97]라는 기사를 통해서 일본이 무력으로 시위를 멈추지 못할 것을 예고하였다.

---

97) 독립운동사연구소 편, 재팬애드버타이저 3.1운동기사집, 2015. 1919년 3월 17일 월요일 1면 147쪽

五

이화학생들의 3.1운동

❀ 대학과를 졸업한 이화출신 교사들

프라이 선교사는 한국에 있어서의 여성교육은 한국여성에 의해 이루어져야 한다는 신념을 가지고 있었다. 그러기 위해서는 한국여성을 위한 고등교육이 꼭 필요하다고 역설하였다. 이전에 가난한 사람들에게 먹여주고 입혀준다고 약속하고 학생을 데려오던 시대를 지나, 이제는 학비를 지급하고 입학하는 학생 수가 많아지고 자발적으로 또는 부모의 권유로 학교에 오는 학생들이 많아졌다. 증가하는 보통과 학생들의 교육을 위해서는 더 많은 중학과 졸업생이 필요하였고, 이들을 교육하기 위해서는 상위 과정의 학교가 필요하였던 것이다. 즉 여성의 고등교육을 위한 대학과정의 설립이 시급하였다.

"국가의 운명이 여성에 의해 좌우되는 세상이 되었다면, 어떤 다른 문제보다도 여성들에게 교육적인 혜택을 충분히 줄 수 있도록 시간과 돈이 더 많이 확대되고 배분되어야 할 것이다."

"보통과정을 가르칠 수 있는 중등과정 졸업자가 필요하며, 중등과정을 가르칠 수 있는 사범과나 대학과의 졸업자가 필요하다. 교사는 학생들에게 가르쳐야하는 것보다

훨씬 더 많은 것을 알아야 한다.[98]

A GROUP OF TEACHERS TRAINED IN OUR SCHOOLS
이화 출신 교사들

이처럼 고등교육에 대한 프라이 선생의 신념과 비전은 여성의 개인적인 발전만이 아니라 나라와 사회를 위해 건실한 정신을 가진 일꾼으로, 또 유능한 지도자로 양성하는 것을 목표로 한 것이었다. 프라이 선생의 대학설치 계획은 심한 반대 여론에 부딪혔다. 아직까지도 열악한 한국의 여성교육 실정에 비추어 시기상조라는 것이었다. 그러나 프라이 선생은 집념으로 마침내 1910년 봄에 대학과를 신설하여 중학과 졸업생들을 입학시켰다. 1914년 제1회 대학과 졸업생 세 명이 배출

---

98) Lulu E. Frey, Higher Education for Korean Girls, The Korea Mission Field, 1914.10, p.308

되었고, 이들은 모두 이화의 후배를 가르치는 교사가 되었다. 신마실라(신마식), 김앨리스(김애식), 이화숙이 제1회 이화학당 대학과 졸업생이다.

3.1운동이 일어날 즈음 이화학당에는 앞서 졸업한 선배 교사들 10여 명이 포진하고 있었다. 미국유학에서 돌아온 김란사, 일본유학에서 돌아온 최활란, 이은라, 대학과 졸업생 신마실라, 김애리시(김애식), 이화숙, 박인덕, 신준려, 김메례, 이인애, 최매지, 허애시덕, 홍에스터, 윤심성, 김독실, 김활란 등 10여 명의 졸업생들이 교사로 채용돼 있었고 유치사범과 졸업반에 박경숙, 하복순 등이 있었다.[99]

서양 선교사나 남자 선생님이나 모두 여성교육, 기독교교육을 지향하는 이화 교육방향을 잘 이행하였겠지만, 이화에서 교육받고 다시 이화에 봉직하게 된 교사들의 후배 교육에 대한 열의와 정성이 남달랐을 것임은 말할 것도 없다. 더구나 구국기도와 이문회 등을 통한 애국심 고취는 은연중에 학생들에게 전달되고 있었다. 당시 학생들의 3.1운동 참여를 묵시적으로 도운 졸업생 교사들은 사실상 이미 독립운동에 참여

---

99) 이화여고, 이화백년사, 부록, 714~741쪽.

하고 있었다.

🌸 구국의 기도와 정동교회

이화학생들의 항일의식은 한일합병이 되기 훨씬 전부터 매일 구국기도회를 가짐으로써 성장하였다. 1905년 을사늑약 체결 이후 오후 3시만 되면 일제히 수업을 중단하고 조국 독립을 기원하는 기도회를 가져왔다.[100] 당시 이화학생들은 조신성(趙信聖) 선생을 비롯한 몇 선생들과 더불어 대한문 앞으로 나가 땅에 엎드려 통곡으로 항거하고, 학교에서는 매일 하오 3시에 주권회복을 기원하는 15분간의 구국기도회를 가졌다.

페인 학당장의 보고에 따르면, "내가 작년(1905) 12월 한국에 들어와서 우리는 전에 당해보지 못한 중대한 일에 직면하고 있다는 것을 알았습니다. 근자에 한·일 양국 간에 신협약이 체결되어 내가 사랑하며 같이 일해 온 사람들을 위로하지 않을 수 없게 되었습니다. 이 민족이 당한 비운 때문에 그들의 마음이 온통 비통에 잠겨 있음을 누구도 부인할 수 없는 사실입니다. … 내가 돌아온 후 처음 수업하는 날 국어를 가르치는 조 선생은 여러 학생이 찾아와서 기도회를 가질 터인데,

---
100) 이화여고, 이화백년사, 159쪽.

만일 늦어지더라도 용서해 주기를 청했습니다. 그들은 나라를 위해 매일 기도한다고 대답했습니다. 매일 같은 시간에 그들은 수업을 중지하고 몇 분씩 나라를 위한 간곡한 기도를 했습니다. … 우리는 이 학생들이 진실하고 겸손하게 기원하는 기도를 하나님께서 반드시 들어주시리라 믿습니다."라고 하였다.[101]

이화학당은 정동제일감리교회와 담 하나를 사이에 두고 있다. 이화학당의 본관(메인홀)과 심슨홀 앞에 펼쳐진 커다란 운동장을 지나면 곧바로 작은 문이 나있는 담장이 나온다. 이 문을 지나 정동교회로 들어가게 된다. 정동교회는 같은 미북감리회 소속 선교사 아펜젤러가 설립한 교회이다. 아펜젤러는 조선에 선교와 교육을 목적으로 처음 들어온 선교사 중의 한명이다. 1884년 갑신정변 이후 북감리회 선교사인 아펜젤러 부부, 스크랜튼 부부와 모친 메리 스크랜튼 여사, 그리고 장로교의 언더우드 선교사가 이 땅에 첫 발을 내디뎠다. 아펜젤러 선교사는 배재학당을 시작으로 교육과 선교를 펼쳤고, 스크랜튼 선교사는 의료선교를 시작하여 여성 환자들을 구하

---

101) Josephine O. Paine, Ewa Haktang-Seoul, Korea Woman's, Conference, 1906.6. p.5.

정동교회로 예배가는 이화학당 학생들

는데 심혈을 기울였다. 그리고 그의 어머니 메리 스크랜튼 선교사는 이화학당을 세웠다. 정동교회를 중심으로 양 옆에 위치한 배재학당과 이화학당은 미북감리회의 선교와 교육의 핵이었다. 이들은 누구라 할 것 없이 가족 같은 친밀한 관계를 갖고 각각의 선교활동을 추진하면서 공조하였다.

이화의 선교사와 선생님들은 대부분 정동교회 신도로서 주일에는 교회에서 예배보고 봉사활동을 하였다. 김란사 선생은 정동교회 여자 신도들의 모임인 보호여회 활동을 하기도 하였다.

이화학생들의 기독교교육은 정동교회에서의 예배와 연계

되어 행해졌다. 토요일이면 수업이 없으므로 기숙사생들은 청소와 빨래를 하고 깨끗한 옷을 준비해두고, 일요일이면 깔끔하게 단장하고 정동교회에 가서 예배드렸다. 주일예배와 저녁예배, 수요일의 찬양예배, 그리고 특별히 기간을 정해 이루어지는 부흥예배 등이 이화학당 학생들과 배재학당 학생들이 으레 참여하는 일상적인 행사였다. 그러므로 이화학당 학생들에 있어서 정동교회는 또 다른 학교생활의 연장선상에 있었다.

정동교회는 1914년에는 제5대 현순 목사가 담임목사로 신도들을 이끌었고, 1915년부터 1918년까지는 손정도 목사, 1918년부터 1919년까지 이필주 목사 그리고 유관순이 순국하였을 때 장례를 맡았던 김종우 목사가 그 뒤를 이어 학생들의 신앙심을 키워주었다. 현순 목사, 손정도 목사, 이필주 목사는 모두 민족의 독립을 위한 구국운동에 헌신한 분이다. 이들은 끝까지 성직자의 본분을 지키면서 전인적인 인간 구원을 향한 선교의 일환으로 민족의 위기를 극복하고 독립을 이루려는 민족운동을 전개하였다.

현순목사는 정동교회에서 약 1년쯤 시무하고 정동교회를 떠났지만, 그는 3.1운동과 상해임시정부를 준비한 요인으로서 독립운동에 더 큰 역할을 하였다.

손정도 목사는 조선에 복음을 전파하는 것과 함께 민족의 구원과 사회 정화에 열정을 바쳤다. 그의 방법론은 어디까지나 그리스도의 복음에 대한 믿음을 통한 민족구원 운동이었다.[102]

유관순의 학창시절 정동교회를 이끌어간 분은 손정도 목사이다. 당시 정동교회 신도의 주축은 이화학당과 배재학당 학생들이었다. 손정도 목사는 학생들을 기독교인으로 거듭나게 하고 동시에 민족의식을 배양시켜 이곳에서 수련 받은 학생들이 졸업 후 전국으로 흩어져 한국의 지도자로 일하게 되었다. 민족의 구원과 사회정화에 대한 손목사의 열정은 어디까지나 그리스도의 복음에 대한 믿음을 통한 민족구원운동이었다. 그는 복음에 대한 믿음으로서 우리 사회와 민족을 구하려고 했다.

손정도 목사는 미국에서 개최되는 감리교 총회에 참석할 한국 평신도대표로 배재학교 교장인 신흥우와 이화학당 총교사 김란사를 선출하여 미국에 보냈다. 김란사는 감리교대회에 참석한 후 전 미주를 순회하면서 교포들에게 강연하고 성

---

102) 기독교대한감리회 정동제일교회, 정동제일교회의 역사, 1992, 218~220쪽.

금을 모아 정동교회에 파이프오르간을 사서 보냈다. 그것은 미주 한인동포의 구국의 염원이 담겨있는 특별한 파이프오르간이었다.

손정도 목사의 목회활동은 언제나 일본 경찰의 감시 대상이었다. 그들은 정동교회에 부단히 압력을 가해왔다. 손정도 목사는 1918년 제1차 세계대전의 종전을 앞두고 세계정세를 보면서 정동교회 목사직을 사임하고 본격적인 독립운동으로 방향을 돌렸다. 현순 목사와 손정도 목사는 특수한 사명을 띠고 중국 상해로 건너갔다. 이들은 의친왕 이강(李堈)공과 함께 김란사를 파리강화회의에 참석시키기 위해 이를 준비하고자 먼저 상해로 망명 갔던 것이다. 의친왕이 파리강화회의에 참석하여 일본의 한국강점의 부당함을 만방에 알리고 나면 다시 한국으로 돌아올 수 없으므로 해외에 망명정부를 수립하는 것이 당시의 목표였다.[103] 김란사와 이강 공의 파리행은 고종황제의 갑작스런 사망으로 무산되었다. 그러나 김란사는 이미 계획하던 대로 파리강화회의에 참석하기 위해 중국으로 갔다. 손정도 목사와 현순 목사가 미리 준비하고 있는 북경에 도착하였으나, 뜻하지 않은 죽음으로 이 계획은 실패로 돌아

---

103) 전택부, 인간 신흥우, 대한기독교서회, 1971, 124쪽

이화여고동창회에서 펴낸 김란사 평전 『꺼진 등에 불을 켜라』(왼쪽)와 김란사

가고 말았다. 김란사는 이화학생들의 3.1독립운동 참여에 큰 영향을 주었고, 나라를 되찾기 위한 일념으로 파리강화회의에 참석하기 위하여 중국으로 갔다가 불의에 목숨을 잃었다.

손정도 목사의 뒤를 이어 정동교회를 맡은 이필주 목사는 정동교회 목사로서 3.1만세운동에 적극 가담하였다. 시위 전 기독교 측 인사들이 정동교회 이필주 목사의 사택에 모여 준비하였으며, 독립선언서에 33인 민족대표로 참여하였다. 이 외에 정동교회의 박동완 전도사도 민족대표 33인에 들어갔으며 김진호 전도사는 배재학당 학생들을 동원하였다.

이화학당과 정동교회의 이런 분위기에서 기독교교육을 받고 있는 이화학생들은 광무황제의 붕어 후 대한문 앞에 가서 곡하는 한편, 나라의 독립을 위한 기도를 그치지 않았다. 학생들은 기독교에 의한 구원과 일본 압제에서 벗어나 우리 민족의 자유를 찾는 일이 서로 다른 것이 아니라 궁극적으로 하나의 목적임을 인식했다. 그러니까 기독교 신앙과 항일 구국운동이 일체화되어 학생들에게 영향을 주고 있었다고 할 수 있다.

남다르게 신앙심이 깊었던 유관순은 학교에서 수업 외에 일주일에 두 번 이상 정동교회 예배에 참석하였고, 손정도 목사의 설교를 듣고 장차 어지러운 사회를 바로잡고 민족을 구하려는 구국의 의지를 키워나갔다. 어렸을 때부터 길러진 유관순의 깊은 신앙은 민족의 자유를 찾고 잃어버린 나라를 되찾는 독립운동이 현실에서의 최고의 선(善)임을 인식하게 된 것이다.

❀ 이화학생들의 결사대 조직과 3월 1일

고종황제의 갑작스런 붕어와 동경 유학생의 2.8독립선언 등으로 한국의 2월은 매우 스산하였다. 초봄의 기운이 움터오긴 하여도 아직 음력 정월, 겨울의 추위가 가시지 않은 계절이다. 지방에서 망곡(望哭:국상을 당하여 대궐문 앞에서 백성이 모여서 곡하는 일)하기 위해 올라오는 백성이 많아 남대문역(현재 서울역)에는 흰옷 입은 사람들로 붐볐다. 이화학당의 교사들은 수업시간 중에도 나라를 되찾아 독립해야 한다는 의식을 끝없이 불어넣어 주었다.

당시 이화학당에서 유관순과 단짝으로 지내던 서명학의 증언을 들어보자.

"어느 날, 한 학년으로 단짝이던 김분옥, 국현숙, 김희자, 유관순, 유점선 그리고 나 여섯 명은 기도실에서 저녁기도를 마치고 뒷방 골방 마루에 모여 앉았다. 그날부터 우리는 나라를 위해서 목숨이라도 바치겠다는 결심을 같이 했다. 우리는 말만으로는 부족한 것 같아 손가락 끝을 물어 피를 내어 혈서를 쓰고 맹세했다. 손끝에 피를 내서라도 우리의 진지한 맹세를 스스로 증명해 보이려함이었다. 그리고 우리는 있는 돈을 모두 털어 내놓기로 했다. 삼원도 꺼내고, 이원도 꺼냈다. 결사대를 꾸려가려면 돈이 필요할 것 같았고 목숨을 바쳐 싸우려면 스스로 빈털터리가 되어야 할 것 같았기 때문이다.
3.1독립운동이 일어나기 바로 전날 밤이었다. 기숙사의 비상종이 갑자기 요란스레 울려 퍼졌다. 우리들은 모두 놀라 식당으로 뛰어 올라갔다. 이화학당의 전교생이 식

당에 빽빽이 모였는데, 그때에 음악을 가르치시던 박인덕 선생님이 "내일 만세 사건이날 것이다. 너희들 마음 준비를 단단히 해라. 그렇지만 조그만 것들은 날뛰면 위험하다."고 하시며 언제 준비했는지 버드나무 가지 하나를 딱 부러뜨렸다. 버드나무 가지는 금세 소리를 내며 두 동강이 났다. 그 다음엔 두 가지를 합쳐 부러뜨렸다. 나중엔 한 움큼의 나뭇가지를 합쳐 부러뜨리려고 했지만, 부러지지 않았다. 우리는 말을 하지 않았지만, 모두 한 마음을 갖고 있으면 누구도 우리를 꺾을 수 없다는 자신감에 감격하고 가슴을 떨었다.[104]

서명학은 3.1운동 직전에 절친한 친구들이 결사대를 조직하고 긴장감과 떨리는 마음으로 그 날을 준비하던 일을 위와 같이 증언하였다. 유관순의 친구였던 이정수는 유관순보다 한 학년 위였지만, 나이는 유관순이 두 살 위였다. 3.1만세 며칠 전에 유관순과 함께 4층 강당 한구석에서 촛불을 켜놓고 태극기를 열심히 그렸다고 회상했다. 그들은 돈을 추렴하여 종이와 빨간색 파란색 물감(잉크)을 사서 태극은 밥공기를 엎

---

104) 서명학, 감옥에서 죽은 관순이 생각, 털어놓고 하는 말 2, 119~120쪽.

덕수궁 앞 망곡례

어놓고 그렸다고 한다. 그러나 팔괘는 어떻게 그려야 할지 몰라 대충 흉내만 냈다. 행여 틀렸을까봐 밤늦게 미더웠던 선생님을 찾아갔지만, "8괘의 위치가 틀린 것 같은데… 제발 그만두어라"라며 얼굴을 돌렸다. 이렇게 만든 태극기를 기숙사 36개 방마다 붙여 다음날 한바탕 소동이 있었다.[105]

고종황제의 인산을 앞두고 이문회의 지도급 학생들은 2월 28일 정기회합에서 3월 1일을 기해 전교생이 만세를 부르

---

105) 이정수(승명 보각)의 증언: 세계일보 1993. 3. 1, 중앙일보 1993. 3. 1, 동아일보 1995. 2. 26.

기로 결의하였다.[106] 독립운동 계획이 진행됨에 따라 학생들도 거사에 참여하는 움직임이 추진되었다. 그 마지막 준비가 2월 28일 오후 7시 각 학교 대표들이 승동교회에 모여 회합하였다. 여기에는 전문학교와 중등학교 대표가 참석했는데, 여학교 중에는 이화의 대표가 참석하였다.[107] 손병희 등 민족대표의 독립선언에 함께 참여한 학생들은 이미 따로 조직을 만들어 오고 있었고, 이들 조직이 박희도와 연결되어 3월 1일에 만세시위를 하게 된 것이다.

당시의 정황을 서명학, 유관순 등 하급생들은 잘 모르고 있었지만, 상급생들은 이미 외부와 연결된 치밀한 계획과 조직을 갖고 있었던 것으로 보인다. 3월 1일의 상황을 당시 학생들의 증언을 통해 들어보자.

유관순의 급우로서 나이가 여섯 살 어렸던 정복희(1907년생)는 3.1만세 전에 동급생 언니들로부터 "교사 바깥에서 공치기를 하다가 낯선 사람이 보따리를 주면 곧장 받아들고 지하실 숙사로 갖고 오라. 그러면 1전짜리 왕사탕을 주마"라는 부탁을 받았다. 그 속에 독립선언서 등 유인물이 들어있었다

---

106) 이화여자고등학교, 이화백년사, 159쪽.
107) 이병헌, 내가 본 3.1운동의 일단면, 3.1운동50주년기념논집, 동아일보사, 409쪽.

는 것을 안 것은 훗날이었다. 즉 학생들의 만세 시위 움직임에 이화학생들도 은밀히 참여하고 있었음을 보여주고 있는 것이다.

3월 1일은 토요일이었다. 이화학당은 미국식 교육제도를 본받아 토요일은 수업이 없었다. 학생들은 파고다공원에서의 만세 시위에 참여하기 위해 무언의 준비를 하고 있었다. 이화학당의 선교사들도 무언가 낌새를 눈치 채고 있었지만, 아무것도 할 수 없었다. 학교 당국은 학생들이 나가지 못하도록 교문을 잠갔다.

이런 감시 속에서 서명학, 유관순, 김복순, 김희자, 국현숙의 5인결사대는 10여 명의 다른 학생들과 기숙사 뒷담을 넘어 남대문 쪽으로 달려갔다.[108] 정복희는 이어 말했다.

"언니들은 모두 하얀 무명저고리를 몇 겹씩 껴입고 정동교회와 접한 학교 담을 타 넘고 나갔다. 어린 학생들에게는 '오늘만은 절대로 학교 밖으로 나가지 말라'는 말만 남긴 채였다."(조선일보, 정복희 증언, 1990. 3. 1. 19면)

---

108) 이화여자고등학교, 이화백년사, 160쪽.

당시 학당장인 프라이 선생은 지방에 출타하고 없었다. 월터 선생은 기모노를 입고 슬리퍼를 신은 채 학생들을 뒤따라 달려 나가서 그들을 돌아오게 하려했다. 이날 거리로 나간 학생들이 경찰에 잡혔으나 대부분 저녁에 돌아왔다.[109]

오후 3시경 군중들이 '대한독립만세!'를 외치며 정동 골목을 휩쓸며 지나갔다. 시위대의 일부는 학교로 밀려들어왔다. 노예달(盧禮達)은 이때 기숙사에 남아있었다. 학생들은 모두 나와서 운동장에서 함께 만세를 불렀다. 고등과 2학년인 신진심(申眞心, 신특실, 또는 申德心), 노예달 등의 증언이다.[110] 이화학당 교내에서 만세를 부른 후 시위대는 학당을 나와 덕수궁 대한문과 광화문을 거쳐 서대문 밖 프랑스영사관을 돌아 서소문을 지나 소공동과 명동으로 행진하며 만세를 불렀다. 그리고 뒤늦게 시작된 일본 경찰의 진압작전으로 시위대는 해산하였다.

---

109) Jeannette Walter, Aunt Jean(월터 자서전), Johnson Publishing Campany, Boulder, Colorado, U.S.A. 1970, p.142, 월터 선생(1885~1969)은 1911년부터 1926년까지 한국에 선교사로 와서 이화학당의 교사, 학당장을 역임했다. 월터 선생은 대학과정에서 역사, 수학을 가르치고 기타 필요한 과목들을 가르쳤다. 체조수업을 할때 불편함을 없애기 위해 한복 치마에 어깨허리를 달아 개조한 일이 유명하다.
110) 국사편찬위원회, 한민족독립운동사자료집 17권 삼일운동 7, 삼일독립시위 관련자 예심조서, 신진심 노예달신문조서

이화학당의 이 광경을 지켜본 감리교회 선교사 윌리엄 아더 노블의 아내, 마티 윌콕스 노블은 그날의 기록을 남겼다. 노블 부인은 드루신학교를 졸업하고 목사가 된 윌리엄 노블과 결혼한 지 3개월 뒤인 1892년 10월 17일, 남편과 함께 한국에 와서 선교사로 1934년까지 42년 동안 한국에서 봉사했다.

"1919년 3월 1일. 오늘은 한국에 있어서 위대한 날이었다. 그들의 기쁨이 얼마나 지속될는지 누가 알겠는가? 오후 2시를 기하여 모든 학교들, 중학교 이상의 모든 학교들이 일본의 지배에 항거하여 수업을 거부했고, 학생들은 전부 거리를 행진하며 손을 높이 쳐들고 모자를 흔들며 만세를 외쳤다. 거리에 있던 사람들도 대열에 합류했고, 그 기운찬 외침은 도시 전체에 울려 퍼졌다. 나는 창문으로 길다란 행렬이 모퉁이를 돌아 궁궐 담 주위를 행진하는 것을 볼 수 있었다. 정부가 운영하는 여학교 학생들도 행진을 하였고, 한 무리의 남학생들은 이화학당 앞을 지날 때 안으로 밀려들어가 여학생들에게 나오라고 소리쳐 외쳤다. 이화학생들이 몰려나왔지만, 월터 양은 기모노차림으로 달려 나와 대문을 걸어 잠그고 여학생들을 가로막았다. 테일러 씨와 아펜젤러가 그녀를 도우러 나왔

고, 그들은 함께 소녀들을 못 가게 막는데 성공했다. 여학생들이 소리를 질렀고 몇몇 남학생들은 거칠게 항의했지만 결국 그 자리를 떠나서 행진을 계속했다.[111]

다음 날 2일은 일요일이므로 이화학당 학생들은 정동교회에서 예배드렸다. 그리고 3일은 고종의 인산일이라 서울 전체가 장례식에 참여하거나 행사를 구경하고 시위는 자제하였다. 3월 1일 만세시위를 마친 학생 지도부는 3월 5일 제2차 만세시위를 계획했다. 이 계획은 이화학당에도 전달되었다.

❀ 3월 5일 남대문역 학생단 시위

5일에는 남대문역에서 남대문에 이르는 사이에서 큰 시위가 발생하였다. 오전 9시 역 광장에서 독립연설회가 개최되었고, 일단의 학생은 평양에서 일반 여행자를 가장하여 상경한 약 300여 명의 학생을 맞이하여 태극기를 흔들면서 남대문 쪽으로 행진하였다. 학생 중에 일부는 붉은 완장을 두르고 격문을 일반에게 배부하여 많은 군중이 이에 가담하였으며 몇 차례 일본 군경의 저지선을 뚫고 시위운동을 전개하였다.

---

111) 마티 윌콕스 노블, 삼일운동 그 날의 기록, 대한기독교감리회 서울연회본부, 2001, 21~22쪽.

남대문역 학생시위에 모인 군중

    이날은 남대문광장에서뿐만 아니라 대한문 앞과 종로 등지에서도 남녀학생 및 일반 군중이 모여 시위했는데, 대한문은 3.1운동 이전 고종황제가 아관(俄館, 러시아공사관)에서 덕수궁으로 환궁한 후 항일민중운동의 중심지가 되었던 곳이다. 이때 모인 군중은 일제 측 기록에도 약 1만 명에 이른다고 하였다.[112] 일제 측 기록은 3월 1일의 시위도 겨우 3~4,000명의 시위 군중이었다고 기록한 것으로 보아 이날의 시위 규모는 대단한 것임을 짐작할 수 있고, 주동자로 체포된 자는 100여 명이었다고 한다.[113] 또 특기할 만한 것은 이날부터 시위에

---
112) 국사편찬위원회, 한국독립운동사 2, 221쪽.
113) 조선총독부, 경기도 경찰부, 查察彙報, 1919년 3월 5일 제9회보.

는 종래 참가하였던 중등 이상의 학생들만이 아니라 보통학교 학생들까지 시위행렬에 가담하기 시작하였다는 사실이다. 남대문역 광장에서 여러 대로 나누어졌던 모든 시위대는 정오경에 모두 종로 보신각 앞에 집결하여 일군경과 충돌하면서 독립연설회를 개최하였다. 종로 보신각 앞은 서울 만세시위운동의 중심지로서 3월 1일부터 계속적으로 일어난 만세시위는 거의 다 이곳이 중심이 되었다.[114]

3월 2일 일단의 학생대표들이 이화학당에 와서 3월 5일의 학생단 시위에 참여할 것을 권고하였다. 이정수의 증언을 들어보자.

"공일날(일요일, 3월 2일) 우리 이화로 그분들이 왔어요. 그래서 우리들이 마당에 그들과 같이 다 나와서 같이 만세를 불렀어요. 그분들이 우리들에게 너희들 학교에서 공부만 하지 말라, 나라 먼저 찾고 나중에 공부해라. 그래서 너희들 될 수 있으면 만세를 부르고 서울역으로 와라."[115]

---

114) 김진봉, 삼일운동사연구, 2000. 113쪽.
115) 유관순 열사기념사업회, 순국소녀 유관순 창간호, 김기창 등, 보각스님 인터뷰, 2003. 47~48쪽.

3.1운동 당시 이화학당의 학생들이 어떤 경험을 하였는지 당시 학생들의 증언을 통해서 알아보자. 1954년 이화여자중고등학교에서 학교 역사를 편찬하기 위하여 졸업생들을 초청하여 좌담회를 가졌다. 잃어버린 역사를 복원하기 위하여 졸업생들의 증언을 채록하고자 한 것이었다. 그때의 구술은 교지인 『거울』에 여러 회에 걸쳐 연재되면서 3.1운동 당시의 상황을 생생하게 들려주고 있다.[116]

김금봉은 1913년에 입학하여 고등학교 1학년 때 유관순과 한반이 되었다. 학생들이 만세운동에 참여하려 하자, 선생님들은 학생들과 함께 나가서 만세를 부르자는 편과 뒤에서 학생들을 돌보아주자고 하는 편이 있었다. 하복순, 신준려 두 선생님은 나가서 만세를 부르자고 주장하였고, 박인덕 선생

---

116) 이화여자중고등학교, 거울 제62호, 1955. 9. 26, 3쪽. 이화70년사를 기획하는 과정에서 1955년 9월 10일 오전 10시 반부터 오후 4시까지 진행된 동창 좌담회 기사를 실었다. 76세 김을루(김올루세로부터 19명의 졸업생들이 증언했으며 이 좌담회의 녹취는 거울 62호부터 68호까지 연재되었다. 제회 좌담회 참석자는 김금봉, 안숙자, 김동준, 윤심성 이을라, 김올루세, 박꺼투롯(박경숙), 함덕훈, 최사라, 김영애, 조영숙, 조재순, 조희순, 박에스터, 김온순, 이주환, 최마그렛, 김복림, 김엘라이다. 제2회 동창좌담회는 1956년 2월에 개최되었으나, 단 3회에서 그쳐 중요한 증언이 남아있지 않아 아쉽다. 임경애, 김함라, 박영복, 하복순, 오주경 감엘리사벳, 홍에시덕, 최매지, 김동준 동창이 참석했으며 이화학당 출신이 아닌 어윤희, 유제한도 참석했다.

님과 다른 한 분은 뒤에서 학생들을 지지하고 받들자고 주장하였다. 그런데 하복순, 신준려를 따르는 편이 더 많았다. 김금봉은 다음과 같이 말했다.

> "그때 식당에다 학생들을 모이게 하고 하 선생님이 말하기를 막대기 둘을 합해서 꺾으면 이같이 힘이 있어서 잘 꺾어지지 않지만, 하나를 뒤로 꺾으면 힘이 약해서 잘 꺾인다."고 연설했다. 이에 각 학생들은 결사대를 조직하여 운동에 참가하였다.[117]

한편 서명학은 앞서의 증언처럼 3.1만세운동이 일어나기 바로 전날 식당에 모인 전교생에게 박인덕 선생이 버드나무 가지를 부러뜨리며 마음 준비를 단단히 하라고 했다"고 기억했다.[118]

이 증언에서 3.1운동이 일어나기 바로 전날 밤이라 하였으니, 그날이 3월 1일을 말하는 것인지, 3월 5일의 남대문역시위를 말하는 것인지 명확하지 않다. 나뭇가지 일화도 하복순인지, 박인덕인지 확인할 수는 없지만, 당시 학생들에게 그런

---

117) 거울 제65호, 1955. 10. 10. 2쪽.
118) 서명학, 감옥에서 죽은 관순이 생각, 털어놓고 하는 말 2, 119~120쪽.

비유를 들어 단결하여 독립을 찾아야 한다는 격려의 말은 학생들의 가슴 깊이 새겨졌음이 분명하다.

당시 학생들에게 인기 있고 존경의 대상인 박인덕 선생의 가르침은 학생들의 뇌리에 각인되었다. 박인덕 선생은 "우리에게는 이천만의 동포가 있다. 우리는 외롭지 않다. 비록 한 사람의 힘은 약할지라도 이천만이 단결하면 우리는 반드시 압박과 구속을 벗고 자유와 평화가 올 것을 믿어도 좋다. 굳세게 단결하자."고 호소하였다.[119]

다시 김금봉의 3월 5일의 만세운동에 대한 증언이다.

"그때 9시에 나오라는 밀보(密報)가 와서 9시에 나가기로 했는데. 박 선생님(박인덕)은 우리가 나가서 만세를 부르지 말고 뒤에서 모든 일을 받들자고 주장을 했어요. 그리고 한쪽에서는 나가서 만세를 부르는 것을 주장을 하고. 그래서 울분에 싸여있는 학생들은 나가서 만세 부르는 것을 좋아하는 사람이 많았습니다. 그때 대문은 지키고 있어서 못나가니까 서명학이 배재학교 있는 벽 밑으로 가서 엎드려서 몸말을 만들어서 (허리를 구부려 보이면서)

---

119) 최은희, 조국을 찾기까지 한국여성활동비화 중권-, 탐구당, 1973, 134쪽.

학생들이 밀고 담을 넘어갔습니다. 붉은 오라기를 머리에 동이고 그렇게 해서 쉴 새 없이 나갔어요. 어디로 모이느냐하면 서울운동장[120]으로 모였습니다." 이때 김온순이 수정하는 말을 덧붙인다. *"남대문으로 해서 정거장으로 먼저 모였어요. 그래가지고 서울운동장을 갔습니다."(거울 제64호, 1955. 10. 3. 4쪽)*[121]

학교 당국은 학생들의 교외 진출을 막기 위하여 교문을 잠그고 서양인 교사들로 하여금 교정 요소요소를 지키게 하였다. 그러나 학생들이 집단으로 문을 열라하니 문지기가 문을 열었다. 프라이 학당장은 양팔을 벌리고 서서 소리쳤다.

"그래, 소녀들아 너희가 가려면 내 시체를 넘어 나가라."[122]

그러나 학생들은 배재학교 쪽으로 난 담을 넘어 만세 시위

---

120) 1925년 경성운동장이라는 이름으로 개장해 8·15 후 서울운동장으로 바뀌었다. 좌담회 당시는 서울운동장이었으나 1984년 잠실종합운동장 건립으로 동대문운동장으로 불리었다. 현재는 철거되어 동대문역사문화공원, 동대문디자인플라자가 들어서있다.

121) Jeannette Walter, Aunt Jean(월터 자서전), Johnson Publishing Campany, Boulder, Colorado, U.S.A, 1970, p.142.

122) Jeannette Walter, Aunt Jean(월터 자서전), Johnson Publishing Campany, Boulder, Colorado, U.S.A, 1970, p.142.

에 참여하고, 프라이 교장이 나서서 막으려했으나 이들을 더 이상 막을 수 없는 상태에 이르렀다.

박경숙(朴敬淑, 박거투룻, 결혼 후 최경숙으로 불렀다.) 여사는[123] 그 날의 상황을 아래와 같이 기억하고 있다.

"아침에 이화학교 학생들이 전부 머리에 흰 수건을 쓰고 만세를 부르고 나왔어요. 그랬는데 조금 있으니까 연전(延專) 학생이 와서 같이 만세를 부르고 그 다음에 배재학생도 나와서 만세를 불렀습니다. 이화학교 학생들이 전부 밖으로 나가니까 일본 헌병들이 큰 말을 타고 와서는 온통 잡아가고 야단들이었습니다.

미쓰 프라이 교장이 아이들을 못나가게 했어요. 그래서 지금 교실이 있는 곳이에요. 이 동편으로 아이들이 모여서 있는데 유관순이가 만세를 불렀어요. 그가 공주 사람이지요. 그래서 감옥에 들어가서 매를 맞고 그래서 죽었대요."[124]

---

123) 열한 살에 학당에 들어와 8년을 배우고 제1회 졸업생이 되었을 때 19세였다. 이 인터뷰가 있던 1955년 당시 박경숙 여사는 67세였으므로 1889년생이다.

124) 거울 제63호, 1955. 9. 26, 3쪽, 제64호, 1955. 10. 3, 2쪽.

박경숙은 이화학당 제1회 졸업생이다. 1908년에 졸업하고 1910년(22세)에 종로기독청년회 학감 최상호(崔相浩) 씨와 혼인하여[125] 아이 둘을 낳았는데, 남편이 일찍 사망하자 프라이 선생의 권유로 29세에 다시 이화학당에 들어가서 공부를 계속하였다. 이화 유치사범과를 다녀 제3회 졸업생이 되었다. 1919년 3월에 졸업식이 예정되어 있었으나 3.1운동이 일어나서 학교가 휴학하고 졸업식을 갖지 못하였다. 이후 그는 46세까지 16년간 유치원 교사로 종사하였다. 위의 박경숙의 기억은 3월 1일의 상황이 아니고, 3월 5일 남대문역에서 학생시위가 일어난 날의 상황으로 짐작된다. 그는 무리 중에 끼여 함께 만세를 부르던 유관순을 직접 보았던 것이다. 물론 그때 감옥에 들어가서 죽었다고 하는 것은 그 이후에 벌어진 일에 대해서 상세하게 알지 못한 때문이다.

이정수와 김금봉, 김온순 등은 유관순, 서명학, 국현숙, 김복순, 김희자 등 5인결사대[126]와 함께 일찍감치 담을 넘어 시내로 달려 나갔다. 이외에도 신특실, 노예달, 성창호(成昌鎬),

---

125) 황성신문 1910. 7. 22, 1면 6단.
126) 5인결사대 유관순, 서명학을 비롯 5명 학생들이 결사대를 조직했다고 하는데, 그 숫자와 참가 학생의 이름은 구술에 따라 엇갈린다. 이들 외에 유예도, 주현숙, 김분옥, 유점선 등이 언급되기도 한다.

유점선[127] 등 수많은 이화학당 학생들이 남대문역으로 달려 나갔다. 이들이 도착했을 때 이미 남대문역 광장은 학생들이 가득 메우고 있었다. 연희전문학교(현재 연세대학교) 강기덕[128], 보성법률상업전문학교(현재 고려대학교) 김원벽[129] 등이 학생단 시위를 이끌고 있었다. 남자들은 가장자리에 서고 여자들은 가운데로 네 줄로 서서 뻘건 줄을 매고 서울역에서부터 독립만세를 부르며 남대문, 종로까지 통과하였다. 학생들 중에는 붉은 헝겊을 팔에 두르고 군중들에게 나누어 주기도 했다. 그러나 대부분 태극기를 들고 독립만세를 부르며 나아갔다. 남대문에서 경찰의 저지를 받아 강기덕, 김원벽 등이 체포되었다. 그러나 시위대는 경찰 저지선을 뚫고 남대문시장으로 해서 조흥은행, 종로 보신각으로 향했으며, 다른 1대는 남대문에서 대한문 앞 무교정(무교동)을 지나 보신각에서 합류해

---

127) 최은희, 위의 책, 137쪽.

128) 강기덕(康基德)은 3·1운동 당시 보성법률상업학교 학생으로 이갑성으로부터 독립선언문 1,500장을 받아 각 학교에 배부하고 학생간의 연락책임을 맡았다. 3월 5일 아침 시위를 주도하다 경찰에 잡혀 1년 6개월 동안 복역하였다. 6·25사변 때 납북되었다.(한국민족문화대백과, 한국학중앙연구원)

129) 김원벽(金元璧)은 목사의 아들로 태어나 경신학교를 거쳐 연희전문학교로 진학하였다. 박희도, 이갑성 등으로부터 동참을 권유받고 강기덕, 한위건과 함께 각 학교 학생들을 3월 1일 오후 2시까지 탑골공원에 집합시켜 독립만세운동 전개를 결의하였다. 3월 5일 '대한독립만세'라고 쓴 큰 깃발을 들고 시위 군중을 지휘하였다. 이 시위로 2년간 옥고를 치른 후 연희전문학교에 재작하였으며, 신생활사·매일보사 등에서 일하였다.(한국민족문화대백과, 한국학중앙연구원)

행진을 하며 독립만세를 고창하였다.[130]

김금봉의 말이 이어진다.

"참 그랬습니다. 먼저 남대문을 지나서 정거장으로 모였는데 인산인해를 이루었어요. 그 많은 사람들이 정거장에 모이자 그때 어떤 분이 둥그런 단에 올라가서 기를 휘두르면서 만세를 부르고 그랬습니다. 그때부터 종로경찰서로 잡혀 들어갔는데 이루 말할 수 없이 뒤를 이어 잡혀 들어가고 한편으로는 서울운동장으로 달려갔습니다. 그때 여학생들은 여자니까 걸음을 잘못 걸어서 뒤떨어지는 사람, 넘어지는 사람이 많았습니다. 일본 사람이 총칼을 휘두르면서 말을 타고 종로 쪽으로 백화점 있는 쪽으로 달려왔습니다. 저는 가다가 넘어져서 숙자형님(안숙자) 집으로 들어갔습니다. 그 때 서린동에 숙자형님이 있었어요. 그때 스물여덟 명이 잡혀갔습니다. 그 가운데 유관순이가 잡혀 있었습니다."

---

130) 이정은, 앞의 책, 2004, 266쪽.

김금봉이 기억하는 유관순은 학교에 처음 들어와서는 말대답을 잘 안하던 아이였는데, 굴하지 않고 끝까지 애국적인 행동을 하였다고 기억하고 있다.[131]

노블 부인의 일기는 이날도 경찰들이 무차별로 시위 군중을 구타하는 것과 그 중에 이화학당 여학생 하나가 두들겨 맞는 장면을 목격하고 상세히 기록으로 남겼다.

"3월 5일. 오늘 아침 9시 남대문역(현 서울역)에서 사람들이 모인 가운데 남학생과 여학생들의 시위가 있었다. 그들은 함께 새로운 독립의 노래를 불렀다. 다행히 거기서는 아무 제지도 받지 않았지만, 행진하여 덕수궁 앞에까지 오자 사람들이 몽둥이를 들고 가게에서 뛰쳐나와 학생들을 때리기 시작했고 경찰도 바빠지기 시작했다. 상당수의 학생들이 심하게 구타를 당했고, 이화학당의 여학생 하나도 등을 두드려 맞았다. 그러자 비서인 김평율(김봉렬)이 그녀에게 달려가 사람들을 밀어내려고 하였다. 일본 민간인들은(몇몇은 민간인 행세를 하는 경찰이었을 수

---

131) 가울 제65호, 1955.10.10, 2~4쪽.

도 있다) 그를 심하게 때리기 시작했다. 그의 머리를 내리
쳐 몽둥이가 부러지고 고개가 젖혀질 정도로 목을 주먹으
로 가격하였다. 결국 그는 감옥으로 끌려갔다. …
일본 경찰은 한 소녀의 머리채를 잡고 돌리다가 그녀를
길바닥에 내동댕이치기도 하였다. 해롤드가 이 모든 광경
을 목격했다. 이화학당의 선생님들이 여학생들을 막으려
고 노력했지만, 한 20명의 학생들이 빠져나갔다."[132]

아마도 시위대들이 부른 노래는 애국가일 것이다. 미국 가요 '올드 랭 사인'의 곡조에 맞춰 가사를 붙인 애국가는 외국인 선교사 노블 부인이 처음 들어본 노래였을 것이다. 또 다른 날의 시위대들은 찬송가 206장의 곡조에 맞추어 가사를 새로 붙인 노래도 있었다.

> *"대한민국의 소망을 하나님께 아뢰네*
> *우리의 기도를 들으사 이 가엾은 백성을*
> *이 죽음의 땅에서*
> *당신의 의로우신 손으로*

---

132) 마티 윌콕스 노블, 위의 책, 31~32쪽

구하여 주시기를 기도합니다."[133]

　현순 목사의 아들 피터 현[134]은 당시 14세의 어린 학생이었다. 집에 있으라는 어머니의 만류를 뿌리치고 바깥일이 궁금하여 밖으로 나왔다. 후에 당시 그가 겪은 서울 거리의 모습을 자세히 기록하였다. 이날 이화학당 학생들을 거리에서 목격한 피터 현은 이렇게 기록하였다.

이화학당에 다니는 젊은 여학생들이 이 행진에 참여하였다. … 그녀들은 모두 우리의 전통 옷인 주름잡힌, 종 모양의 흰색치마에 고상한 색상의 짧은 저고리를 입었다. 검고 긴 머리는 땋아서 그 끝에 선홍색 리본을 나비모양으로 묶었다. 지금처럼 그녀들이 기운차게 걸을 때마다 그 작은 나비매듭이 리듬에 맞춰 뛰어 올랐다.[135]

---

133) 마티 윌콕스 노블, 위의 책, 32쪽

134) 피터 현(Peter Hyun, 1906~1993). 작가, 연극 감독, 독립운동가 현순 목사의 아들. 한국과 중국에서 성장했고, 미국 인디애나 드포대학(DePauw University)에서 무대예술을 공부했다. 제2차 세계대전 때 육군정보국과 한국의 미군정 연락담당자로 복무했다. UCLA에서 아시아학을 가르치기도 했다. 1986년에 저술한 『만세』는 자신의 유년기와 사춘기 시절 겪은 이야기이다. 피터 현 지음, 임승준 옮김, 만세, 한울, 2015. 원작 Hyun Peter, Mansei-the Making of a Korean American-, University of Hawaii Press, 1996.

135) 피터 현 지음, 임승준 옮김, 만세, 한울, 2015, 33쪽. 원문에는 3월 3일로 기록하였지만, 내용으로 볼 때 이는 사실상 3월 5일을 말하는 것으로 보인다.

"그때 일이 벌어졌다. 축제 행사가 최고조에 이르렀을 때, 일본 기마대의 소름끼치는 괴성이 들렸다. 그들은 말 위에 높이 올라앉아 마치 한 떼의 분노에 찬 동물들처럼 골목에서 우리를 향해 돌진했다. 이 광경을 보고 몸이 얼어붙은 나는 마치 미친개가 사람들 속으로 맹목적으로 내달리듯 긴 칼을 좌우로 휘두르는 것을 꼼짝없이 바라보았다. 쓰러뜨리는 사람과 쓰러지는 사람의 비명소리가 들려왔다. 그런 뒤 기마대는 갑자기 말을 앞다리를 들어 올리며 방향을 틀어 또 다시 군중을 가차 없이 베어나갔다. 그들은 살아 있는 조선인을 전부 칼로 베려고 작정을 한 듯 이러한 동작을 되풀이했다. 깜짝 놀란 사람들에 휩쓸려 나는 조금 가장자리로 밀려났다. 나는 살기 위해 내달렸다. 너무나도 겁을 먹은 나는 더는 달릴 수 없을 때가지 계속 달렸다. 마침내 멈춰선 나는 숨을 헐떡거렸다. … 기진맥진한 채로 여전히 부들부들 떨면서 어두워진 뒤에야 집에 도작했다. … 얼마나 많은 조선인이 총에 맞고, 살육되고, 감옥에 갇혔는지 어느 누구도 정확히 알지 못했다.'"[136]

---

136) 피터 현 저, 임승준 역 앞의 책, 35-36쪽.

이러한 무서운 상황이 그날 3월 5일의 모습이었다. 남학생들은 여학생들을 호위하여 대열 가운데로 들여세우고 자기들이 양 옆으로 갈라서서 시위 저지를 방어하여 주었다. 헌병들은 환도자루를 함부로 휘두르는 것이었다. 그녀들은 행진하여 오다가 신특실 등은 열을 따라 종로로 바로 들어가고, 서명학 등은 진고개 쪽으로 가는 대열을 따랐다. 지금의 신세계백화점을 채 못가서 납작한 기와집과 초가집들이 섞여 있는 주택가가 있었다. 그곳에서부터 기마병이 달려들어 군중을 해산하는 바람에 여학생들은 아무 집으로나 마구 들어가 버렸다. 주인아주머니들은 이들을 장독대나 안방 다락에 숨겨주었다. 그 동네에는 대개 이화학당 학생들이 숨었으므로 저녁밥을 먹여 기숙사로 돌려보내기 위하여 부인들이 공론을 하였다. 학생들은 기숙사로 돌아가야 하는데 사방에서 경찰이 지키고 있어서 돌아갈 수가 없었다. 이날은 마침 수요일이어서 정동예배당에서 예배가 있는 것을 빌미로, 교회에 가는 아낙네로 변장하여 이화학당 학생들을 기숙사로 들여보냈다. 마님을 모시고 가는 언년이로 변장을 하기도 하고, 혹은 쓰개치마를 씌워 아씨행색처럼 차려 보내기도 하였다. "조카딸이 이화학당 기숙사에 있는데, 오늘 만세 부르는데 나오지 않고 잘 있나 궁금해서 왔어요"라고 하면서 예배당 사잇문으로 해서 기숙사에 들어가기도 했다.

김금봉은 그 날 저녁에 변복을 하고 예배당에 갔다. 부인처럼 예배를 보고 선생님과 학생들이 예배를 보고 나와서 뒷일을 처리할 것을 이야기하고 헤어졌다.[137]

유관순과 함께 시위에 참가했던 이정수의 회상이 이어진다.

"종로6가까지 갔다가 관순이도 끌려가고 헤어졌어. … 그런데 학교로 몇 사람만 오고 전부 죽고 그런 거예요. 참 말할 수가 없지. 그때 죽을 것도 각오했어요. 그때 관순이도 학교로 찾아오고 그랬어요."[138]

유관순은 종로6가쯤 갔다가 경찰에 붙잡혔다가 가까스로 학교로 돌아올 수 있었다. 이날 유관순은 지금의 남산에 있었던 경무총감부로 붙잡혀갔다. 유관순 외에도 여러 학교 학생들이 붙잡혀 갔다. 외국 선교사들이 경무총감부로 찾아가서 아이들을 내놓으라고 강력하게 요구하였다. 외국인들의 강경한 요구에 경무총감부가 굴복하여 학생들을 풀어주었다. 일

---

137) 이화여자고등학교, 거울 제65호, 1955.10.10, 2~4쪽.
138) 유관순 열사기념사업회, 앞의 책, 보각스님 증언, 2003, 47~48쪽.

본당국으로서도 국제 여론을 일으킬 수 있는 외국인들을 완전히 무시할 수 없었기 때문이었다. 유관순이 커다란 키에 제일 먼저 대문을 향해 뛰어 나갔다. 다른 학생들도 유관순을 뒤따라 우루루 경무총감부 정문을 향해 뛰어 나갔다.[139] 경무총감부는 학생들이 다시 시위운동에 참여하지 못하도록 포승줄에 묶어서 선교사들에게 인도하였다. 이렇게 하여 유관순은 위기에서 벗어날 수 있었다.

이제까지의 여러 증언과 기록을 통해서 이화학당 학생들이 3월 1일과 3월 5일의 만세운동에 참여한 일을 정리해 보자.

3.1만세운동이 일어나기 전에 이미 학생들 사이에서는 어느 정도의 움직임과 준비가 있어왔다. 학교 당국도 그 낌새를 알아차렸으나 별로 할 수 있는 일이 없었다. 3월 1일 학생들이 밖으로 나가지 못하도록 대문을 잠가 대다수의 학생들은 기숙사에 머물러 있었으나, 유관순 등 일부 학생들이 담을 타넘어 독립만세 현장으로 나갔다. 오후 3시경에는 시위대가 밀려들어 학교 안으로 들어왔고, 남아있던 학생들이 운동장으로 나가서 함께 만세를 불렀다. 그러나 이날은 평온한 상태로 큰

---

139) 이화여자고등학교, 거울 제81호, 1956.3.5. 4쪽. 박영복 진술.

문제없이 모두 학교로 돌아왔다. 3월 5일의 학생단시위는 좀 더 조직적으로 준비된 것으로서 학생들은 아침 일찍 남대문역으로 나갔다. 학생들이 나가려 하자 당시 학당장이던 프라이 선생은 대문을 막고 학생들을 보호하려 하였으나, 역부족이었다. 많은 학생들이 담을 넘어 남대문으로 나갔고, 이들은 만세를 외치며 종로 쪽으로 행진하다가 제압하는 일본헌병에게 잡혔다.

이날 시위에 참여한 이화학당 학생은 수백 명이었고, 28명이 구속당하였다. 서대문서 경찰들이 출동하여 만세시위 주동자 색출에 혈안이 되었으나, 학교 당국이나 학생들이 협조하지 않아 색출을 하지 못했다. 이미 앞에서 말한 바와 같이 유관순은 서명학을 비롯한 5인결사대의 일원으로 함께 만세를 불렀고, 시내를 돌면서 시위하다가 붙잡혔다.

그러나 선교사들이 경무총감부로 가서 학생들을 내놓으라고 강력히 요구하여 유관순을 비롯한 대부분의 학생은 석방되어 돌아왔다. 다만 신진심, 노예달, 유점선 등의 학생들과 교사 김독실 선생은 종로경찰서에 잡혀 신문을 받고 서대문감옥으로 송치되었으며 8월까지 몇 개월 동안 감금되었다. 또 며칠후 학생시위의 배후로서 박인덕, 신준려 선생은 구속되어 약 5개월 동안 서대문감옥에서 지내야 했다. 여학생들

3.1운동 후 감옥에서 나온 이화인들. 앞줄 왼쪽 박인덕,
오른쪽 신준려(사진 드루대학교 소장, 임현철 제공)

이 일본 헌병에게 받은 추악한 고문의 실태는 다음 장에서 소개하겠다.

 ❀ 애국부인회의 단초

3월 2일은 일요일이었다. 지난 달 일본에서 온 나혜석은 아침에 정동교회로 갔다. 예배를 보려는 목적도 있었지만, 사실은 김마리아와 만나기로 약속이 되어 있었다. 두 사람은 예배가 끝난 후 이화학당 기숙사로 가, 이화학교 교사인 박인덕의 방을 찾았다. 이미 박인덕의 방에는 10여 명의 여성이 모여 있었다. 박인덕을 비롯하여 황애시덕, 김하루노(김활란, 이화학당 교사, 일본식 표기로 하루노라 하였다.), 손정순(이화학당 대학부 학생), 신준려(체르뇨, 줄리아, 이화학당 교사, 24세), 박승일(이화학당 교사, 1915년 중학과 졸), 안숙자(이화학당 졸업생, 일본 교토사단 소속 염창섭 중위의 처, 염 중위는 시베리아에서 복무 중), 안병숙(安秉淑, 예수교 중앙예배당 유년부 교사)[140] 등이었다. 황애시덕은 이화학당을 졸업하고 평양 숭의학교 교사를 지내다가 다시 일본으로 유학 가서 동경여자의학전문학교 학생이었고, 동경 2.8선언 이후 조선으로 돌아왔다.

김마리아는 동경여자학원 학생으로 2월 17일에 동경을 출발, 도중에 광주에 들러 21일에 서울에 도착하였다. 나혜석 역시 일본 동경미술학교에 유학중인 학생이었다. 세 사람은 이미 동경에서 2.8독립선언에 참여하였고, 조선에 돌아와서 독립운동 자금을 모금한다거나, 독립운동을 진행시키기 위한 모종의 목적을 띠고 들어온 터였다.

당시 이들이 비밀리에 모일 수 있는 곳은 선교사가 운영하는 기독교계통의 학교가 유리하였다. 이화학당에는 이미 조직이 만들어져 있었으며, 일본에서 온 나혜석, 김마리아, 황

---

140) 한민족독립운동사자료집 37, 독립군자금모집 6, 박정훈 독립군자금 모집사건, 대정10년 1월 30일 작성 안병숙은 3.1운동 후 도주하다 박정훈과 함께 중국 해룡현 산성자에서 병원을 개업하였다. 박정훈은 3.1운동 때 황해도 신천읍내에서 예수교도를 사주하여 조선독립만세를 고창했다.

애시덕 등이 이화학당의 조직을 이용하여 독립운동을 하고 남성 단체들과 연대하여 활동을 하는 여성 단체를 만들기 위한 논의를 하려는 목적이었다. 이들이 일요일 오후에 이화학당 기숙사 박인덕의 방에 모여 있었다는 것은 독립운동과 관련한 움직임을 지속해 오고 있었다는 의미로 해석된다.

3월 2일에는 예정된 인원이 다 모이지 않아서 별로 논의가 진행되지 못하고, 다시 3월 4일 오후에 모이기로 하였다. 3월 4일 이화학당 기숙사에 다시 모인 사람들은 지난 번 회의에 이어 좀 더 구체적인 논의를 하였다. 예컨대 이들 조직을 좀 더 확실하게 운영하기 위하여 회장, 회계 등의 임원을 둘 필요가 있다거나, 5일에 있을 남대문시위에 여학생들도 나가서 남학생들과 함께 만세를 부를 것인지 등 조직적인 면과, 만세운동 실행에 관한 것 등을 구체적으로 논의하였다.[141]

3월 4일의 회합은 어떤 사람은 병실에서 했다 하고, 어떤 사람은 김하루논(활란) 방에서 했다고 하는 등 진술이 엇갈리는 면이 있다. 실제 김활란은 당시 몸이 약해 늑막염을 앓고 있었으므로, 김활란이 있는 병실(위생실)에서 모인 것이 아닌가 추정해 볼 수 있다.

---

141) 국사편찬위원회 편, 한민족독립운동사자료집 14, 3.1운동 4, 갑마라아신문조서, 박인덕신문조서, 나혜석신문조서 등.

논의의 결과 "남학생들이 주도할 것으로 보이는 3월 5일의 학생연합 만세시위에 여학교에서도 참여하되 참가 여부는 개인의 자유에 맡기기로 한다."고 결론을 내었다. 그리고 여성독립운동단체의 조직을 추진하기 위하여 나혜석, 황애덕, 김마리아, 박인덕 4인이 간사[142]를 맡고, 박인덕은 학생 쪽을 맡기로 하고 헤어졌다. 그러나 이날 나혜석은 3일 모금을 위하여 평양에 가느라고 참석하지 못하였다.

여기에서 3월 2일에 박인덕의 기숙사 방에 모인 것이 처음인 것으로 나타나지만, 실상은 이미 이들 간에 연락망이 형성되어 여성 독립운동단체의 실마리가 만들어져 있었음을 알 수 있다. 이것이 바로 3.1운동 이후 애국부인회가 조직된 단초라 할 수 있다. 김동준, 안숙자의 증언에서 그 단초를 짐작할 수 있다.

> *김동준*: 이 모든 발단이 최초에 이화에서 애국운동이라는 것을 겪었습니다. 그때 황에스터 씨, 김활란 씨, 신준려 씨, 이금선 씨 등 9 사람이 애국부인회를 조직해서 첫 주일날에 회합을 하고 다락에 올라가서 기도를 하고 목숨

---

142) 한국독립운동사자료 38, 종교운동편, 독립선언서 서명자기타취조개요에는 감사(監事)라 하였음.

을 내걸고 나라를 위하여 일하겠다는 그런 조직이 있었습니다. …

안숙자: 신마실라 선생님, 김활란 선생님, 김미라(김마리아), 하창순, 이경직, 안숙자 이런 분이 먼저 처음으로 한 방에 모여서 우리가 어떻게 하면 여성으로서 지도자가 될 만한 애국정신을 가질 수 있느냐. 우리가 학식도 여러 가지로 부족하니…"(거울 제68호, 1955. 10. 31. 3~4쪽)

앞에서도 말한 바와 같이 당시 학생들의 3.1운동 참여를 묵시적으로 도운 교사들은 사실상 이미 독립운동에 참여하고 있었던 것이다.

3월 2일과 4일 이화학당 회합에 참석했던 이화의 교사들은 대부분 잡혀갔지만, 김활란은 체포를 피할 수 있었다. 당시 김활란은 1918년에 졸업한 1년차 교사로서 선배 교사들과 나라 일을 논의하는데 참여하였다. 십여 명의 교사들은 한밤중에 촛불을 밝히고 기숙사 다락방에 올라가 기도를 드리기도 하고 이 나라의 앞날을 위하여 투쟁할 것을 거듭 맹세하곤 했었다. 김활란은 당시 모종의 중대한 일을 맡고 있었다. 그는 비밀독립운동 단체에서 어떤 역할을 맡고 있었는데, 그것은 학교와 교회의 여성단체에서 해외에 있는 독립운동단체로 보내는 자금을 중앙본부에 전하는 일이었다. 김활란은 3월 2일과 3월 4일 이화학당 회합에 참석하였을 뿐 아니라 독립운동 자금 관리를 맡았기 때문에 자신이 체포되면 독립운동 자금의 흐름이 탄로나 여러 사람이 다칠 수 있었다. 그래서 체포된 동료들도 경찰이나 검찰 신문에서 그의 존재와 역할을 감추려 노력하였다. 그런데 김활란은 이미 늑막염을 앓은 적이 있고 몸이 약했다. 3월 4일에 김활란의 방에서 모였는지, 위생실에서 모였는지 증언이 다른 것은 김활란이 몸이 약해 위생실에 자주 가 있었기 때문에 그런 혼선이 빚어진 것이 아닌가 생각된다. 박인덕, 신준려 선생은 이화에서 일어난 일을 모두 자기들이 책임지고 동지들의 이름을 더 말하지 않았기에 희생을 최소화 할 수 있었다.

박인덕, 신준려가 체포되자 이러한 중요한 위치에 있는 김활란에게 프라이 선생과 다른 동료들이 적극적으로 피신을 권하였다. "네가 발각되면 그것이 네 일신에서 끝나는 것이 아니지 않느냐? 너뿐만 아니라 너와 관련된 모든 사람들까지 끌려들어가게 될 것이 틀림없다. 이 일은 너 하나로 끝나는 것이 아님을 명심해야 한다."는 주위의 권고로 몸을 피해 외

국인집에서 침모 행세를 하며 지냈다.[143]

이후 김활란은 거처를 여러 번 옮기면서 도피생활과 투병생활을 하던 중 건강도 회복되고, 박인덕, 신준려도 보석으로 나오게 되었다.

김마리아, 황애덕, 박인덕 등이 그 해 8월에 보석으로 나온 후 애국부인회가 조직되기 시작하였다. 애국부인회는 2~3달 사이에 전국적인 규모로 확산된 비밀조직으로서 여성들이 나라의 독립을 찾기 위해 독립운동자금을 모아서 상해 임시정부로 보내는 것을 최대의 목적으로 한 단체였다. 애국부인회가 활발히 운동을 전개하기도 전에 내부의 밀고에 의해 일경에 의해 일망타진되었다. 그때 박인덕도 간부의 1명으로 참여하여 체포되었는데, 이화학당 내 회원 24명의 대표로서 지목되었다.[144] 그만큼 이화학당 출신자들의 애국부인회 참여가 큰 비중을 차지하였음을 알 수 있다.

---

143) 김활란, 그 빛 속의 작은 생명, 이화여대출판부, 1999, 62-64쪽.
144) 국사편찬위원회, 일제침략하 한국36년사. 대한민국청년외교단 및 대한민국애국부인회 사건결판서 고등경찰요사. 매일신보 1919.12.19.

❀ 고향으로 간 만세운동

3월 10일 월요일, 지속적으로 일어나는 학생 시위로 인해 일본은 휴교령을 내렸다. 휴교령이 내려진 날, 제복 입은 일본인과 한국인 경찰 2명이 이화학당에 들이닥쳐 박인덕 선생을 경찰서로 소환통보하고 수업이 끝나기를 기다렸다. 박인덕 선생은 이화학당 대학부 제3회 졸업생으로서 당시 모교에서 교사로 근무하고 있었다. 사실 학생들이 3.1.만세운동에 참여하려 할 때 박인덕 선생은 직접 가담하기 보다는 뒤에서 지원하라는 쪽으로 권유하였다. 그러나 박인덕을 비롯한 신식 교육을 받은 여성들은 은밀히 애국운동을 펼쳐나가고 있었다. 이들은 3.1만세운동에 이화 여학생들이 다수 참여하였으므로 만세운동의 배후로서 혐의를 받고 잡혀간 것이다.

이제까지 박인덕 선생과 신준려 선생이 같은 날 잡혀간 것으로 알려져 왔지만, 최근 발견된 선교사 문서에 의하면 박인덕은 3월 12일, 신준려는 그 일주일 후 3월 18일에 잡혀갔다는 것이 확인된다.[145]

만세운동이 있은 후 학교 수업은 제대로 이루어지지 않았다. 유관순과 친구들은 이 구석 저 구석에서 웅성거리며 시국

---

145) 미국 드루대학교 감리교아카이브, 3.1운동자료(임연철교수 제공); 임연철, 이야기 사애리시, 신앙과 지성사, 2019. 207~211쪽

을 이야기하였다. 당시 분위기를 이정수는 이렇게 전했다.

"관순이가. 우리가 지금 만세 부르고 나라를 찾으려는데 공부할게 아니다. 우리도 각자 시골로 가서 일을 하자. 만세를 부르자. 그렇게 우리끼리 결의를 했어요. 학교 교장도 모르게. 그 날 밤중에 전부 우리가 의논을 하고 나이 먹은 사람은 괜히 헛쪽을 지고, 이북 사람은 머리에 수건을 쓰고 서울역에서 전부 차를 타고 갔어요. 나중에야 교장이 알고 문을 다 닫아 놓았으나, 하나도 없지, 우린 다 가고."[146]

3월 13일 충청도로 내려가는 친구들이 함께 경부선[147] 기차를 탔다. 유관순, 유예도, 이정수, 김복희 등과 함께[148].

관순이와 대전행 열차를 탔는데 누군가 기차 소리가 어

---

146) 김기창 등, 보각스님 인터뷰, 유관순 열사기념사업회, 순국소녀 유관순 창간호, 49쪽.
147) 1901년 일본 자본 회사인 경부철도주식회사에 의해 가공되어 1904년 12월 27일 완공되었다. 1905년 1월 1일부터 영업을 개시했으며 5월 25일 서울 남대문정거장(지금의 서울역) 광장에서 개통식을 거행했다. 경인선(1899년 9월 18일 개통)에 이은 두 번째 철도 개통이었다. 경부선 부설은 일제의 우리나라 침략 정책 수행의 구체적 발판이었다.(한국민족문화대백과, 한국학중앙연구)
148) 이정은, 삼일운동의 얼, 유관순, 2010, 122쪽

떻게 들리느냐고 묻더군. 어떤 애는 '한 푼 두 푼 한 푼 두 푼…'이라 들린다 했다. 나는 '두 푼 칠 푼' 동전 떨어지는 소리 같다고 하였다. 유관순은 "나는 대한독립, 대한독립…으로 들리는데 다시 한 번 들어보라"고 말했다.[149]

그것으로 영영 이별이었다. 함께 고향으로 내려간 김복희는 당시 이화학당 졸업반이었다.

"고향으로 내려가던 때의 저의 마음은 무어라 말할 수 없이 괴로웠습니다. 망한 나라의 모습과 돌아가신 고종황제, 만세 시위 때 죽어 넘어간 시체들, 경찰서로 묶여서 끌려가던 선생님들과 친구들의 모습이 줄곧 눈앞에 떠올랐던 것입니다. 절대로 이대로는 있을 수 없다고 생각했습니다."[150]

이런 마음은 김복희 한 사람의 생각만이 아니었다. 이정수도 유관순도 모두 하나같은 마음으로 고향에 가서 할 일들을 머릿속에 그리고 있었다. 이들에게는 고향 가는 화차(火車)

---

149) 중앙일보 1993.3.1, 세계일보 1993년 3.1.
150) 이정은, 앞의 책, 2004, 291쪽

움직이는 소리도 '칙칙폭폭 칙칙폭폭'이 아니라 '대한 독립 대한 독립'으로 들렸다.

    이화학당 교사들 중 박인덕, 신준려 등은 비밀리에 독립운동에 관여하고 있었고, 이 때문에 종로경찰서에 연행된 것은 위에서 이미 말한 바 있다. 교사들은 학생들 중 일부를 독립운동에 끌어들이고 있었다.

    이화학생들은 각자의 고향으로 가서도 만세운동을 주도하였다. 학교가 문을 닫자 고향으로 내려간 이화학생들에 의해 지방에서 독립만세운동이 전개된 것이다.

    유관순과 함께 고향으로 내려간 유예도는 선배들로부터 독립운동 자금 조달의 임무를 부여받고 있었다.[151] 유관순보다 6살 위인 유예도는 상급반 학생으로서 선배 교사들의 독립운동에 함께 참여할 수 있는 성숙한 처녀였다. 천안에 가서 유관순과 함께 동네 어른들과 독립운동 계획에 가담하였고, 둘이서 주변 사람들을 끌어들이는 일을 담당하게 되었다. 유예도는 자기가 맡은 비밀 임무를 수행하기 위해서 유관순과 함께 이 일에 참여하였다. 시골의 어려운 여건 속에서 독립운동

---

151) 조선일보 1970.3.3. 7면 유예도의 증언

자금을 모으는 것은 그리 쉬운 일이 아니었다. 어떻든 유예도는 동생 관순과 함께 이 마을 저 마을로 다니며 동리 어른들을 설득시켜 시위운동을 모의하는 일에 가담하였다. 그러나 유예도는 관순처럼 건강하지 못하였다. 유관순과 이 마을 저 마을을 다니다가 유예도는 곧 걸어 다니며 연락을 하는 일을 포기할 수밖에 없었다.

이화여고보 2학년 임효정, 최문순은 수원에서 박선태(휘문고보 4년), 이종상(기독교청년학관생), 차인숙(원이학교 교사), 이선경(경성여고 3년)등과 함께 '학생구국단'을 조직하고 상해임시정부에 보낼 군자금 모금과 임시정부에서 보내 온 독립신문, 대한민국 애국가, 일제에 대한 경고문 등을 국내에 배포하고 감옥에 있는 독립지사들의 가족 돕기 등을 수행하다가 1920년 수원 경찰에 체포되었다.[152]

그 해 수원 삼일학교 교사 차인제(車仁濟)가 최문순의 소개로 이화학생 임순남(林順男)을 가입시켜 임순남은 부단장, 임효정은 서무부장, 최문순은 재무부장 등 요직을 맡고 있었다. 1921년 4월 임순남에 대한 재판에서 판사가 "지금도 독립

---

152) 동아일보 1920.8.20. 학생구국단 검거(이화여고, 이화백년사, 161쪽)

을 희망하느냐"는 물음에 피고는 서슴지 않고 "물론 희망합니다"하고 대답하였다. 또 자기는 일본말이 서투르니 한국말로 대답하겠다고 하였으나 판사는 이를 허락하지 않았다.[153]

김복희는 3월 중순 이화학당이 휴교상태가 되자 고향으로 내려와 있다가 한연순과 함께 동네 주민 30여 명을 인솔하고 마을 북쪽 산에 올라 야간 봉화시위를 주도하였다. 시위 후 일본 경찰은 탐문 수사 끝에 시위에 참가한 주민들을 체포하였고 남자들은 모두 곤장을 맞고 풀려났으나 주모자인 한연순과 김복희는 보안법 위반으로 재판에 회부되어 5월 9일 공주지방법원에서 한연순은 징역 3월, 김복희는 징역 2월을 각각 선고받았다.[154] 공주형무소에서 옥고를 치르고 나온 김복희는 투옥 시기의 체험을 기록한 비밀서한을 외부 독립운동가에게 발송했는데 그것이 미국에서 발행된 신한민보에 실렸다.[155] 그 내용은 동네 주민들과 함께 야간 봉화시위를 한 후 체포되어 재판을 받고 복역하기까지 과정을 상세히 진술했다. 김복희가 공주감옥에 있는 동안 유관순은 아우내만세 시위로 잡혀서 공주감옥에서 한동안 같이 지냈다.

---

153) 동아일보, 1921.4. 유관순재판(이화여고, 이화백년사, 161쪽)
154) 한연순 김복희 공주지방법원 판결 1919. 5. 9.
155) 신한민보 1919.9.25. '출옥 후에 발한 엇던 녀학생의 편지'.

도피와 투병생활을 마치고 이화로 다시 돌아온 김활란은 대학과 학생들을 중심으로 7인전도대를 편성하여 전국을 다니면서 계몽활동을 폈다. 1920년 6월 김활란을 비롯하여 홍에스터, 김함나, 윤성덕, 김폴린, 김애은, 김신도와 함께 신앙을 통해 우리 민족을 좀 더 맑은 곳으로 이끌어내기 위한 계몽활동이었지만, 궁극적으로는 애국심에 호소하는 기독교 전도활동이었다. 7인전도대는 광당포로 지은 검은 치마, 흰 저고리의 단정한 차림으로 흰 판에 붉은 십자가를 그린 깃발을 날리며 처음 서울 YMCA에서 강연회를 시작하였다. 강연의 주제는 "곡식이 익어서 추수할 때가 되었으니 낫을 들고 거두러 나가자"라는 등 성경 비유를 하였다. 이들의 강연회는 가는 곳곳마다 대성황이었으며 청중이 수백 명에서 시작하여 많을 때는 1000~1500명에 다달았다. 6월 24일 서울에서 시작한 강연회는 그러나 일제의 감시와 방해 속에서 결국 예정된 일정을 다 마치지 못하고 7월 28일까지 진행된 후 중단하고 말았다.[156]

1921년 8월에 이화학당 중학과 2년생인 동유실(董裕實)이 그의 고향인 함경북도 성진에서 행한 '쾌활한 청년과 그들의

---

156) 국사편찬위원회, 한국사DB, 동아일보 1920.6.21~7.28 참조

'인전도대'(위)와 '인전도대' 활동을 알리는 동아일보 기사(아래)

전도'라는 항일 강연으로 징역 4개월의 선고를 받는 등 이화 학생들의 항일구국운동은 면면히 이어지고 있었다.

독립운동 과정에서 여성들의 용감했던 참여는 여성의 지위향상과 남녀평등권을 주장하는 단계에 이르게 하였다. 1919

년 대조선애국부인회 사건 때의 김마리아 회장, 박인덕 대표의 옥고에 이어 1920년 이화졸업생 최매지(崔梅枝), 박승일(朴昇一)을 포함한 여성 지도자들은 남자 수인(囚人)과는 다른 처참한 옥고를 치렀다. 이화 중학과 졸업생인 김원주(金元周, 필명 일엽(一葉))는 여성 종합지 『신여성』의 논설에서 여성 독립운동가들의 용감한 만세운동 참여와 옥고를 떳떳이 감내하는 용기를 찬하하고 이를 통해 남녀평등권을 주장하게 하는 논거를 제시하였다.[157]

   3.1운동 때 조선독립선언서와 연계되어 출판법 및 보안법 위반으로 신문을 받은 사람은 손병희 외 361인이었는데, 그 중 여성이 10여 명이다. 이 여성들 중 이화인들이 8명이다. 박인덕, 신준려, 김독실 등 세 명의 교사와 졸업생 황애시덕, 대학과의 손정순, 고등과 2학년 신진심·유점선, 3학년생 노예달 등 학생이 4명이었다. 박인덕, 신준려 선생은 학생들을 선동한 혐의로 수감되어 나혜석, 황애덕 등과 함께 종로경찰서에서 취조를 마치고 서대문감옥으로 넘어갔으며, 경성지방법원 검사국에 기소되어 예심에 회부되었다. 박인덕·신준려 선생은 7월 28일(박인덕의 구월원숭이에는 7월 24일로 돼있

---

157) 이화여고, 이화백년사, 161쪽.

다)에 빌링스 선교사의 주선으로 보석으로 풀려났으며, 8월 5일 예심종결로 면소석방되었다.[158] 신진심 등 학생들도 풀려나 그해 9월부터 학교에 나가서 공부할 수 있게 되었고[159] 그 후 11월 6일 정식 공판을 받아 6개월 징역 3년 집행유예를 받았다.

이화학당 출신의 여성들은 일본어를 제대로 하지 못했다. 일제하의 교육제도에 따라 비록 교과과정에 일본어 시간이 있기는 하였지만, 학교에서 사용하는 언어는 한국어와 영어였다. 따라서 일본 경찰에 체포되어 신문을 받는 이화학당 출신 교사와 학생들은 통역을 붙여야만 되었다. 신준려나 박인덕의 신문조서의 마지막 부분에는 "조선총독부 재판소 통역생 ○○○○. 위 통역생에게 읽어 들려주었던 바, 그것을 승인하고 서명 날인한다"라고 기록되어 있다. 이런 상황은 당시 이화학당의 교사·학생들의 일제에 대한 저항의식의 한 단면을 반영해준다. 이화학당 학생들은 기독교교육과 서양의 자유 민권의식을 자연스럽게 받아들임으로써 애국심을 키워가고 있었다. 을사늑약 이후, 또 고종황제 승하 이후 학생들은 자발적으로 나라를 위한 기도회를 가졌으며, 일정한 시간

---

158) 일제침략하한국36년사 4권, 매일신보 1919.8.6.
159) 국사편찬위원회 DB, 한민족독립운동사자료집 11권, 3.1운동 I, 3.1독립선언관련자심문조서

을 정하여 기도하여 애국심을 키워왔다. 이화학생들이 3.1만세운동에 적극 참여하고, 만세운동 이후로 일본어 수업을 배척하는 항일운동을 전개하는 것은 이화학당의 교육 방향의 일면을 보여주는 당연한 모습이었다고 하겠다.

3.1운동이 어느 정도 가라앉고 9월이 되어 개학하여 학생들이 다시 모여들었다. 김금봉의 구술은 이어진다.

"그래서 그 다음 9월에 가서 개학한다는 통지가 와서 모여들었는데 저희 반이 고등학교 2학년이었어요. 그래서 그때 졸업식도 못하고 수업식도 못하고 헤어졌다가 가을에 수업을 해서 3학년으로 진급을 했습니다. 그때부터 일본 선생을 배척하는 운동을 일으켜 일본어 공부를 안 하겠다고 스트라이크를 일으켰습니다. 김앨라, 유점선, 김분옥과 나하고 넷이서 교장선생님한테 가서 일본말을 안 배우겠다고 말을 하고 학교에 나오지 않았습니다. 그러나 그때 교장선생 말씀이 너희들이 일본말을 배워야한다. 만일 원수의 나라에 있으면서 외국어를 배우지 않으면 그들하고 싸울 수 없는 것이니 안 배우면 손해라고 그래요. 그래서 과연 배워야하겠다고 … 앞일을 위해서 배우는 것이

좋다고 해서 그대로 배우기로 묵인해서 일본선생을 그대로 받았습니다."(거울 제65호, 1955. 10. 10. 2~4쪽)

일본에 저항하는 만세시위를 부른 당시 학생들로서는 일본어 수업을 보이콧하자는 것은 너무나도 당연한 심정이었을 것이다. 그러나 당시 프라이 교장선생은 학생들에게 식민지지배 하에서 벗어나고 일본을 이기기 위해서는 필수적으로 일본어를 배우지 않으면 안 된다고 설득하였다. 손자병법의 '지피지기 백전불태(知彼知己 百戰不殆)'의 논리로 학생들을 설득한 것이다.

♠ 여학생에 대한 일제의 악랄한 고문

3.1운동 이후 전국에서 수많은 사람들이 체포 구금되어 일제의 악랄하고 혹독한 고문을 당해야 했다. 일반인에 대한 고문은 말할 것도 없거니와 특히 시위에 참가하여 만세를 부른 수많은 여성, 여학생들에 대한 고문은 성폭행을 수반한 비인도적이고 잔인하여 차마 입에 담을 수 없을 정도였다.

일제하에서 항일운동가에 대한 고문이 얼마나 극악무도하며 인간에게 가할 수 없는 최악의 만행이었는지는 외국 선교사의 보고나 직접 고문당한 사람들의 증언만으로도 충분하다.

먼저, 조선여학생에 대한 옥중학대 기사를 보자.

[조선여학생의 옥중 학대]

투옥된 여학생은 단지 얇은 화복(和服)을 감는 것을 허할 뿐으로서 강제로 일본식으로 앉게 하고 간수가 옆을 지날 때마다 고두(叩頭)할 것을 명하고 고두치 않으면 손바닥으로 얻어맞고 또는 발로 채이었다. 투옥된 날에는 밤 10시 후에 이르러 가로누울 것을 허하였지만 간수가 옆을 지날 때는 재차 일으켜 종야(終夜) 상위에 앉히고 수면에 쫓기어 머리를 앞으로 숙이면 간수가 손에 잡고 있는 무기에 의해 등을 때렸다. 여학생은 매일 옷을 박취당하며 편달되고 왕왕 순사의 면전에서 나체인 채 세우고 가까운 방에서 의복을 벗기울 때는 헌병에게 보이고 또 왕왕 일본인의 여간수가 있기도 한다. 이리하여 의복을 벗긴 뒤는 구내의 공지를 걷게 하여 중인(衆人)이 보는 바가 된다. 이와 같이 일본인이 조선 여학생을 학대하는 것은 독립운동에 참가한 부인 등은 추업부(醜業婦)라고 그들이 믿는 때문이라는 구실에 의하는 것이지만 이와 같이 취조에 대하여도 누누히 조선여학생 등에 대하여 추업부! 추업부!라고 불렀다. 더우기 사실 이들 부인은 대저 양가

의 자제로서 학생이나 그렇지 않으면 기독교의 선전에 종사하는 자이다. 이와 같은 옥중의 혹독한 대우에 대하여는 다시 다른데 자세히 기재하고 싶지만 기재할 수 없는 사정이 있다. 이는 생각컨대 일본정부는 조선당국이 행하고 있는 것을 알지 못하는 때문일 것이며 만약 그 사실을 알고 있다고 하면 상술과 같은 폭행을 허할 까닭이 없는 것이지만 일본정부는 모름지기 이들 사실을 알아서 책임자를 처벌해야 할 것이다. 그렇지 않으면 일본은 세계에서 그 명예를 잃는 것이 불소(不少)할 것이다.(『Japan Chronicle』, 1919. 4. 30.)[160]

이 기사는 일본에서 발행하는 영어신문 재팬 크로니클에 기재된 내용이다. 재팬 크로니클은 일본 고베를 거점으로 하여 일본이나 동아시아에 거주하고 있는 외국인들을 대상으로 발행된 주간지이다. 이 신문은 20세기 전반의 동아시아의 급격한 변화와 전쟁, 정치, 사회의 모습을 세계무대에 전했다. 이 기사는 처음 만세시위 이후 약 2주간의 조사 기간에 조선 여학생들이 부당하게 비인도적으로 대우받았다는 내용이다.

---

160) 한국독립운동사 자료 5권, 3.1운동편I, 三一運動 關係 新聞報道, 2. 國外新聞 論說 記事, 재팬 크로니클, 1919년 4월 30일 발행, 1919년 5월 8일 新聞係譯

미국 필라델피아 장로교 역사과 문서고에 보관되어 있는 외국선교사의 보고서 중 하나에는 3.1운동 때 잡혀간 여학생에게 일제 관헌이 얼마나 잔혹하고 비열한 방법으로 고문을 가했는지를 구체적으로 기록하고 있다. 한 여학생은 3월 5일의 남대문역시위에 참가하러 가다가 잡혀서 종로경찰서 비좁은 방에 남자 40명 여자 35명 도합 75명이 5일 동안 갇혀 지냈다. 그동안 발로 차고, 때리고 하면서 여러 차례 사실대로 말하라는 신문을 당했다. 이후 그들은 다시 서대문감옥으로 이송되어 온갖 수모와 고문을 당한 후 3월 24일 풀려났다.[161]

여기에 한 이화학생이 당한 고문의 내용을 증언한 기록이 있다. 좀 길지만, 당시의 모습을 생생하게 재현할 수 있어서 전문을 인용한다.

[일본경찰에 체포되었던 한국소녀의 경험]

3월 5일 9시경 남대문을 떠났다. 조국을 위해 피를 흘리자는 우리의 결의의 표시로 팔에 붉은 띠와 머리띠를 둘렀다. 종로 경찰서를 향해가며 만세를 외쳤다. 갑자기 뒤에서 누가 내 머리채를 휘어 감고 바닥에 쓰러뜨리고 무

---

161) 미국장로교회역사과, 3.1독립운동 선교사문서철, 감옥에서 풀려난 소녀의 이야기

자비하게 장화발로 걷어찼다. 나는 거의 의식을 잃고 경찰서로 끌려갔다. 경찰서 문 옆쪽에는 스무 명도 넘는 일본 경찰들이 서서 나에게 사납게 욕설을 퍼부었다. 어떤 자는 발길로 차고 칼로 때리고 침을 뱉어서 감각이 없어진 나는 내가 얻어맞는지 어떤지도 느낄 수 없었다. 내 약한 몸은 시커멓게 멍이 들고 손과 발에서는 무섭게 피가 흘렀다. 그들은 나를 방으로 끌고 가더니 바닥에 굴리고 내 위에 올라앉아 두들겨 패고 찼다. 그리고 칼로 내 머리를 세게 때렸다. 나는 완전히 넋이 빠져 한쪽 구석으로 피하고 그들은 다시 나를 발로 찼다. 나는 그들이 언제 방에서 나갔는지도 몰랐다.

내가 의식을 차렸을 때 방은 남녀학생들로 꽉 차있었다. 그들이 무자비하게 취급받는 것을 보고 가슴이 찢어질 듯했다. 잠시 후 그들은 한 명씩 대질 심문을 시작했다. 우리들은 한 사람 한 사람 4~5번씩 심문 당했다. 어떻게 그런 식의 대질신문을 할 생각을 했는지 나로서는 알도리가 없었다. 우리들은 용감하게, 공손하고 친절하게 그들의 질문에 답했다. 그들은 우리를 무릎을 꿇리고 따귀를 왼쪽 오른쪽 번갈아 때리고 더러운 침을 얼굴에 뱉으며 말할 수 없는 모욕을 주었다. 소녀들을 창녀나 기생이라 부

르고 그들의 가슴을 주무르며 그들이 더러운 짓을 해서 아이를 뱄다고 말했다. 그리고 다리를 뻗치고 비틀고 몇 시간씩 무릎을 꿇리고 손가락을 비틀어 부러질 것 같았다. 또 칼자루로 때렸다.

내가 어떻게 제정신을 유지할 수 있었는가. 나는 눈을 감고 바닥에 주저앉았다. 그들은 고함을 지르고 소녀들을 들어 올리고 무릎을 꿇리고 옷 앞자락을 풀어 젖가슴을 보이라고 했다. 그녀들이 거절하자 달려들어 옷 앞자락을 열고 젖가슴을 움켜쥐고 흔들었다. 이런 인간 이하의 짓거리를 어디에 비할 수 있으리오.

그들은 말했다. "독립이 뭐냐. 우리는 절대 너희들에게 독립을 주지 않겠다. 우리는 너희들을 단칼에 멸종시킬 것이다. 너희들의 독립이 뭐냐? 감옥에 가는 것이 너희의 독립이다." 그들은 소녀들을 마구잡이로 꼬집고 머리채를 움켜쥐고 뒤로 젖히고 뒤흔들고 코와 귀를 잡아당기고 막대기로 사정없이 머리를 때려서 막대기가 부러질 것 같았다. 그들은 소녀 하나를 무릎을 꿇리고 머리 위로 의자를 쳐들게 했다. 그녀가 기진맥진하여 팔을 조금만 내려도 그녀의 발꿈치와 손가락 마디를 때리며 의자를 더 꽉 잡으라고 다그쳤다. 그들은 소녀들을 창 가까이 세워놓고 의자를 들고 서있게 했다. 의자가 미끄러지거나 유리창에 부딪쳐 조금이라도 소리를 내면 소녀들의 머리를 더 때렸다. 그들은 한 번에 한 시간씩 팔을 들고 서있게 했다. 소녀들의 손에 물집이 생겨 터지고 어떤 소녀들은 정신을 잃는 듯 했다. 어찌 이런 일들이 있을 수 있단 말인가. 이런 일들은 이층에서 일어났다.

아래층으로 내려오라고 하자 어떤 소녀들은 일어날 수가 없었다. 한 소녀가 넘어졌다. 경찰이 그녀를 붙들자 힘들게 한 계단 내려가다가 넘어져서 위층에서 바닥까지 굴렀다. 얼마나 다쳤겠는가. 죽을 듯이 놀란 그녀는 한동안 꼼짝 않고 누워 있다가 정신을 추스르고 가까스로 전에 우리가 있었던 방으로 기어들어갔다.

그 안에 있던 일본인들은 재미있는 일이라도 생긴 듯이 웃어대고 조롱했다. 나는 분노에 휩싸였다. …

나는 경찰서에서 5일을 보낸 후 서대문감옥으로 갔다. 감옥에 들어가자 그들은 우리 옷을 전부 벗기고 묶은 머리를 풀어헤치고는 한동안 쳐다보더니 다시 옷을 돌려주고 어떤 방으로 데리고 갔다. 그들이 우리에게 가한 모욕과 희롱을 다 말할 수 없다. 그 작은 방안에는 16명이 있었다. 방 한쪽에는 변기가 있어서 견딜 수 없이 지독한 냄새가 났다. 그들은 우리를 사람이 아니라 돼지나 개로 생각하는 듯 했다.

우리는 소금을 좀 넣은 콩을 배급받았는데 우리가 먹는 것을 보고 개돼지라고 했다. 이것을 어찌 문명인의 행동이라 할 것인가.

다음 날 그들은 우리 몸무게를 달았다. 의사 한 명과 다른 몇 사람이 함께 있었는데 그들은 우리 옷을 다 벗긴 뒤 쳐다보았다. 천하에 어떻게 이런 취급을 당할 소냐. 한마디로, 예수를 붙잡아서 조롱을 퍼붓고 학대한 것처럼. 그들은 죄 없는 우리들을 붙잡아 노려보고 모욕하고 빙빙 돌리고 침을 뱉았다. 다리를 절고 눈이 먼 사람들을 체포하고 모욕을 하고 감옥에 처넣는 것 같은 이런 폭력이 어디 있단 말인가.

그들은 우리가 재판을 받게 될 거라고 했다. 그들은 계속 문구멍으로 우리를 들여다보고 모욕을 주었다. 그들은 우리가 미결수라고 했으므로 나는 이 모든 끔찍한 일들을 재판정에서 말하기를 바랐지만 그들은 재판이나 설명 없이 나를 석방했다. 그래서 나는 이 기막힌 일들과 고통들에 대해 아무 말도 할 수 없었다.

(앞의 것은 이화학당 학생이 증언한 것을 다듬지 않고 있는 그대로 번역한 것이다. 여기에는 그녀가 감내했던 고

The Experience of a Korean Girl Under Arrest by the Japanese Police.

On the fifth of March at nine o'clock we left South Gate with red ashes and red bands on our arms as a sign [...] of an agreement to shed our blood for our country. We were shouting "Mansei" on our way to the police station at Chong No. Then suddenly, with a shout, someone dashed me from behind by my hair, and I was violently thrown to the ground and kicked till I was almost unconscious. Twenty or more Japanese policemen stood around on both sides of the door and reviled and bombarded me without restraint, some kicked me, some struck me with their swords, most upon me and slapped me so many times that I had on senses left and did not know whether they were striking me or someone else. My frail body was black and blue and my hands and legs bleeding terribly. They took me into a room and there they rolled me on the floor, not much more hard me, kicked and slapped me, bent me over the head with their swords [...] with all their might till I was driven into a corner of the room utterly dazed, where they kicked me several times. I did not know then they left.

When I recovered consciousness the room was full of students, both boys and girls. It almost broke my heart to see them assailed so brutally. After some time if they began to cross-examine us one by one. Each of us was examined four or five times, and it is beyond my power to describe the manner with no idea of how these cross-examinations were conducted, [...] answered bravely, politely and kindly everything they asked us, but [...] were made to kneel and they [...] twisted their legs and with every word they spoke, slapped their faces, first on one side and then on the other, spitting dirty phlegm on us till it dripped off our faces, insulting us unspeakably they "smiled" They called the girls prostitutes and accused them and said, "You have done improper things and are pregnant". They could talk a bit and then again tell the girls to stretch out their legs and [...] twisted them and made the knees [...] for hours at a time. They twisted their fingers till it seemed they would break, and bent me with the handles of their swords. How could I keep my senses? I shut my eyes and sank down on the floor. Then with a roar they lifted the girls up, made them kneel and told them to open their dresses and show their breasts, and then they refused, rushed at them and did it themselves, then seized them by the breasts and shook them. Is there anything that can be compared with this inhumanity?

They said, "Yes is independent? Nothing certainly, to be given to you, we will annihilate you with one blow. What is your independence? Going to prison is your independence." They pinched the arms of them anywhere they pleased, seized them by the hair and shook them, bent them backwards, pulled their ears and noses, slapped them and pounded their heads with sticks so hard that it seemed the stick must break. They made one girl kneel and hold a chair straight up over her two hands, then [...] could not overcome the weariness and her arms dropped, they beat her with a club and each joint of her fingers and told her to hold the chair tight. They put the girls near a window, made them hold a chair up the same way and if the chair slipped or made a little noise against the floor, they came back and beat them more. They made them hold up their arms for an hour at a time. Their hands blistered and the blisters broke, and some of the girls seemed almost to lose their reason. Is there anything like this?

While upstairs, and when they told us to come down, some of the girls could not rise. One girl fell over, the detective clouted her and rolled her from the top to the bottom. You can imagine how she was hurt. Frightened to death, she a log still for a time, then gathered herself and compelled herself to crawl into the room where we had been before. The Japanese in the room laughed and more so [...] as if it were a joyful occasion. I was filled with anger and in the midst of it all looked

2.

up to Jesus, and then it was as if Paradise were before my / eyes, and I gave thanks for the abundant comfort I received.

Thus I passed five days in the police station and then went over to the West Gate Prison. When we went in, all our clothes were taken off and our hair let down, and after looking at us a while, they gave us back our clothes and took us into a room. I cannot tell the ridicule and insults they gave us. It was a small room and 16 people filled it. At one side was the [...] toilet, and the foul odor was unendurable. It was as if they did not think of us as people at all, but as pigs or dogs. We had beans mixed with a little salt to eat. They watched us while we ate, and said we were like dogs and pigs. Would you call this civilized behavior?

The next day they said they would weigh us and when they did, there was a man there they said was a doctor and several others with him, and they stripped us and saw all there was to see. Was there ever such treatment? In a word, just as they took Jesus and smeared at Him and abused Him, so they took us and, tho we were innocent, they came in and looked at us and insulted us, ordering us around and spitting upon us. Where is there such violence as this of seizing the lame and blind, insulting them and putting them into prison?

They said we would have a trial, and they were always at the hole looking in and insulting us, and because they called us unconvicted prisoners, I hoped to tell all this grievous matter in court, but they let me out without a trial or explanation, and I was unable to say anything about this sad business and the troubles that came from it.

(The above is a rough, literal translation of the statement by a student of Ewha Haktang, and includes not only the sufferings that she endured, but what she saw her companions suffer.)

이화학생 증언 문서(드루대학교 소장)

통만이 아니라 그녀가 목격한 동료들의 고통도 포함되었다.)162)

---

162) 이화학생들의 감옥에서의 고문담(자료 원본 임연철 교수 제공)

미국 드루대학 아카이브에 소장되어 있는 이런 종류의 문서는 감리교 선교사들이 경찰에 연행되었다 석방된 여학생들이 당한 고문과 고통을 가감없이 기록하여 보낸 것이다.

학생들은 3월 5일 남대문역의 시위에 참가하기 위하여 나갔다가 종로 쪽으로 행진하여 가던 중 종로경찰서로 연행되었다. 이날 학생들은 옷을 여러 겹 껴입고 짚신을 신고 나갔다. 어떤 일이 벌어질지 이미 각오하고 나간 것이다. 경찰서에서 학생들에 대한 대우는 처음부터 심한 매질과 고문과 성적 희롱으로 일관되었다. 큰 방 하나에 남자 40명과 여자 35명이 함께 지내야 했고, 식사도 제대로 지급되지 않았고, 그것도 소금 넣은 콩밥이었다. 그들은 개돼지처럼 취급받았다. 여학생들에게는 매춘부라는 등 폭언을 하고 성추행과 발가벗기기로 수치심이 극도에 달하도록 하였다. 4~5일간의 기초조사가 끝난 후 서대문감옥으로 옮겨졌다. 거듭되는 고문으로 거의 정신을 잃을 정도였으며, 종일 꿇어앉히거나 조금이라도 자세가 흐트러지면 뼈가 부서져라고 주리를 틀었다. 대부분의 학생들은 3월 24일 재판도 없이 석방되었다. 이런 악랄한 고문과 학대에도 불구하고 이에 대응하는 여학생들의 의연한 태도, 깊은 신앙심, 독립을 위해 더 강해지는 투지를 드러내는 모습을 그들의 증언에서 볼 수 있다. 다음은 몇몇 증언 사례를 모은 것이다.

"내 마음속에는 한국이 결과적으로 자유롭게 될 것이라는 확신이 있으며, 그것이 나를 기쁘게 했다"

" 우리 여학생들은 마음속의 고통으로 울게 하는 이런 시련을 겪었으나 이는 우리나라를 위한 것이어서 우리는 그런 수모를 감사하게 견뎠다"

"나는 감옥에서 예수님이 가까이 계심을 알았다. 또한 몇 명의 감방 동료는 감옥에서 나올 때 기독교인이 되기로 결심했다. 이일은 나를 매우 기쁘게 했고 그들도 기뻐했다. 그래서 하나님의 영광은 심지어 감옥에서도 나타났다"

"그 곳에 있는 동안 나는 고통 받는 다른 사람에 대한 동정심을 배웠다. 그것은 내가 배운 훌륭한 교훈이었다. 그 곳에 있으면서 신약성서와 구약 중에서 사무엘 상 하 열왕기 상 하 잠언을 읽었다. 그 중에서도 항상 내마음속에 남아있는 구절은 요한복음 14절 1절~18절까지의 말씀이다."

"나는 다른 사람에 의해 선동된 게 아니고 나 자신의 신념 때문에 나와 '한국(조선) 만세'를 외쳤을 뿐이다. 내가 얻어맞고 학대를 당해도, 또 죽더라도 나는 하나님이 불쌍

한 우리 억압받는 동포를 도와 달라고 기도하고 있다."163

```
No. 4-  Age 24.
        I was taken to the police station on March 18th "to be questioned"
about one of the Ewha teachers who had been taken the week before, and I
was finally released on July 28th, declared innocent of any crime against
the government.
        During those days of confinement and physical suffering, the more
I suffered and the weaker I became, the greater became my dependence upon
God. I am so thankful that He allowed me to suffer that I might receive
His greatest gift-- a new heart. I am confident that He sent me there to
be born again, and I will never cease to praise Him for it, because if I
was to be used of God, I knew that I must have a real heart experience,
such as I had never had before.
        The following are some of the lessons I was permitted to learn
while there: At first I could scarcely bear my loneliness. One comfort
was the pledge of consecration I had taken. And day by day, as I did so,
I came nearer and nearer to Him. I learned that prayer is not the words
that come from the lips, but the heart's deepest cry. I often was unable
to form any words, but simply groaned, as my soul agonised, not for myself
(I knew that He would care for me), but for my people, suffering and oppress-
ed, and for the nation over us. I had absolutely no bitterness in my heart
toward any one.
        I never before knew what it was to have answer to prayer, or to
pray definitely. But He heard me and answered me, and now I pray in faith
believing. At first I lacked faith, and began to pray for faith, and un-
til He granted it to me. How I learned to love His Word! Many weeks I
was without the Bible, or any book in fact, and when the Bible came I wel-
comed it with joy unspeakable. I especially enjoyed Daniel, Job, Psalms,
James, and First and Second Peter. The verses which meant most to me were
Psalms 23, 5 and 6; Matthew 26, 39; and Luke 12, 13 and 32.
        I found myself constantly singing (I never dared sing aloud),
"Nearer, my God, to Thee," "The Lord is my Shepherd", "I can hear my Savior
calling", and "My Jesus, as Thou wilt".
        I learned to trust my Savior one day at a time-- all my plans,
all my future, my weak human soul are all His for time and eternity.
```

신준려 교사의 증언 문서(드루대학교 소장)

 이렇게 여학생들은 감옥에서의 체험을 긍정적으로 받아들이면서 독립에 대한 신념과 깊은 기독교 신앙 고백을 하고 있다. 이들 문서 중에는 8월 6일에 석방되었다는 증언이 4건 있어서, 신진심, 노예달, 유점선, 그리고 김독실 교사의 것으로 짐작된다. 여기에는 또 박인덕, 신준려 교사의 증언이라고 추정할 수 있는 문서도 포함되어 있다.

---

163) 미국 드루대학교 감리교 아카이브, 3.1운동자료(임연철 교수 제공, 번역)

六

아우내 만세시위

충청도 일대의 만세시위

충남에는 3월 2일 부여에 독립선언서가 전해졌으며 천도교도와 학생들, 고종의 국장 참례객들에 의해 대전·논산·공주·천안·서천·홍성·아산 서산 등에 선언서와 신문, 격문 등이 뿌려졌다.

충남에서도 처음에는 대개 평화적 만세시위가 많았으나 점차 횃불, 폭력을 수반한 시위로 전환하였다. 횃불시위는 3월 중순 강경에서 시작했으나, 확산의 불을 댕긴 것은 청주군 대성리 횃불시위였다. 이에 영향을 받아 23일 연기군 12곳에서 횃불시위가 일어났고 4월 1일까지 군 전역으로 확산되었다. 이어 대전군(3. 25~4. 1), 천안군(30일 20여 개소, 31일 4개면), 예산군(3. 30~4. 5 8개면 18개소), 아산군(3월 31일 50여 개소, 4월 1~3일), 천안군(30일 20여 개소, 31일 3개면), 공주군(4월 1~3일 4개면), 홍성군(4일 24개소, 7일 1개면), 서산군(3월 31일 1개면, 8일 2개면), 당진군(4월 3~4일 18개소), 청양군(4월 6~8일 8개면), 서천군(3월 29, 31일 2개소), 부여군 등으로 전개되었다.

3월말이 되면서 시위 중에 폭력이 뒤따르기도 했다. 대표적인 시위는 4월 1일 대전에서 경찰 세 명 상해, 유성과 공주군 광정헌병주재소 파괴, 병천헌병주재소 파괴 및 기구 탈취,

2일 아산군 신창헌병주재소·면사무소·보통학교에 투석 파괴, 3일 대천헌병주재소, 공주군 경천·탄천, 논산군 노성 논산경찰관주재소 공격, 4일 강경 시위, 서산군 대호지 면장 협박, 천의경찰관주재소 파괴, 아산군 선장헌병주재소 공격, 5일 예산 시위, 청양군 정산 헌병주재소 공격, 7일 홍성군 장곡 면사무소 파괴 등을 들 수 있다. 일본 병사들이 19개소에 출동하고 27개소에서 발포하였다. 36개소에서 폭력시위가 행해졌는데, 검거자 석방을 위해서 또는 일제의 폭력탄압에 대한 응징이었다.

천안 주변의 여러 지역에서도 3월 1일 이후 만세운동이 일어나고 있었다. 유관순 일행이 돌아온 다음 날 3월 14일에는 목천보통학교에서 만세시위가 일어났다는 소식이 들려왔다. 이날 오후 4시 목천보통학교 학생 120명이 교정에서 평화적인 시위운동을 하였다. 인근 지역에서 일어난 최초의 시위였다.

3월 20일 정오에는 입장면 입장장터에서 6~700명의 군중이 회합하여 태극기를 흔들고 독립만세를 불렀다. 이때 당지 헌병파출소에서는 이를 진압하기 위하여 황급히 천안헌병분대에 지원을 요청했다. 헌병과 보병 약 150명이 자동차로 달려와서 선동자 200여 명을 체포하였다가 대부분은 방면하고 40여 명은 천안헌병분대에서 취조하였는데, 그 중엔 여학생도 약간 명이 끼여 있었다. 3월 27일 밤에는 직산 금광에 광부 100여 명이 단체로 시위하여 부근 헌병주재소를 습격하고자 하였다. 이에 천안헌병대와 그 지역 수비대가 출동하여 진압에 전력하였으나 강력히 저항하므로 헌병이 총을 쏘아 선두자 다섯 명이 피살되고 주모자는 검거되었다.

   3월 29일에는 천안읍에서 다수의 군중이 시위운동을 하다가 주모자만 검거되고 그 외는 해산하였다. 3월 31일 밤에는 성환에서 약 1,000명의 군중이 모여 맹렬히 시위를 벌이자 헌병과 경찰이 총칼로 진압해 해산되었다. 대전 산내면 점산리에서는 음력 2월 26일(양력 3월 29일) 대전시 장날을 이용하여 대한독립만세운동이 있었다. 수천 명의 군중이 시장을 일주하였을 무렵 순사 헌병, 군대가 마구 총을 난사하여 정대현, 방춘실, 김모 등 3인이 현장에서 총탄에 맞고 창에 찔려 순사하고 군중은 해산되었다.[164]

---

164) 독립운동사편찬위원회, 독립운동자료집 4종, 삼일독립운동실록, 1985, 450~451쪽

🌸 아우내장터 만세시위 준비

유관순의 천안 집에는 아버지와 어머니, 그리고 두 남동생이 있었다. 오빠 유준석은 공주에 있는 영명학교에 다니고 있었다.

서울에서의 만세 소식을 들은 고향에서는 유관순과 사촌 유예도가 돌아오니 동네 어른들이 모두 그들 주위에 모여들었다. 서울의 소식을 듣기 위함이었다. 집에는 아버지와 함께 숙부 유중무, 이웃에 사는 조인원 등이 모여들어 시국을 의논하였다.

3월 16일 주일 밤. 예배가 끝나고 교인들이 흩어진 후 부친 유중권과 유중무, 조인원 등의 주선으로 이백하(李伯夏) 등 20여 명이 모였다. 이 자리에서 유관순은 서울에서 일어난 3.1운동의 상황을 자세히 알렸다.

유관순은 사실 고향에 오는 중에 독립선언서 한 장을 짐 속에 몰래 넣어가지고 왔다. 유관순이 독립선언서를 보이며 우리 고을에서는 어떻게 하면 좋겠느냐고 조인원과 이백하 등에게 의논했다. 이들 중 조인원과 유중무는 이미 오래 전부터 기독교를 받아들여 유관순이 어렸을 때부터 기독교와 접할 수 있도록 영향을 주었으며, 기독교 선교뿐 아니라 조국 독립운동에 뜻을 두고 있었다.

조인원[165]은 천안 출신이나 한때 청원군 강내면에서 살기도 했고, 일찍부터 신지식에 눈을 떠 서양학문을 배웠으며, 예수교의 전도사가 되어 지렁이골(동면 용두리)로 이사 와서는 개화운동과 은근한 반일 사상의 고취에도 힘썼다. 조인원은 속장 일을 보면서도 배타적인 유림과도 깊이 내왕했다. 특히 유림의 대표 격인 이백하 등과 아주 친했다. 유관순의 서울유학에도 적지 않은 영향을 미친 것으로 알려져 있다.[166]

유관순은 그들에게 독립선언서를 내보이며 "우리 고장이 죽은 듯이 가만히 있을 수는 없다"면서 '최후의 일인까지 최후의 일각까지 민족의 정당한 요구를 쾌히 발표하라'는 독립선언서 공약3장을 설명했다.[167]

모두 만세시위를 벌이자는데 이의가 없었다. 즉석에서 운동을 전개할 구체적인 방책을 의논하였다. 일동은 아우내 장날인 4월 1일에 거사하기로 계획했다. 이날이 음력으로 3월 1일이어서 서울에서 일어난 3.1독립운동의 뜻을 살리는 의미도 있지 않았을까. 총본부는 지령리에 두고 아우내장을 가운

---

165) 조인원(趙仁元, 1864~1931) 아우내장터의 독립만세운동에 참여하였다. 아우내장터 만세운동은 두 계열로 나누어 진행되었는데, 조인원은 동면계에서 주도적인 활동을 한 인물이었다. 아들 조병옥과 조병호가 있다.
166) 독립운동사편찬위원회, 독립운동자료집 4종, 이용락 편저, 삼일독립운동실록, 조병호, 아우내사건의 회상기, 1985, 448~449쪽
167) 이정은, 앞의 책, 2004, 304쪽

데 두고 각각 5리 거리에 있는 수신면 장명리와 갈전면 백전리에 중앙연락기관을 두어 삼각편대를 형성했다. 그들은 아우내장을 중심으로 안성, 진천, 청주, 연기, 목천 등 여섯 고을을 망라하여 각촌 각면의 연락기관을 분담시키고, 동시에 유림 대표들과 한 마을에 수십 또는 백여 호씩 차지하고 사는 대성(大姓)의 어른들을 움직이기로 했다. 시위운동에 앞장섰던 조인원의 아들 조병호는 당시의 역할 분담에 관해 이렇게 회상했다.

"그 때부터 나는 예배당에 드나들면서 엄친(조인원)의 일을 도왔다. 엄친은 병천 장터에서 세 갈래로 손을 뻗치기로 하고, 나는 천안 길목, 수신면 쪽은 조만형 씨, 진천 쪽은 박봉래 씨가 맡아 거사에 대한 연락을 담당하게 했다."[168]

그 무렵 공주읍교회 현석칠 목사와 천안읍교회 안창호 목사는 서울을 왕래하며 독립만세운동을 준비하고 있었다. 현석칠 목사의 주선으로 영명학교 교사 김관회, 안창호 목사 등이 모여서 4월 1일 장날을 기해서 만세를 부르기로 의논하였

---

168) 조병호, 김교선, 유관순 양과 병천 장날, 신동아, 1965. 3. 85-86쪽

다. 안창호 목사는 한국인 최초로 정동제일교회 목사가 된 최병헌 목사의 사위이다. 그는 전도사가 된 후 공주교회로 파송되어 일하다가 천안읍으로 가서 천안교회를 설립하였다. 안창호 목사는 천안을 중심으로 병천, 양대, 공주, 온양 등 독립운동의 중심지에서 주동자가 되어 있었다. 이런 상황에서 유관순과 유예도가 독립선언서를 휴대하고 돌아와 가족과 지령리교회 지도자들에게 서울 만세운동 상황을 소상하게 전하면서 병천 지역 만세운동은 구체적으로 추진되었다.

당시 병천은 청주와 진천, 서울을 잇는 교통의 요로로서 병천 시장은 천안의 각 면과 멀리 충북, 진천에서까지 장꾼이 모이는 큰 장이었다. 독립만세를 위한 준비는 마을을 다니면서 지역 유지들을 만나고 참가를 설득하는 일이 무엇보다도 중요하였고, 일본경찰의 삼엄한 경계를 뚫고 다녀야하는 위험한 일이었다.

이에 가장 적격이 유관순이었다. 일경의 눈을 피하기에는 아무래도 여성이 더 안전하다는 판단에서였다. 독립운동에서 수많은 여성들이 군자금 전달이나 연락 업무를 담당한 것도 남성보다 일경의 의심을 덜 받을 수 있기 때문이듯 유관순은 지역의 인물들을 만나 독립운동 거사에 참여해줄 것을 설득하고 조직을 만드는, 가장 중요한 인적 네트워크를 구성하는 일을 맡았다.

 선배들로부터 독립운동 자금 조달의 임무를 부여받은 유예도는 비밀 임무를 수행하기 위해서 유관순과 함께 이 일에 참여하였다. 두 사람은 머리에 흰 수건을 쓰고 짚신을 신어 아주머니 행색을 하고는 일경의 의심을 받지 않고 충남 일대 마을을 발이 부르트도록 다녔다. 그러나 유예도는 관순처럼 건강하지 못하여 중도에 포기하고 말았다. 그가 맡은 독립운동의 자금 조달의 일도 제대로 성과를 거두지 못한 채.

 먼저 유관순은 장명리 청신의숙 훈도를 지낸 김구응(金球應)을 찾아 갔다. 장명리는 동리와 교회도 크고 학교의 학생도 많고 10리쯤 거리에 잣밭(栢田里)이라는 큰 마을이 있었다. 김구응은 어렸을 때부터 한학을 수학하다가 1907년 20세 때부터 가전리 자기 동리에 있는 청신의숙에서 학생들을 모아 가르쳤다. 나라를 잃은 다음부터는 복다회리의 유창순, 김상훈 등과 서로 의논하며 독립의 방법을 모색하며 농촌계몽운동을 펼치고 있었다. 또 그는 유우석과 조만형을 가르치기도 했다. 조만형은 수신면 장명리의 감리교회가 운영하는 장명학교 교사로서 아우내 만세운동에 참여한 인물이다.

　김구응은 유관순의 열정적인 설명에 감명을 받고 아우내 만세시위에 주역으로 나서게 되었다. 유관순은 김구응 선생의 호응과 지지에 큰 용기를 얻었다.[169]

　이어서 연기로 가는 도중의 마을들에 동리 유지를 만나 동조를 얻었고, 이어 조치원, 진천으로 향했다. 가는 곳마다 각 지역 교회와 학교를 찾아다녔고, 유림의 대표되는 집안을 찾아다니며 설득했다. 험한 산 고개를 넘고 무서운 산짐승의 울음소리를 들어가며 수백 리 왕복 길을 혼자 걸었다. 짚신을 신은 그의 발은 물집이 잡혀 터지고 짚신은 날마다 하나씩 동강이 났다. 거의 20일 동안 이 마을에서 저 마을로 다니며 어른들을 만나 독립운동에 참여할 것을 설득하는 유관순에게 이의를 제기하는 사람은 거의 없었다.

　송정의 유림대표 김상훈(金相訓), 왜마루의 안동 김씨댁, 청주 방하울의 유(俞)씨, 자포실의 신(申)씨, 백현(栢峴)의 유(俞)씨댁, 성촌동의 유림대표 박씨, 드무실의 백천 조(趙)씨, 무들이의 경주 김씨를 만나 응락을 받고, 연기 방면으로 가는 중에 남산동리 박씨댁, 속새말의 이씨, 발이미의 김씨와 송

---

169) 이정은, 앞의 책, 2004, 305~307쪽.

씨, 연기에서는 상로정의 권씨댁, 조치원읍의 임씨(任氏)댁에서 지원을 받았다.

그 다음 진천 방면으로 가서 보평의 이씨 문중, 반계의 윤씨댁, 화산의 전주 이씨, 삽다리의 청주 이씨, 모산의 주씨댁, 벌터의 박씨를 만나 독립운동에 참여하겠다는 약속을 받아내었다.

거의 20일 동안 이 마을에서 저 마을로 다니며 어른들을 만나 독립운동에 참여할 것을 설득하였다[170] 유관순은 만세운동을 확산시키기 위하여 논산까지도 갔고, 밤늦게 캄캄한 산길을 돌아 집으로 돌아오는 일이 한두 번이 아니었다. 한 밤중이나 새벽에 개가 짖으면 동네에서는 '관순이가 오나보다' 했다고 한다.[171]

봄이라고는 하지만, 아직 쌀쌀한 삼월 날씨는 밤이 되면 더욱 기온이 내려가는 것은 그때나 지금이나 마찬가지. 연락을 위해 길을 다니는 동안 손발이 시리고, 발도 아팠고, 발에 물집도 잡혔다. 그가 다닌 거리는 줄잡아도 수백리가 될 것이다. 처음에는 예도언니와 함께 다녀 괜찮았지만, 몸이 약한

---

170) 최은희, 조국을 찾기까지 -한국여성활동비화- 중권, 1973, 355-356쪽.
171) 이정은, 앞의 책, 2004, 312쪽

예도는 며칠만에 주저앉아버리고 약 보름간을 혼자서 충청도 곳곳을 누볐던 것이다.

독립에 대한 불타는 애국심과 깊은 신앙심으로 가득찬 유관순은 머리에는 수건을 쓴 아낙네의 모습으로 산길을 걸으며 논두렁을 누비며 행군을 계속하였다. 당시의 일을 유관순은 함께 감옥에 있던 어윤희에게 털어 놓았다. 35년이 지난 후 어윤희는 이화여자고등학교에서 마련한 좌담회에서 다음과 같이 이야기했다.

"나(유관순)는 이화학교 고등과 1학년이라고 그래요. 그러면서 경성에서 자꾸 독립운동이 일어나고 있는데 우리 고향에는 그런 일이 없었어요. 그래서 고향에 내려가서 운동을 하려고 … 시골사람들의 마음을 움직여서 만세를 부르기 위해서 수건을 쓰고 다니면서 먼저 동장(洞長)을 만나서 지금 서울에서는 독립운동을 일으키고 있는데 여기에서도 어떻게 운동을 해야겠다고 말하면서 그렇게 하자면 아무래도 사람이 많이 모이는 장날을 이용해야한다고 역설을 해서 자기가 앞장서서 일을 하겠다고 그랬대요. 그래서 천안 용두 장날 12시에 내가 태극기를 들고 만세를 부를 터이니 그 날은 모두 물품을 가져오지 말고 그

대로 와서 소동을 일으키라고 이야기를 했더니 여기에 감동이 되었는지 … 그립시다… 라고 대답을 했대요."172)

유관순이 옥중에서 어윤희에게 털어놓은 이 이야기는 아우내시위의 준비 과정에서 유관순이 주도적인 위치에서 이 일을 계획한 것을 말해준다.

거사에 쓸 태극기를 만드는 일은 유중권과 유관순 등이 밤마다 몰래 만들었다. 유관순은 낮에는 충청도 일대를 다니며 사람들을 모으고, 밤이 되면 교회에 모여 태극기를 만들었다. 당시만 해도 태극기 모양을 잘 몰라서 유관순에게 의지해야 했다. 3.1만세운동이 일어날 때 유관순은 이정수와 함께 태극기를 그린 적이 있었다. 태극기는 1882년 박영효가 일본에 수신사로 갈 때에 국기의 필요성을 느껴 만들어 사용한 것이다. 그러나 일반에게는 태극기의 공식적인 모양이 제대로 알려져 있지 않았고, 태극(太極)과 건곤감리(乾坤坎離)의 주역(周易)의 괘(卦)를 뜻하는 검은 띠 모양은 만드는 사람들을 혼돈스럽게 했다. 일개 여학생으로 태극기를 제대로 본적도 없는 학생들은 태극기를 그리기 위해 우선 밥공기를 엎어 놓고 원을 그

---

172) 가을 제81호, 1956.3.5. 2~4쪽. 이화의 3.1 정신을 말함-유관순언니를 중심으로- 어윤희의 증언

리고, 그 안에 음양을 그리고, 사방의 4괘는 아무렇게나 그려 넣을 수밖에 없었다. 유관순은 그런 잘못을 겪은 터라, 제대로 된 태극기 그리는 법을 마을 사람들에게 가르쳐주었다. 유관순과 유예도 그리고 마을 아낙네들은 거의 5,000장에 달하는 태극기를 만들었다.

유관순이 태극기 만드는 일을 맡았다는 사실은 판결문에 분명하게 나와 있다. "자택에서 태극기(구 한국국기 압수 영제 1호)를 만들어 이를 휴대하고"[173]라 하고 증거물로 태극기를 압수하였다.

수신면 발산리는 아우내 장터에서 남쪽으로 4km(10리) 거리에 있는 마을이다. 이 마을에 사는 이순구가 서울 사는 친척집에 갔다가 독립만세 시위를 목격하고 돌아와 발산리의 친구인 김교선에게 보고 들은 일을 자세하게 알려주었다. 이 무렵 홍일선이 김교선을 찾아와 만세시위를 할 것을 제의했다. 김교선은 한동규와 이순구에게도 그 취지를 알렸으며 함께 전국에서 일어나고 있는 항일운동에 호응하기로 했다. 그리고 성남의 이백하에게도 연락하였다.

---

173) 판결문. 대정8년 항공 제1513호, 대정8년 6월30일, 경성복심법원 형사부 재판장 조선총독부 판사 총원우태랑

병천에서 방앗간을 하고 있는 최학서는 수신면의 유지 김교선이 찾아와 독립운동에 참여해 달라는 권유에 호응하였다. 최학서는 만세운동에 필요한 자금으로 백미 열 가마를 출연하여 준비물을 마련하도록 하였고, 다른 사람들도 힘닿는 대로 금품을 출연하여 거사 준비를 도왔다. 여기에 동면의 조인원, 유중권, 김구응 등과 만나 뜻을 모으고 자주 모여 거사를 의논하였다. 이렇게 조심스럽게 논의를 해가며 주도자들을 조직화하여 최종적으로 양력 4월 1일 정오를 기해 아우내 장날 장터에서 거사하기로 결정하였다.

3월 하순이 되자 충청도 일대 산봉우리들은 밤마다 붉게 타올랐다. 야간 봉화시위였다. 병천 일대에서도 야간 봉화시위가 널리 퍼지고 있었다. 이 봉화시위는 병천을 중심으로 하여 청주 부근 강서, 강내, 옥산, 암이, 조치원, 천안, 아산, 당진, 홍성, 청양 등지로 퍼져나갔다. 이들은 낮에는 장터와 면사무소, 경찰관 주재소 등지에서 만세시위를 한 후 밤이 되면 산마루에 올라가 봉화를 올리면서 독립만세를 불렀다.[174]

거사 전날인 3월 그믐날 밤, 매봉산을 비롯한 24개소에서

---

174) 이정은, 앞의 책, 2004, 323쪽

봉화를 올리기로 하였다. 독립선언서는 조인원과 김구응이 작성하고 당일 이 두 사람 중 한 사람이 독립선언서를 낭독하고, 선도하는 유지들이 만세를 선창하면 참가자들이 따라서 만세를 부르게 하여 계속 아우내장터를 돌며 만세를 부를 계획을 세웠다.[175]

🏮 횃불되어 타오르다

3월 31일은 음력 2월 그믐이었다. 달도 없이 캄캄한 밤, 유관순은 동생 관복과 친척 유제한에게 미리 준비해둔 여러 자루의 홰를 들려 매봉 꼭대기로 올라갔다.

조인원, 유중권, 유중무, 이백하 등 지도자들의 지시대로 조병호, 박봉래, 조만형 등도 천안 길목과 진천 고갯마루 수신면 산마루 등에 올라, 유관순이 매봉꼭대기에 횃불을 올리기만을 기다렸다. 매봉의 횃불 신호에 따라 자기가 맡은 지역의 봉화에 불을 붙이기 위함이었다.

매봉에 오른 유관순은 간절한 마음으로 기도를 올렸다.

---

175) 이정은, 앞의 책, 2004, 310~311쪽

" 오오 하나님이시어

이제 시간이 임박하였습니다

원수 왜를 물리쳐 주시고

이 땅에 자유와 독립을 주소서.

내일 거사할 각 대표들에게 더욱 용기와 힘을 주시고.

이로 말미암아 이 민족의 행복한 땅이 되게 하소서.

주여 같이 하시고

이 소녀에게 용기와 힘을 주옵소서."[176]

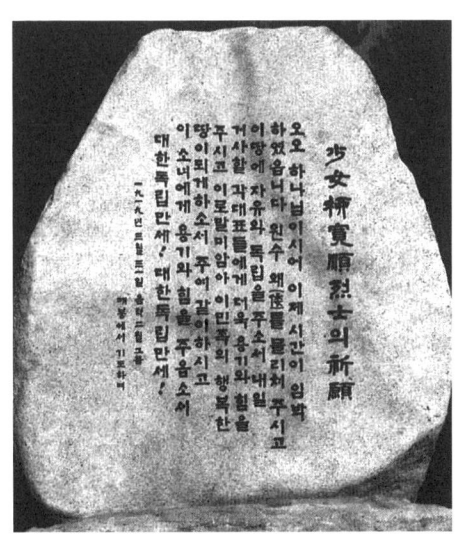

소녀 유관순 열사의 기원

---

176) 이화여고, 이화백년사, 165쪽. 1988년 독립기념관 영내에 세워진 '유관순 열사애국어록비'의 비문

이윽고 유관순은 홰에 불을 붙였다. 조용히 불길이 피어올랐다. 유관순은 횃불을 높이 치켜들었다. 유관순이 든 횃불은 깜깜한 하늘을 뚫고 한 점 붉은 빛으로 멀리 멀리 퍼져나갔다. 그러자 구밋들 우각산, 강당산, 백저리 돌산, 세성산, 아우내 장터 뒤 갓모봉, 봉화대, 개목산 등 일곱 산에서 불길이 솟아올랐다. 거의 같은 시각에 광덕산, 덕산, 화산, 진천의 덕유산, 구도산, 서림산 동남편의 약사산, 청주방면의 수리봉, 남산의 백석봉, 남산, 발산, 망경대, 연기 지방의 율산, 서남으로 마산, 장명리의 장산에서도 횃불이 치솟았다. 동서남북에서 24개의 불꽃이 그믐밤 하늘을 밝혔다. 내일의 거사를 확인하는 횃불이었다.[177]

1919년 4월 1일. 3.1운동이 일어난 지 꼭 한 달째 되는 날, 이날은 아우내 장날이다. 지령리에서는 유관순의 아버지 유중권과 어머니 이소제를 비롯하여 마을 사람들이 일찌감치 장터로 나섰다. 9시쯤 되었을 때부터 장터는 이미 인파가 밀려들고 있었다. 목천, 천안 일대뿐 아니라 청주와 진천에서도 만세

---

177) 이정은, 앞의 책, 2004, 329쪽

꾼들이 왔고, 성환 등지에서도 사람들이 몰려왔다.[178] 이날 장터에는 다른 날보다 더 많은 장꾼이 몰려들어 사람들로 북적거리며 긴장감이 흘렀다. 조선군사령관이 일본 육군장관에게 올린 종합보고서에서도 이날에 대한 인상을 기록하였다.

"천안군 병천면은 소요 당일 수일 전부터 밤마다 읍내 주위 고지에서는 모닥불을 피우고 만세를 고창하고 또 여러 가지 유언비어를 퍼트리면서 형세가 불온하였는데. 4월 1일은 장날에 해당하여 아침 이래 현저히 다수의 선인(鮮人)들이 들어왔으므로 시장이 심히 잡답(雜沓)하여 매우 불온한 형세가 되었다."

관순은 옷을 여러 겹으로 껴입고 집을 나섰다. 그리고 옷 속에 태극기를 감추었다. 며칠 밤을 새우다시피 하면서 만든 태극기들은 다른 동지들이 나누어서 천안방면, 성남 수신 방면, 진천 방면의 각 길목에서 나누어주도록 되어있었다. 장터에 들어오는 사람들은 태극기를 하나씩 받아 옷 속에 얼른 감추었다. 유관순은 따로 긴 깃대를 준비했다.

---

178) 조병호, 앞의 글, 신동아, 1965.3, 88쪽

정오가 조금 지났을 때 홍일선, 김교선, 한동규, 이백하, 이순구는 사전에 계획한 대로 아우내장 입구에 섰다. 이들은 각자 시장 입구에서 장터로 들어오는 사람들에게 조선독립만세를 함께 부르도록 권유하였다.

오후 1시 경 아우내 장터의 군중은 최고조에 달하였다. 두 갈래의 군중들이 합쳐져 약 3,000명의 무리를 이루었다. 이때 조인원은 '독립만세'라고 쓴 큰 깃발을 세워놓고 장터 한가운데에 쌓여있는 쌀가마 위에 올라섰다. 그는 가슴속에서 두루마리를 꺼내들고 우렁찬 소리로 읽기 시작하였다.

"선언서. 오등(吾等)은 자에 아 조선의 독립국임과 조선인의 자주민임을 선언하노라. …"

장터는 순식간에 물을 끼얹은 듯 조용해졌다. 낭독을 마친 조인원이 먼저 두 손을 높이 들고 만세를 외쳤다.

"대한독립 만세!"

유관순은 끌고 다니던 작대기(깃대)에 큰 태극기를 매달아 높이 들었다. 독립만세 소리가 나오자 수천의 군중들이 호응하였다. 군중이 외치는 함성소리는 병천 일대 산천을 울렸다. 조인원의 뒤로 유중권, 김구응, 김상헌, 김구헌, 김교선, 조병호 등이 따랐다. 그 뒤에는 유관순과 어머니 이소제 여사, 각 고을에서 모여든 군중들이 태극기의 물결을 이루며 대열을 지어 행진하였다.

조인원은 선두에서 만세시위를 이끌었다. 조인원은 심문조서에서 "유중무, 유중권 및 아들 조병호와 함께 태극기를 앞세우고 내가 큰 소리로 만세를 불렀다"고 하여 유관순 집안과 조인원 집안이 선두에 서서 만세운동을 지휘하였음을 밝혔다.

병천시장(아우내장터)에서 군중이 독립만세를 외치고 있을 때, 헌병주재소 고야마(小山) 소장과 일경들은 장터로 출동하며 헌병보조원에게는 주재소 사무소를 지키되 발포할지도 모르니 발포준비를 하고 있으라고 명하고 떠났다.

큰 태극기와 조인원을 선두로 한 군중은 장터에서 약 50보 거리에 있는 주재소 앞으로 움직이기 시작했다. 시위군중이 주재소로 접근하자 시위대열의 기세에 놀란 일본헌병이 이를 제지하려하였으나 군중은 전혀 물러서지 않았다.

일본헌병은 시위대에 칼을 휘둘렀다. 김상헌이 피를 쏟고 쓰러졌다. 피를 본 군중이 흥분하기 시작했고, 일본헌병들을 압박해 갔다. 맨 앞에 큰 기를 든 조인원과 그 다음에 김구응, 조병호, 유관순이 더욱 큰 소리로 독립만세를 선도하며 앞장서서 나갔다.

"이때 일본헌병들은 군중의 기세에 눌려 찍 소리도 못 내고 주재소 안에서 숨을 죽이고 있었다. 나(조병호)는 새파랗게 질린 채 총을 들고 밖을 내다보는 야마모토(山本) 헌병에게로 달려가 철석 따귀를 한 대 올려붙였다. 내가 야마모토를 한 대 후려갈기자 군중들의 격정은 더욱 높아졌다."[179]

조병호의 행동에 군중은 더욱 격해졌다. 조인원은 사람을 상하지 않도록 하라고 소리쳤다.

"일본인 한 사람을 죽인다고 안 될 것이 되며, 죽이지 않는다고 될 것이 안 되는 것은 아니니, 살생일랑 맙시다!"

---

179) 삼일동지회, 삼일독립운동실록, 독립운동자료집 4종, 1985, 449~450쪽.

하며 소리쳤다. 조인원의 외침은 시위대가 과격하게 되는 것을 막아주었다. 이때 헌병이 달려와 선두에서 시위 군중을 이끌던 유관순이 들고 있는 태극기의 긴 깃대를 칼로 쳐서 부러뜨렸다. 그리고 총검으로 유관순을 찔렀다.

그날 유관순의 행동은 나중에 감옥에서 어윤희에게 털어놓은 이야기를 통해서 생생하게 묘사되었다.

"그렇게 수건을 쓰고 다니면서 선전을 해놓고 용두리 장날 작대기를 끌고 장으로 갔더니 보는 사람들이 저 처녀는 작대기를 끌고 다닌다고 이 구석 저 구석 여기저기서 쑤군 쑤군거리드래요. 그래서 12시가 되어 태극기를 단 작대기를 높이 들고 장 한복판에서 만세 소리를 부르니까 이 구텅이 저 구텅이에서 태극기를 흔들면서 만세를 부르고 소동을 일으켰대요. 그랬더니 헌병이 찾아와서 맨 가운데로 달려가 유관순이가 들고 있는 작대기를 칼로 쳐서 분질렀답니다. 그리고 창으로 앞에서 찌를라치면 뒤로 나가고, 뒤에서 찌르면 창끝이 앞으로 나갔습니다. 그 창끝에는 무슨 약을 칠했는지 창에 찔린 상처가 아무리 약을 써도 낫지 않고 고름이 나서 감옥에서도 고생을 많이 했습니다. 그리고 그 어머니 아버지는 일본 헌병들이 유

관순이의 머리채를 잡고 끌고 가면서 차고 때리고 하는 그 뒤를 쫓아가면서 만세 만세 하고 부르짖고 (어윤희 씨가 소리를 내어 울면서) 헌병대 앞까지 들어갔다가 어머니 아버지가 그 놈들의 한 총에 맞아 죽었다고 합니다. 이것이 유관순이한테 들은 이야기입니다." [180]

유관순이 직접 한 말이나 기록이 남아있는 것이 전혀 없는 상태에서 어윤희의 이 증언은 우리에게 그 날의 상황을 눈에 보듯이 전해주고 있다.

즉 유관순이 군중 앞에 나서서 연설을 하고 만세를 불러 격려하자 헌병보조원이 이를 제지하려 하였다. 그러나 아무도 이를 듣지 않으므로 헌병은 창검을 휘둘렀다. 유관순은 그들의 칼에 찔려 그 자리에 쓰러지고 피를 흘리며 고야마에게 잡혀 질질 끌려갔다. 그 뒤를 유관순의 부모는 '만세'를 절규하며 헌병에게 달려들었다. 이때 일본 헌병이 총을 쏘기 시작했다. 이어 일본군의 총검이 유중권의 옆구리에 깊숙이 들어 박혔고, 머리를 찔러 피가 흘렀다. 유관순은 쓰러진 아버지 앞으로 나갔다. 헌병들이 다시 군중에게 총을 겨누자 유관순

---

180) 거울 제81호, 1956.3.5, 2~4쪽. 어윤희의 증언

은 총구 앞으로 뛰어 들었다.

"제 나라를 되찾으려고 정당한 일을 했는데 어째서 군기(軍器)를 사용하여 내 민족을 죽이느냐."

고 대들었다. 사람들은 피를 흘리며 의식을 잃어가고 있는 유중권을 동생 유중무의 등에 업히고, 관순과 김용이, 조인원과 조병호 등 시위대원들과 함께 주재소로 밀고 들어갔다. 유중무가 그의 형을 주재소 사무실로 업고 들어가려 하자 주재소를 지키고 있던 조선인 헌병보조원 정수영, 맹성호는 다급하게 주재소 문을 닫으려 했다. 주재소 앞에서 한동안 실랑이하며 버티던 시위대는 유치장 벽을 때려 부수고 주재소 안으로 밀려들어갔다.

유중무는 맹성호에게 "너는 보조원을 몇 십 년 하겠느냐? 때려죽이겠다."고 호통을 쳤고, 김용이는 헌병에게 돌을 던졌다. 또한 정수영을 향하여 "조선 사람이면서 무엇 때문에 왜놈의 헌병보조원을 하느냐? 함께 만세를 부르라, 그렇지 않으면 죽여 버리리라"고 호통 쳤다. 그리고 부상자에게 더운 물을 주라고 하여 주전자를 내어주자 이 따위 물을 마실 수 있느냐고 하면서 주전자를 맹성호의 가슴에 집어던졌다. 조인원은 상의를 벗어 주재소장과 헌병들의 총을 낚아챘다. 조인원의 아들 조병호는 헌병 상등병의 뺨을 때리고 협박하였으며 군중은 주재소원의 총에 달려들어 탄약함을 잡아채며 소장을 죽이라고 외치는 등 소란을 피웠다.[181]

유관순은 주재소장의 옷에 혈흔이 있는 것을 보고 소장의 멱살을 잡아 낚아채며 달려들었다.

"이 자가 아버지를 죽였다! 아버지를 살려내라! 우리 아버지 살려내라!"

군중들은 떠메고 온 유중권과 김상헌을 주재소 안에 내려놓고 "사람을 살려내라!"며 몸싸움을 벌였고, 헌병들은 의식을 잃은 유중권을 주재소 밖으로 내던졌다. 조인원도 군중들과 대한독립만세를 외치는 중에 일제헌병의 발포로 총을 맞았다. 조인원은 좌흉부를 맞았고 왼팔을 총검에 찔렸으나 헌병들이 쓰러진 조인원을 주재소 안으로 끌고 들어가 지혈을 시키고 붕대를 감았다.[182]

이날 발포한 일본 헌병은 진상부(溱相部)이다. 진상부는 장날 하오 1시경 만세를 외치며 군중이 대한 국기를 선두에

---

181) 대정8년 공 제172호 판결문에 의거
182) 대정8년 형공 제513호 판결문에 의거

세우고 몰려왔기 때문에 해산을 명하였으나 응하지 않아 기총을 발포하였다고 하였다. 이 발포로 말미암아 유관순의 부친 유중권과 김상현이 사망한 것이다.

한편 김교선, 한동규, 이백하, 이순구는 홍일신과 함께 병천시장 입구에서 장터로 들어가는 사람들에게 독립만세를 부르도록 권유하고, 독립만세를 부르면서 장터를 누비며 행진하였다. 조인원 등이 사망자를 주재소에 옮기고 항의하고 있을 무렵 이들도 약 100명의 무리를 이끌고 주재소로 쇄도해, 주재소 소장에게 사망자에 대한 조치를 요구하며 유치장의 구금자를 내놓으라고 대어들고, 유치장 벽을 때려 부수는 등 군중의 기세를 돋우었다. [183]

김교선은 주재소 뒤로 돌아가 천안으로 연락되는 전화선을 끊으려하였다. 그러나 변변한 도구가 없어서 돌로 두드려 전선을 절단하는데 시간이 걸렸다. 그 사이에 일경측은 천안 헌병대에 응원을 요청했다.

오후 4시경 천안 철도엄호대장이던 키네(甲) 대위 이하 여섯 명이 자동차를 타고 병천으로 급히 달려왔다. 이들의 무차

---

183) 대정8년 공 제172호 판결 이유에 의거

별 발포로 다시 많은 사상자가 발생하였다. 김구응이 대열의 선두에서 총탄을 뚫고 나오다가 일본헌병이 쏜 총을 정면으로 맞고 쓰러졌다. 아들이 무참하게 살해된 소식을 들은 김구응의 어머니 최정철이 달려왔다. 그녀는 아들의 시신 주변에 둘러선 일본헌병의 멱살을 잡아 흔들며 절규하였다. 일경은 김구응의 어머니에게도 총을 쏘는 것으로 모자라 총검으로 마구 찔렀다. 어머니와 아들이 한 자리에서 처참하게 숨졌다.

군중이 다시 몰려들었고 다시 만세를 불렀다. 병천 장터로 출동해온 일본헌병들은 마구 총질을 해댔다. 유관순의 어머니 이소제도 남편의 죽음을 보고 더욱 분기가 나서 시위운동에 나섰다가 피살되었다.

일본헌병의 총기 난사에 의한 무력 진압으로 시위군중이 흩어지기 시작했다. 해가 저물자 아우내주재소 헌병들이 주동자 색출에 나섰다. 조인원과 박봉래, 김상철, 조병호 등 주모자들을 천안헌병대로 끌고 가 무지막지한 고문을 했다. 특히 일본 헌병보조원이던 정춘영[184]의 악랄한 고문과 취조는 공분을 사기에 충분했다.

---

184) 동방신문, 1949. 8. 9. 정춘영은 아우내 장터시위 때 헌병주재소 보조원을 하던 정수영을 말하는 것으로 추측된다.

아우내장터 만세운동 기념물

이날의 시위는 평화적이었으나 일군경의 무차별적인 총기 난사와 총검을 휘두르는 바람에 아비규환이 되었으며 수많은 사람들이 목숨을 잃었다. 이날 시위로 인해 사망한 사람 19명, 부상자는 43명이었다.[185] 서울에서의 3.1만세시위나, 3월 5일 남대문역시위에서도 이렇게 많은 사람이 사망하지는 않았다. 일본 관공서 방화나 살인의 경우가 아닌 평화적인 시위 군중에 대해 이렇게 많은 인명을 살상한 예는 거의 없었다.

아우내시위의 또 다른 특징은 여성들의 참여였다. 유관순의 어머니 이소제 여사도 일찌감치 남편과 함께 장터로 나가 만세를 부르다 희생되었으며, 김구응의 어머니 최정철, 예배

---

185) 이정은, 앞의 책, 2004, 354쪽~357쪽. 아우내시위 순국자로 서훈을 받은 인물은 19명인데, 일경에 붙잡혀 고문을 받아 그 후유증으로 1920년에 사망한 사람, 아우내장터 사건 전에 사망한 사람을 제외하면, 4월 1일 당일 사망자는 17명이다. 이날 실제 부상자는 60여 명에 이르렀다.

현재의 아우내장터

당에서 함께 태극기를 만든 박유복 등, 아우내시위 현장에서 순국한 17명 중 3명이 여성이었다. 유관순의 사촌오빠 유경석의 아내인 노마리아는 아기를 업고 시위에 참가했다.

이날 시위에 참여한 인원은 일본군 보고서에 의하면 약 3,000명이라 하였으나, 이는 4월 1일 아침 장터에 모여든 숫자이고, 일본 헌병의 축소보고에 의한 수치이다. 이날 모인 군중은 남녀 6,400명으로 추산된다.[186] 아우내시위의 참혹한 모습은 미국 동포들에게도 전해졌다. 미국의 동포신문 신한민보는 특히 이날 김구응의 주도로 맹렬한 시위운동이 있었으며, 그의 죽음과 모친의 처참한 피살모습, 유관순의 부모가 살해된 일 등을 자세히 보도하였다.[187]

---

186) 김병조, 한국독립운동사 상, 상해, 1920.
187) 신한민보, 1919. 9. 2. '천안시위운동의 후문 -30여명을 일시에 총살-'.

사망자	성별	거주지	생년	사망일자	서훈
김구응	남	갈전면 가전리	1887	1919.4.1	애국장대통령표창
김상헌	남	수신면 복다회리	1893	1919.4.1	애국장대통령표창
박병호	남	동면 화계리	1877	1919.4.1	애국장대통령표창
박상규	남		1871	1919.4.2	애국장대통령표창
박영학	남	수신면 발산리	1878	1920.7.7	애국장대통령표창
박유복		수신면 복다회리	1869	1919.4.2	애국장
박준규	남	충북 청원	1862		애국장대통령표창
방치성	남		1874	1919.4.2	애국장대통령표창
서병순	남		1885	1920.8.11	애국장대통령표창
신을우	남				
유중권	남	동면 용두리	1863	1919.4.1	애국장대통령표창
유중오	남		1888	1919.4.1	애국장
윤태영	남		1850	1919.4.1	애국장대통령표창
윤희천	남	갈전면 봉두리	1894	1919.4.1	애국장대통령표창
이성하	남	동면 수남리	1859	1919.4.1	애국장대통령표창
이소제	여	동면 용두리	1875	1919.4.1	애국장대통령표창
전치관	남	갈전명 도원리	1871	1919.3.3	애국장대통령표창
최정철	여	갈전면 가전리	1853	1919.4.1	애국장
한상필	남	갈전면 매성리	1879	1919.4.1	애국장대통령표창

아우내장터 사망자 명단(참조 천안시 사적관리소, 순국자명부 및 호적등본, 독립유공자공훈록)

🌸 지방법원에서의 투쟁과 판결

유관순은 이날 눈앞에서 아버지와 어머니가 숨지는 것을 보았다. 그러나 부모의 시신을 거둘 틈도 없이 시위 군중들은 남의 집이나 부근 산으로 급히 피할 수밖에 없었다. 유관순도 이날은 일단 숨어있을 수 있었다. 하지만 그의 피신 기간은 그리 길지 못했다. 그가 어디에서 누구의 도움으로 숨어있었는지는 밝혀져 있지 않다. 다만 유관순의 체포과정을 다음 신문 기사에서 알 수 있다.

<한 이화여학생의 체포>
-소녀의 양친은 원수에게 피살-
서울 이화학당 학생 ooo여사는 자기의 양친이 오랑캐 왜적에게 피살을 당하여 분기의 맘을 단단히 먹고 각지로 돌아다니며 독립운동을 계속하다가 왜적의 사냥개에게 발각되어 중상함을 입고 왜적의 손에 붙들려 감옥에 피수(被囚)하였더라.(신한민보 1919.9.2.)

유관순이 아우내시위에 가담하여 독립만세를 부르짖는 중에 그의 아버지 어머니가 피살당하였고, 이후 그는 며칠간 왜적의 눈을 피해 인근 지역으로 숨어 다니면서 독립운동을 전

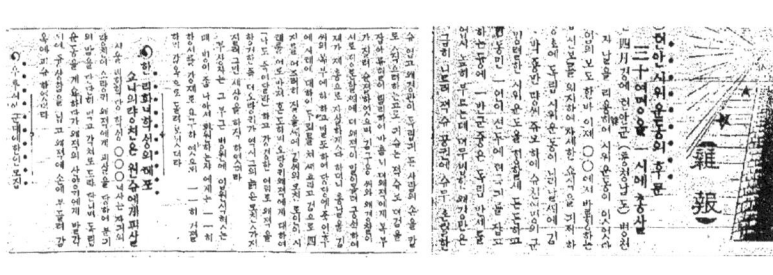

'한 이화여학생의 체포체포'(왼쪽)와 '천안시위운동의 후문' 기사 신한민보 1919년 9월 2일자

개하다가 붙잡혀 중상을 입고 감옥에 갇히게 된 것이다.[188]

한편 유관순의 오빠 유우석도 영명학교 학생으로서 같은 날 공주에서 시위를 하다가 일본 헌병에 붙잡혔다.

부모가 죽고 유관순이 체포된 뒤에 관순의 집에는 아래 두 동생만 남게 되었는데, 바로 아래 관복은 15살, 인복은 11살로 졸지에 부모를 잃고 가족은 뿔뿔이 흩어져 의지할 곳이 없어졌다. 열흘쯤 지나 사태가 좀 안정되는 듯 했으나 일경의 수색은 그치지 않았다. 유관순은 조선인 보조원에 의해서 숨어 있던 곳이 탄로나 체포 수감되었다. 체포 과정에서 입은 상처는 이미 만세시위 때 입은 상처와 함께 제대로 치료도 받지 못

---

188) 4월 9일에 체포되어 4월 10일에 공주감옥에 갇혔다는 설이 있다.

한 채 더 깊어 갔다.

당시 일경에 의해 잡혀 들어간 한국인은 인간으로 차마 견딜 수 없는 고문을 받아 참혹함이 이루 형언할 수 없는 지경이었다. 남녀노소 불문하고 그들의 고문은 견디다 못해 죽거나 불구가 되고, 설사 감옥에서 풀려 나왔다 해도 고문 후유증으로 평생 불구가 되거나 중병에 시달리며 살아야했던 사람들이 한 둘이 아니었다.

유관순을 비롯한 병천시위에 가담한 사람들은 4월 19일에 구류 처분을 받고, 4월 26일에 기소되었으며, 5월 9일에 지방법원 판결을 받았다. 이때 공주지방법원의 1심 판결 기록은 찾을 수 없으나, 판결에 준하는 「형사사건부」가 발굴되어 그 당시 공주법원에서의 형량을 확인할 수 있다.[189]

당시 아우내시위사건으로 공주법원에서 재판을 받은 사람은 동면계 16명과 성남 수신계 6명이다. 이들을 표로 보면 다음과 같다.

---

189) 임명순, 유관순 열사 1심 형량관계 형사사건부 소개, 한국독립운동사연구 28집, 2007.

병천면 동면계

성명	형사사건부 지방법원 판결문 미발견	경성복심법원	고등법원
유관순	5년	3년	항소포기
조인원	5년	3년	복심법원과 같음
유중무	5년	3년	〃
김상훈	5년	1년 6월	〃
김용이	4년	2년 6월	〃
조병호	4년	2년 6월	〃
백정운	4년	1년 6월	〃
신씨	3년	무죄	
조만형	징역 1년 벌금 20원	8월	〃
박제석	징역 1년 벌금 20원	8월	〃
박봉래	6월	6월	〃
유도기	1년		〃
이근문	징역 1년 벌금 20원		〃
서병문	징역 1년 벌금 20원		〃
강홍식	벌금 40원		〃
유애덕	기소중지		〃

성남면 수신계

성명	형사사건부 =지방법원 판결	복심법원 판결	고등법원
김교선	2년	2년	2년
한동규	2년	2년	2년
이백하	2년	2년	2년
이순구	2년	2년	2년
김상철	6월	6월	6월
홍일선	기소 중지		

위의 형사사건부를 보면, 유관순은 조인원, 유중무, 김상훈과 함께 1심 지방법원에서 징역 5년을 선고 받았다.

그런데, 형사사건부가 발굴되기 전까지 유관순 자신을 비롯해서 주변 사람들은 유관순이 7년형, 또는 6년형을 언도 받았다고 하였다. 박인덕 선생은 유관순을 만났을 때 공주지방법원에서 7년형을 언도받았다고 들었고, 공주감옥에서 만나 미결수로 함께 재판을 받았던 이화 동창 김복희와 역시 공주감옥에서 재판을 함께 받았던 김현경도 유관순이 7년형을 받았다고 말했다. 또 서대문감옥에서 함께 있던 어윤희는 유관순이 1심에서 6년 언도를 받았다고 했다. 뿐만 아니라 조병호도 공주법정에서 부친 조인원이 7년형을 받았다고 말하였다.

반면 전영택의 『순국처녀 유관순전』과 박화성의 『타오르는 별』에는 유관순이 공주 지방법원에서 3년 언도를 받고 서울 복심법원으로 상고하게 되었다고 하였다.

징역형을 언도받는 일은 매우 중대한 일이었으므로, 자신이나 주변인들이 몇 년형을 받았는지 헷갈릴 수 있는 사안은 아니라고 생각된다. 이렇게 여러 증언에서 7년 또는 6년 언도 받았다고 하였던 근거는 어디에서 나온 것일까? 현재 판결문이 없는 상태에서 공주지방법원 형사기록부에 5년 언도 받았다고 되어 있는 것이 가장 정확한 자료이긴 하나, '7년형', '6년형'설이 어떤 경유에서 나온 것인지는 앞으로 더 밝혀야 할 과제이다.

아우내 만세운동에 함께 참여했던 김용이와 조병호, 백정운은 징역 4년을 선고 받았는데, 수신면의 김교선과 한동규, 이백하, 이순구는 2년형을 받았다. 이들의 형량을 보면, 병천면 동면계의 인물들이 시위과정에서 훨씬 더 깊이 적극적인 행동으로 참여하였음을 알 수 있다. 그리고 유관순은 5년이라는 형량으로 볼 때 조인원, 유중무, 김상훈과 같이 주모자로서 시위의 준비와 거사에 깊숙이 관련되어 있음을 알 수 있다.

아우내장터 시위 주모자들이 받은 형량 5년은 당시 3.1운동 주모자들의 형량에 비해서 엄청나게 과중한 것이었다. 독립선언서에 서명한 민족대표 손병희 선생이 징역 3년을 언도받은 것이 33인 중 가장 무거운 형량이었음을 상기할 때 유관순을 비롯한 아우내장터 시위사건의 주도자들이 1심 지방법원에서 징역 5년을 선고받은 것은 그만큼 아우내사건이 서울에서 일어난 3.1운동보다 더 큰 사건으로 취급되었음을 의미한다. 예컨대 서울에서의 3월 5일 남대문시위를 이끈 김원벽이 2년, 강기덕이 1년 6개월간 옥고를 치른 사실을 보아도 유관순을 비롯한 아우내시위의 주도자들의 형량이 얼마나 비정

상적으로 무거운 것이었는가를 짐작할 수 있다.

유관순을 비롯하여 조인원, 유중무, 김용이, 김상훈, 박제석, 조병호, 백정운, 조만형, 박봉래는 판결 받은 날인 5월 9일에 바로 상고하였다. 유관순은 상소결과부 번호가 63호인데, 조인원 이하 여러 사람들은 상소결과부 65호로 되어 있어 공주지방법원 판결 즉시 제일 먼저 유관순이 복심(覆審)법원에 상고하였음을 알 수 있다.[190]

유관순은 공주감옥에서 두 달여를 지냈다. 천안에서 잡혀 이송된 후 1심 판결 5년 징역을 받고, 곧 상고하여 경성복심법원으로 송치될 때까지의 기간이었다. 공주감옥에는 아산, 천안 등지에서 만세를 부르다 잡혀온 사람들이 모두 모여 있었다. 이화학당에 다니다가 휴교령이 내려 각자 고향에 간 이화학생들은 고향에서 만세시위에 참여하였다. 아산 출신 김복희와 공주에 살던 다른 이화학당 학생 너댓 명이 있었다. 이들은 힘들고 어려운 미결수 기간 동안 오가며 잠시 얼굴을 마주치거나, 간수가 없을 때는 몰래 서로 이야기를 주고받기도 하면서 위안을 삼았다. 체포된 후의 조선인들은 일경의 수없는 발길질과 고문에 시달려야했고, 신문을 받을 때 그들에게

---

190) 임명순, 위의 글, 2007. 이 자료를 통해 유관순 열사가 공주지방법원의 정상적인 재판이 아닌 판결에 대한 불복으로 판결 즉시 복심법원에 상소하였음을 파악할 수 있다.

저항하면 무지막지한 매질과 온갖 고문이 가해졌다.

재판에서는 격렬한 공방이 오고 갔다. 조인원은 "모든 것은 내 책임 아래 진행되었다. 다른 사람은 죄가 없다"고 주장했다. 다른 사람들도 마찬가지로 자신이 주도자라고 주장했다.

유관순은 법정에서 항의했다.

"죄가 있다면 불법적으로 나라를 빼앗은 일본에 있는 것 아니냐?"

너무나 논리 정연하고 당당한 유관순의 주장에 일본 재판관들은 할 말을 잃었다. 이처럼 유관순과 시위대들은 목숨을 두려워하지 않고 독립의 정당성을 주장했다. 심지어 유관순은 재판장에게 걸상을 내던지며 항의했다. 재판장은 "피고들은 신성한 대일본제국의 법정을 모독했다"며, 유관순, 유중무, 조인원, 김상훈에게 징역 5년을 언도했다. 이들의 법정 항의에 괘씸죄가 적용된 것이다.

특히 학생인 유관순이 동네 어른들과 똑같이 중형을 받았다는 것은 유관순이 아우내시위에서 얼마나 큰 역할을 하였고, 재판정에서도 당당하게 독립의 당위성을 주장하였는지를 단적으로 말해준다.

유관순이 구속당했다는 소식을 들은 친구 이정수가 면회를 갔으나 허락되지 않았다. 유관순이 아우내시위의 주모자로서 재판에 저항하고 그들의 지시를 고분고분 따르지 않았기 때문일 것이다.[191]

🌸 경성복심법원

1심에 불복하여 상고한 사람들은 2심인 복심법원에서 사건을 다루게 된다. 당시 충청남도 지역에서 일어난 사건은 공주지방법원에서 1심을 다루고, 2심은 경성복심법원에서 다루었다. 유관순은 근 두 달만에 다시 서울 땅을 밟았으나 죄수의 몸으로 서대문감옥의 구치감에 머물면서였다. 유관순이 다니던 이화학당에서 서북쪽으로 2km 남짓한 거리였다.

재판이 있는 날이면 서대문감옥에서 머리에 용수를 쓰고 오동마차에 태워 이화학당에서 멀지 않은 법원으로 호송되었다. 소녀의 꿈과 애국의 열정을 키워온 정동을 지나가며 관순은 무슨 생각을 하였을까? 그리운 친구들과 선생님들, 즐거웠던 학창시절을 떠올렸을까? 아니면 계속되는 고문과 매질, 상

---

191) 유관순기념사업회, 앞의 책, 2003, 50쪽

1924년 경 서대문형무소 전경(서대문형무소역사관 제공)

처로 고생하는 육신, 견디기 힘든 비좁은 감옥에서도 오직 나라의 미래를 걱정하였을까?

    경성법원에서 유관순은 박인덕 선생을 만난다. 박인덕 선생은 이미 3월 10일 수업 도중에 경찰에 연행되었다. 앞장에서 이미 말하였지만, 박인덕 선생은 당시 이화학당 졸업생으로 이화에서 가장 영향력 있는 교사 중 한사람이었다. 3.1운동을 전후하여 김마리아, 황에스터, 나혜석 등 신식 교육을 받은 여성들과 함께 은밀히 독립을 위한 활동을 하였고, 학생들에게도 애국사상과 독립의식을 심어주고 있었다. 일본헌병이 가만 놓아둘 리 없었다. 교내로 와서 체포하여 간 것이다. 당시 함께 경성법원에서 재판을 받던 박인덕은 그때 만난 유관순에 대해서 후에 그의 자서전 구월 원숭이에서 아래와 같이 기록하였다.

"한번은 재판정에서 기다리고 있는데, 전에 학생이었던 유관순을 만났다. 유관순은 재판을 기다리고 있었다. 열여섯 살밖에 안된 그 아이는 독립운동이 일어나고 난 뒤 학교를 나와 남쪽 고향으로 내려갔다. 그 애는 고향마을 사람들과 주변지역 사람들을 분기시키고, 태극기를 만들었으며, 장날 시위운동을 조직했다. 그 애는 독립운동을 하자는 전달을 하기 위해 몇십 리 걷는 것을 마다하지 않았다. 그 애의 아버지, 어머니, 오빠도 다른 사람들과 함께 독립운동을 하다 일본인의 총에 맞았다. 결국 그 애는 체포되었다. 그녀는 많은 고문을 당했고, 7년형을 받아 투옥되었다. 그 애는 상급심에 항고하였기 때문에 서대문 감옥에 이감되었다. 나는 내 마음에서 큰 감동을 받아 이 아이를 위해 무엇인가 해주고 싶었으나 도와줄 방법이 없었다. 나는 지금도 그 애가 처했던 곤경을 생각하면 마음 깊이 어떤 가책을 느낀다."[192]

잠깐 동안의 해후였지만, 박인덕은 유관순을 생생히 기억하고 있었고, 아우내시위에서 유관순의 역할을 모두 알게 되

---

192) In duk Pak, September Monkey, New York, 1954, p.68~69

박인덕 선생(인덕학원 제공)

었다. 이때의 만남이 후에 유관순을 이름 없는 별로 사라지지 않고 우리 가슴에 영원히 빛나는 국민의 영웅으로 자리 잡을 수 있게 하는 중요한 계기가 되었다.

경성복심법원에서의 판결은 3년형이었다. 판결문을 통해서 유관순의 시위주도 사실을 재확인할 수 있다.

"제1. 피고인 유관순은 재경성(在京城) 이화학당 생도인 바 대정8년(1919) 3월 1일 경성에서 손병희 등이 조선독립신언을 발표하고 단체를 만들어 조선독립만세를 외치며 각처를 행진하며 독립시위운동을 벌이고 있음을 보고 동월(同月) 13일 귀향하여 4월 1일 충청남도 천안군 갈전면 병천시장 장날을 이용하여 조선독립시위운동을 전개할 것을 꾀하고 자택에서 태극기(구한국국기 압수 영 제1호)를 만들어 이를 휴대하고 동일 하오 1시경 동 시장으로 나아가 그곳에서 수천 명의 군중 단체에 참가하여 전

시(前示) 태극기를 휘두르며 조선독립만세를 외치고 독립시위운동을 감행하여 치안을 방해하였고…"

당시 참여한 중요 인물들의 나이는 판결문에 따르면, 조인원은 56세, 유관순 18세, 김상훈 46세, 유중무 45세, 김용이 24세, 김교선 28세, 한동규 22세, 이백하 21세, 김상철 23세, 이순구 22세, 조병호 21세 백정운 24세 등으로 유관순이 가장 어린 나이였다. 위의 판결 이유를 통해 유관순은 태극기를 본인이 만들었다는 점, 조인원 등 마을 어른들과 선두에서 시위를 주도했다는 점을 확인할 수 있다.

결국 경성 복심법원에서 6월 30일 판결이 났다. 조인원, 유관순, 유중무는 징역 3년, 김용이, 조병호는 징역 2년6개월, 심상훈, 백정운은 징역 1년6개월, 조만형, 박만석은 징역 8월에 처해졌다. 경성복심법원에서의 판결문에서는 1심판결의 형의 양정(量定)은 과중하여 타당치 않음을 이유로 들어 그들의 공소는 이유가 있다고 밝혔다.[193]

유관순을 제외한 조인원 등 아우내시위 인사들은 경성복

---
193) 대정8년 형공 제513호 판결

심법원의 판결에 승복하지 않고 고등법원에 상고하였다. 공주법원에서 판결 후 바로 그날 상고하였던 유관순은 이번에는 상고하지 않았다. 유관순 혼자만 상고하지 않은 것이다. 숙부 유중무와 조인원 등은 유관순에게 상고할 것을 권유하고 설득하였다. 그들의 상고 이유는 "조선 민족으로서 정의와 인도에 기초하여 의사를 표명하였는데, 이를 범죄로 보고 제1심과 제2심에서 유죄판결을 내린 것은 부당하기 때문에 복종할 수 없다"는 것이었다. 유관순은 상고를 거부하며 말했다.

"삼천리강산이 어디면 감옥이 아니겠습니까?"[194]

물론 상고에서 감형되리라는 생각보다는 저들의 판결에 승복해야 하느냐라는 입장이 더 강하였다. 법정 싸움도 독립운동의 하나라 생각했기 때문이다. 그러나 상고심은 이루어지지 않았고, 1919년 9월 11일 모두 기각되었다.

유관순에 대한 판결 이유는 이미 소개하였지만, 병천시장 장날을 이용하여 조선독립 시위운동을 전개할 것을 꾀한 것과, 자택에서 태극기를 만든 것, 수천 명의 군중 단체에 참가

---
194) 이정은, 앞의 책, 2004, 382쪽.

하여 태극기를 휘두르며 조선독립만세를 외친 것을 나열한데 비하여 유중무, 김용이, 백정운, 박만성, 조만형, 김상훈, 조인원, 조병호, 박봉래는 병천 장에 나가 다수 군중단체에 참가하여 독립 시위운동을 감행한 것으로서 시위의 계획과 주도자는 유관순임을 밝히고 있다.

그러면서 시위과정에서 적극적인 주도자로서 유중무, 조인원을 지목하여 이들도 유관순과 같이 징역 3년에 처하였다. 특히 "압수물건 중 구한국 국기 한 자루는 피고 유관순 소유의 제1범죄 공유물이므로 … 이를 몰수"하였다.

2심에서는 원판결에 있어 피고 유관순, 유중무, 김용이, 조인원, 조병호에 대한 형의 양정은 과중하여 타당치 않으매 동 피고인들의 공소가 각각 이유 있다고 인정되어 1심보다 양형이 줄어들게 된 것이다.

❀ 여옥사 8호 감방의 만세소리

3년 징역 언도가 난후 유관순은 기결감으로 옮겨지면서 수형자기록표가 작성되었다. 우선 붉은 감옥 담벼락에 세워놓고 사진을 찍었다. 지금 남아있는 수형자카드의 사진 1장이 그것이다. 수형자기록표의 사진에는 학생시절의 생생하던 용모는 간 곳 없고, 매 맞아 퉁퉁 부은 모습이다. 그러나 빛바랜

서대문감옥 여옥사 8호방

오랜 사진이지만, 눈은 매섭게 앞을 주시하고 있다. 국사편찬위원회에 소장된 이 문서는 퇴색하여 글씨를 잘 알아볼 수가 없는데다가, 간수들의 흘려 쓴 글씨체 때문에 유관순의 생일이 광무6년(명치35년) 12월 11일인지 17일인지 분명치 않다. 신장도 5척6촌이라 쓴 것으로 보인다. 유관순이 키가 큰 소녀였던 것은 잘 알려진 사실로 5척6촌을 미터법으로 환산하면 약 168cm가 된다. 카드 뒷면에는 본적 출생지 주소 신분 직업 그리고 수형사항이 기재되어 있다. 직업란에는 정동여자고등보통학교 생도라 하였고, 죄명은 보안법위반과 소요 두 가지의 죄명이다. 형명과 형기는 징역 3년이고 대정8년(1919) 7월 4일에 언도되었다. 그런데 출옥연월일에는 대정10년(1921) 1월 2일 '가석방'으로 기재되어 있다. 유관순이 3년 언도를 받았는데, 카드에 대정10년 1월 2일 가석방이라 한 것은 영친왕 결혼식과 관련하여 특사로서 죄수들의 형기를 반감시켜준 것에 따라서 일자를 계산하여 적은 것이 아닐까. 이날짜는 예정일을 적은 것인지, 또는 유관순이 감옥에서 순국한 이후에 그 사실을 은폐하려고 형기를 반을 마치고 출옥한 것처럼 거짓으로 적어놓은 것인지 알 수 없다. 아마도 '가석방'에 줄을 그어놓은 것을 보면 후자의 해석이 맞을 것으로 짐작된다.

유관순은 서대문감옥[195]에서도 조금도 굽히지 않고 감방에서 독립만세를 외치고 수감자들에게 큰소리로 조선 독립의 이유와 일제의 만행을 성토하였다. 이 때문에 아우내장터 만세시위 주동자들이 모두 공주감옥으로 이감되었는데, 유관순만 서대문감옥에 남게 되었다.

당시 유관순이 투옥되어 있는 여옥사(女獄舍) 8호 감방에는 개성북부교회 전도부인으로서 개성만세운동을 이끌어 낸 항일민족지도자인 어윤희와 호수돈여학교 기숙사 사감 신관빈, 전도부인인 시각장애인 심명철(심영식), 유치원 교사 권애라, 구세군 사령 임명애, 수원의 애국기생 김향화 등 3.1운

---

195) 1908년 10월에 건립된 근대식 감옥으로 1910년 병합 후 독립운동가들이 늘어나면서 수감인원도 증가하였다. 처음 명칭은 경성감옥이었으나 1912년 마포 공덕동에 대규모 감옥이 신축되자, 서대문감옥으로 이름이 바뀌었다. 1923년 이후 감옥제도를 형무제도로 바꾸면서 명칭도 서대문형무소로 변경하였다. 현재는 서대문형무소역사관으로 개조돼 개관하고 있다.

동의 쟁쟁한 항일투사들이 모여 있었다. 가장 연장자는 어윤희 여사였다. 바로 옆 7호 감방에는 그의 스승 박인덕이 수감되어 있었고, 그 옆 감방에는 독립운동의 화신 김마리아도 수감되어 있었다.[196] 그 외에 세브란스 간호사인 노순경, 함경북도 명천에서 만세시위에 참가한 동풍신, 대동단사건으로 잡혀 들어온 이신애 등이 비슷한 시기에 여옥사에 수감되어 있었다. 또 1920년 3월에는 정신여학교 학생 이애주(이아주)가 8호 감방에 들어왔다.

이들은 옥중에서의 고통과 공포를 달래기 위해 스스로 노래를 만들어 부르며 서로간의 용기를 북돋고 독립을 향한 단심을 보여주었다.

"진중이 일곱이 진흙색 일복 입고
두 무릎 꿇고 앉아 주님께 기도할 때
접시 두 개 콩밥덩이 창문열고 던져줄 때
피눈물로 기도했네 피눈물로 기도했네"

---

196) 박용옥, 아우내장터 만세운동과 유관순 열사, 3.1여성, 3.1여성동지회, 2006, 345쪽.

"대한이 살았다 대한이 살았다

산천이 동하고 바다가 끓는다

에헤야 데헤야 에헤야 데헤야

대한이 살았다 대한이 살았다"

 이 두 노래는 당시 8호 감방 동지들이 함께 부른 노래로, 심명철 지사의 아들이 어머니에게서 받아 적어두었던 것이다.[197]

 유관순의 옥중생활은 함께 징역을 살던 몇몇 독립운동가의 구술에 의하여 알려졌다.

 우선 박인덕 선생을 통해 유관순이 서대문감옥에서 징역을 살고 있다는 사실이 학교에 알려졌다. 그래서 1920년에 기공한 이화학당 프라이홀의 정초석 밑에 넣어둔 학당기록에는 '재소자 1명'이라는 기록이 남아있다. 곧 유관순을 말하는 것이다. 그러나 공주에서 이정수가 면회하려다 못한 것과 같이 그에게는 면회가 금지되어 있었다. 부모도 사망하고 오빠도 구속 중이고, 어린 동생들이 면회 올 형편이 안 되어 그를 면회하러 오는 가족은 아무도 없었다.

 유관순은 옥중에서도 거의 매일 만세를 불렀다. 그러면 일

---

197) 한국일보 2019. 1. 1. 다시 부르는 3월의 노래

본 간수들은 그를 끌어다가 모진 매를 때리고 온갖 고문을 하였다. 같은 감옥에 수감 중이던 박인덕 선생은 유관순의 이런 모습을 보다 못해 후일을 기약해 참으라고 타일렀다. 유관순은 "선생님, 저는 나라에 몸을 바칠 각오를 하였습니다. 이천만 동포의 십분의 일만 순국할 결심을 하면 독립은 될 것입니다." 라며 자신의 뜻을 굽히지 않았다.

'그 아이가 감방 사람들을 이끌고 시위를 벌이자 간수들이 그 아이를 끌어내 구타하였다'[198]고 기억하듯 유관순은 만세 부르기를 그치지 않았고, 이런 유관순에게 박인덕은 해줄 말이 없었다. 그저 "만세 부르는 것도 좋으나 몸만 상하고 효과는 적으니 … 제발 만세를 그만 불러라"라고 할 뿐.

박인덕은 7월 하순에 빌링스 목사의 보석금으로 풀려났다. 이후 박인덕은 미국유학을 하고 돌아와 1947년 이화학교를 방문해 당시 교장이던 신봉조 선생을 만났다. 이 자리에서 감옥에서 극적으로 만난 유관순과 그의 옥중투쟁을 이야기하면서 하마터면 역사 속으로 사라질 뻔한 유관순이 역사적 새 생명을 가진 '순국소녀 유관순'으로 부활하게 되었다.[199]

---

198) In duk Pak, September Monkey, New York, 1954, p.68~69
199) 1978. 10. 7. 박인덕과 신봉조 대담 녹음.

유관순의 옥중 생활을 옆에서 가장 오래 지켜본 사람은 어윤희이다. 어윤희는 개성에서 3.1운동을 선도한 인물이다. 서울에서 비밀리에 전달된 독립선언서를 배포하는 역할을 한 어윤희는 개성의 유치원 교사 권애라, 호수돈여학교 사감 신관빈, 장님 전도부인인 심명철과 같이 선언문 뭉치를 이 대문 저 대문, 이 가게 저 가게에 돌리며 독립만세운동을 계획하였다. 호수돈여학교와 미리흠여학교 학생들이 중심이 되어 3월 3일 개성에서 처음으로 만세운동이 일어났다.[200] 이 사건으로 잡힌 이들은 1919년 4월부터 서대문감옥에 있었다. 어윤희는 유관순과 한 감방(8호)에 있었으며, 이 민족의 독립과 수다한 애국자들의 분투를 위하여 기도를 하였다. 또 금식기도를 핑계로 나이 어리고 몸이 장대한 유관순에게 자기 몫의 밥을 먹였고, 무서운 고문을 당할 때마다 어루만지고 위로하여 주었다.[201]

어윤희 여사는 유관순의 마지막 옥중 모습을 증언하였다. 내용이 좀 길지만, 어윤희 여사의 육성을 그대로 전한다.

"그래서 자기(유관순)는 공주에서 감옥에 있다가 재판을 받았는데 6년 동안 징역을 받고서 너무 억울해서 … 나라

---

200) 김진봉, 개성의 여성삼일운동, 삼일운동사연구, 2000, 234~241쪽.
201) 추영수 편, 구원의 횃불, 어윤희여사, 중앙여자중고등학교, 1971, 114쪽.

유관순 수형자기록표

를 사랑한 것이 무슨 죄냐고 공소(控訴)하고 또 상고(上告)해서 서울까지 올라 온 것입니다. 그 후에도 고향에서 몇 사람이 잡혔는지 모르겠다고 그래요. 유관순이와 같이 감옥에 들어가서 지내는 동안에 유관순이가 항상 비관한 것은 '나는 어머니 아버지가 돌아가셨으니 … 내 동생도 암만해도 죽은 것 같다고…' 항상 그것을 비관하고 나를 보고 '나는 앞으로 어떻게 했으면 좋겠느냐'고 여간 슬퍼하지 않았어요. 그래서 내가 관순이의 어깨를 두드려주면서(흐느끼며 소리 내 울면서) 울지 말라고 괜찮다 괜찮다 그런 말로 위로하고 그렇게 하면서 지냈습니다. 그래서 관순이가 서울에 와서 3년이 되었습니다.[필자 주:2년째가 되었음] 그 동안 이화학교에서 '누구든지 선생님이나 그 누가 한번 찾아주었으면 동생들이 죽었다든지 살았다든지 이것을 알았으면 한이 없겠다'고 그랬어요. 아무도 찾아오는 사람이 없으니까 나보고 '아주머니 저는 부모님도 다 죽고 형제도 찾아오지 않으니 다 죽었나보다'고 그래요. 그래서 '찾아오지 않는 것이 무슨 사정이 있어서 그런 것이니 거기에 대해서는 염려를 말아라, 염려할 것 없다. 충직하고 정직하면 한번 무엇이든지 할 수 있다'고 이런 말을 여러 번 했습니다. 그렇게 모진 고문을 받고 그러면서도 누구하나 원망하지 않았습니다. 언제든지 독립해야겠다는 정신뿐이었습니다. 그렇게 하면서 햇수로는 2년이지만, 날수로는 1년을 같이 있었습니다. 그 다음에 무슨 특사라나요. 형(刑)의 절반을 감(減)해서 나가라고 그래서 나는 9월 하순경에 나왔습니다. 내가 나올 때 관순이보고 네가 먹고 싶어 하던 것 무엇이든지 다 내가 해주마 이렇게 격려를 했습니다. 그렇게 위로를 했습니다. 그때 감옥에서 유관순이는 너무 매를 맞고 고문을 당해서 죽었어요. 다리를 천정에 끌어올려 매고 비행기를 태우고… (울면서) 물을 붓고… 그 애가 감옥에서 기뻐하는 하루가 있다고 그랬더군요. 그 주먹만한 콩밥덩어리 주는 날이 제일 기쁘다고 그래요. 닷새만에 콩밥을 주었어요. 죽지 않을 정도로… 항상 배고파 자다가도 '아주머니 배고파' 그래서 '내가 여기서 어떻게 하니 아무 것도 없으니…' 그런 이야기를 하면서 같이 고생하다 나만 나오고 말았습니다. …

그래서 나는 그 아이는 3년형을 받았으니까 복역을 해도 절반을 감형하는 동시에 1년은 지내고… 그래서 그 해 가을이나 겨울에는 나올 줄 알았는데 9월인가 그때 죽었다는 말을 들었어요. 자세히는 모르지만, 창에 찔린 것으로

어윤희

인해서 항상 허리를 앓고 항상 울고 고름이 흐르고 그러더니 그것 때문에 죽었을 것이에요.'[202]

이상이 어윤희 여사의 증언이다. 어윤희 여사는 출옥한 후에도 망명해 가는 독립투사, 연락해 오는 비밀투사를 숨기고 연락하는 등 민족독립을 위해 일하다가 다시 투옥되어 3년형을 살았다. 일제 말기에는 고아들을 돌봐주는 일을 시작하여 우리나라 최초로 개성에 유린보육원을 차렸고, 남은 생애를 고아원 경영과 사회사업에 바쳤다.[203]

---

202) 이화여자중고등학교, 가울 제81호, 1956. 3. 5. 2~4쪽.
203) 어윤희(1877~1961) 충북 충주 출생. 아버지에게 한문을 배웠고, 16세에 결혼하였으나 결혼 3일 만에 남편이 동학의병으로 나가 전사하였다. 개성에서 남감리회 교인으로 세례를 받고 34세에 개성 미리흠여학교에 입학해 호수돈여학교를 졸업하였다. 전도부인으로 활동하던 중 개성지역에 독립선언서를 배포하는 역할을 맡아 개성지역 3.1운동의 도화선이 되었다. 2년 징역형을 받고 서대문감옥 8호 감방에 수감되었다. 출옥 후 개성여자교육회, 신간회 개성지부의 중심인물이 되었다. 신간회 해산 후에는 '유린보육원'을 설립하여 아동 복지활동에 헌신하였다.

어윤희 여사가 기억하는 유관순은 어려운 상황에서 제 몸을 돌보기보다, 더 어려운 형편에 있는 사람을 위해 베풀고 희생하기를 마다하지 않았다.

"그 당시 우리와 같이 감옥에 있던 여자로서 어린이를 낳게 된 사람이 있었어요. '양명[204]*이라고 하는 사람이 있었는데… 그때가 시월이었는데 어린애를 낳을 달이 되니까 데려 내가고요. 그래 해산한 달이 10월이고, 한 달이 지나서 동짓달에 들어왔는데… 어른들도 그렇게 못하겠는데 유관순이가 그 어린애의 기저귀를 제 몸에다 차고 녹여서 주고… 어린이를 위해서… 나 어린 애가 무슨 일이든지 충직하고 책임감이 강하고… 이화학교에서 그와 같은 인물이 많이 나기를 바랍니다. 어느 사람이고 책임 있고 진실하면 모범인물이라는 소리를 듣지만 나는 유관순이 같이 충직하고 책임감이 강하고 의(義)에 사는 그 같은 순진한 사람을 다시 보지 못하고 이때까지 지냈습니다.'*[205]

유관순은 늘 어윤희 여사에게 가족의 안부가 궁금하다며

---

204) '양명'은 구세군 사령인 염규호의 부인 임명애이다.
205) 이화여자중고등학교, 거울 제81호, 1956.3.5. 어윤희의 증언, 2~4쪽.

마치 부모에게 어리광 부리듯 호소하였다. 부모는 병천장터 시위 때 돌아가시고, 오빠는 공주 감옥에 있고, 어린 동생들은 어떻게 되었는가 하는 것이 그의 걱정거리였다. 밖에서 면회 오는 이도 없어 아무도 그의 걱정을 풀어주는 사람이 없었다.

이럴 때 유관순의 사정이 외국에도 알려졌다. 미국 교포신문인 신한민보에 아우내시장 만세시위사건과 함께 유관순의 사연이 실려 있는 것이 1919년 9월 2일이었다.

여옥사 8호 감방에는 이애주와 세브란스 병원의 간호사이며 노백린 장군의 딸인 노순경이 뒤늦게 들어왔다. 당시 세브란스의학전문학교 교수로 와있던 스코필드 박사[206]는 평소 잘 아는 노순경을 면회하기 위해 서대문감옥에 왔다. 그는 3.1운동의 광경을 카메라에 담아 비밀리에 서방세계에 알렸고, 또 화성군 제암리에서 일제가 교회당에 주민들을 모아놓고 불을 질러 주민들을 학살한 사건이 일어나자 그 현장으로 달려가 방화와 학살의 현장 사진을 찍어 서방세계에 알린 사람이다.

---

206) 스코필드 박사(Frank W. Scofield, 1889~1970): 영국 국적의 캐나다 연합장로교회 의료 선교사. 1916년 한국에 와서 세브란스 의학전문학교 미생물학과 및 위생학교수로 있으면서 독립운동에 깊은 관심과 후원을 하였다. 3.1운동을 카메라에 담아 비밀리에 서방세계에 알렸고, 4월 15일 화성 향남면 제암리에서 천도교인과 기독교인을 교회당에 모아놓고 문을 못질하여 폐쇄한 후 불을 지르고 총격을 가하여 주민 30여 명을 학살한 사건이 나자 그 소식을 듣고 현장으로 달려가 방화와 학살의 현장을 찍어 보고서와 함께 외국신문에 게재해 일본의 만행을 알렸다. 이런 공로로 스코필드 박사는 독립유공자 훈장을 받았다.

스코필드 박사는 노순경을 면회한 후 간수에게 감옥 안을 보여줄 것을 요청했다. 스코필드 박사는 일본 측에 호의적인 신문인 『서울프레스』에 수감자들이 좋은 대우를 받고 있다는 기사를 읽고, 사실은 서대문감옥에서 죄수들이 비인도적 대우를 받은 사례를 들며 사실이 아니라고 비판하였다. 그러자 서울프레스는 직접 확인해보라며 반박하였기 때문에 이 기회에 감방을 가보겠다고 요구한 것이다.

스코필드 박사의 강경한 요청을 막을 수 없던 감옥 당국자는 그를 여감방 8호실 앞으로 안내했다. 어두컴컴한 감방 안을 들여다본 스코필드 박사는 그 곳에서 유관순과 어윤희 여사, 이애주 여사를 만날 수 있었다. 그 방에 있던 여성 독립운동가들의 면면을 보고 스코필드 박사는 깊은 감명을 받았다.

❀ 3월 1일 1주년 기념 만세

"우리 여기서 만세를 부르더래도 괜찮겠지요. 우리 3월 1일 기념만세를 부를까요? 아주머니, 그래도 괜찮겠지요."

"그러면 여기서 큰 소동이 또 일어나겠지요. 아주머니 우리 만세를 부르다가 죽어도 괜찮지요. 의를 위하여 죽어도 괜찮지요."

1920년 3월 1일이 돌아오기 며칠 전 유관순은 어윤희에게 이렇게 말했다. 1920년 3월 1일 오후 2시, 유관순이 있는 8호 감방에서 만세소리가 터져 나왔다.

"대한제국독립만세! 만세! 대한독립 만세!"

　그러자 다른 감방에서 일제히 호응했다.
　유관순과 어윤희는 비밀리에 감옥 안에 있는 여죄수의 방에다 이미 통보해 놓았다. 만세소리는 감방마다 터져 나왔고, 옥중 만세 소리는 전 수감자들이 호응하여 감옥 바깥으로도 퍼져나갔다. 함께 감방에 있던 이애주, 이신애[207]도 만세를 불렀고 이 일로 지독한 구타와 고문을 당했다고 회상했다. 유관순은 고문에도 굴하지 않고 저항하다가 의식을 잃기도 했다.
　어윤희는 증언한다.

---

207) 이신애(李信愛, 1891~1982): 평북 구성 출생 1919년 호수돈여학교 3년 때 서울지역 3.1운동에 참여했으며 혈성부인회 간부로 암명되어 임시정부의 군자금 모금에 힘썼다. 독립대동단에 입단해 활동하던 중 체포되어 서대문감옥 미결수로 복역했다. 1920년 3월 유관순과 함께 옥중에서 3.1운동 1주년 기념 만세운동을 벌였다. 대동단사건으로 3년, 옥중만세사건으로 2년, 합계 5년형을 받아 감옥에 있다 1924년 4년 반만에 출옥하였다.

"그래서 3월 1일 오후 2시가 되니까 관순이가 대한제국독립만세를 소리높이 불렀어요. 그래서 감옥 안에서 모두 만세를 부르고 소동을 일으키니까… 그러자마자 간수가 방문을 열고 들어와서 유관순이를 끌고 나갔어요. 그래서 머리채를 잡아끌고 나가서 때리고 발길로 차고 그래가지고는 하룻밤을 다른 곳에 두었습니다. 3.1기념만세를 부르니까 낭하에서도 소동이 일어났습니다."

대동단사건[208]으로 구금된 이신애 여사가 서대문감옥에서 유관순을 본 것은 1919년 12월 이후였다. 그가 검사국을 거쳐 서대문감옥으로 간 것이 1919년 12월 13일이었다. 서대문감옥의 1호부터 17호까지는 여류혁명가들의 방이었다. 8호 감방엔 유관순, 어윤희, 이순화 여사들이 함께 있었다. 1920년 3월 1일 미리 계획한 기념만세가 오후 2시에 시작되었다. 애당초 그들의 생각은 여성들끼리 기념식을 끝내고 매깨나 맞을 각오였는데 만세를 부르기 시작하자 3,000명이 넘는 죄수들이 죄다 호응해왔던 것이다. 변기뚜껑으로 철판 벽을 두들기는

---

208) 1919년 11월 대동단(단장 전협)이 주동이 되어 고종의 아들 의친왕 이강을 상하이로 망명하게 하여 대한민국임시정부의 지도자로 추대하려다 랴오닝성 안둥(현 단둥)에서 일본경찰에 발각되어 간부 전원이 체포된 사건

소리, 발길로 문짝을 차는 소음에 이어 독립만세 소리는 날개 돋친 듯 모화간(모화관), 냉동, 애오개, 서소문 등으로 번져 갔다. 당시 감옥 밖의 사람들도 이들의 만세 함성소리를 듣고 함께 만세를 부를 정도였다는 것이다.

유관순의 마지막 모습을 전하는 독립투사 이신애의 증언을 들어보자.

> "몇 시간이 지났는지 놈들은 두셋씩 몰려와서 여자들의 머리끄덩이를 끌고 나가 왕모래 깔린 마당에 꿇어앉히고 분풀이를 했으며 오로지 유관순만이 공매를 맞지 않고 끝까지 대들다가 의식을 잃고 말았다. 그 날부터 유관순은 방광의 파열상을 당했으며 나는 유방이 파열되어 광목 흰 이불을 덮고 죽음을 기다렸던 것이다."[209]

간호원이 옆에 앉아 있었으며, 간호원이 없을 때 몰래 소식을 전해주려는 여자죄수가 있었다. '김배후'라는 사람이었다. 김배후(감배후)는 남편을 죽이고 종신역을 받은 죄수인데

---

209) 추영수, 구원의 횃불, 이신애의 구술, 중앙여자중고등학교, 1971, 114쪽.

여감에서 하인직을 맡아오며 몹시 거드럭거리다가 어윤희 여사한테 혼이 난 후 그들에게 순종하고 심부름을 잘해 주었다. 그러나 유관순을 지키고 있는 간호원이 하도 지독하여 그에 관해서는 아무것도 알아올 수가 없었다.[210] 이신애는 이어 "어느 날 유관순 열사의 방에서 널 뚜껑에 못 박는 소리가 들려왔으며 감방에서 흐느껴 우는 소리가 구슬프게 들렸다"고 하였으나, 이 말이 유관순의 죽음을 말하는 것인지는 확실하지 않다.

유관순이 감옥에서 당한 온갖 고문과 치욕은 이미 앞에서 본 3월 2일 만세시위에 참여했다가 잡혀간 여학생들의 경험을 통해서도 짐작할 수 있다.

여기에 외국인 선교사가 직접 본 경우를 소개한다.

"나이어린 여학생이 얼마나 발길로 차이고 얼마나 머리를 쥐어뜯기며 끌려갔는가를 두 눈으로 보았다. 이러한 잔인 참혹은 아마도 수백 년 전 아직도 문화가 발생하지 못하였던 중세 암흑시대의 사람이 아니고는 겪지 못하였을 것이다. 그 악형의 방법을 보면, 그들은 죄 없는 한국 노유(老幼)를 묶어서 하루 종일 적어도 고통에 못 이겨서 전혀 지

---

210) 추영수 편, 구원의 햇불, 이신애여사, 중앙여자중고등학교, 1971, 396~397쪽.

각을 잃을 때까지 천정에 매어달아 둔다. 혹은 빨갛게 달은 철봉으로 손가락을 지지고 또는 벗기고 쇠바늘로 찌르며, 혹은 집게로 생손톱을 잡아 뽑고, 심한 때에는 조그마한 궤짝 속에 전신을 밀어 넣고, 혹은 콧구멍으로 뜨거운 물이나 고춧가루를 불어놓고, 혹은 참대바늘로 손톱 새를 찌르고, 또는 수없이 태형(笞刑)을 가한다. 이렇게 해서 마침내 죽게 한다. 만일 다행히 목숨을 보전한다 하더라도 몇 달 동안 충분히 몸 보양을 하지 않으면 안 된다. 그 밖에 잔인한 여러 가지 악형은 너무나 참혹한고로 나는 차마 쓰지를 못한다. 또 이 고문은 결코 한두 번이 아니고 밤과 낮으로 또는 한 차례 몇 시간씩 계속된다. 이렇게 해서 허위든 사실이든간에 자백하지 않고는 못 견디므로 그들은 무슨 뜻인지 알지도 못하면서 다만 '네, 네' 하는 자가 많다.'[211]

악랄한 고문의 실상을 적나라하게 드러내고 있다. 너무나 처참하고 잔학해서 차마 눈뜨고 읽기에도 몸이 떨리고 송구스럽다. 고문의 경험은 당시 일제에 의해 투옥된 사람들 대다수가 겪는 것이었지만, 옥중에서 만세를 부르던 유관순의 경

---

211) 나다녤 파이퍼, 3.1운동의 진상, 서울, 1946, 56쪽; 김삼웅, 삼일운동기 여성과 서대문감옥, 2006, 14~15쪽, 21쪽, 여감방 실태

우는 이런 여러 가지 악형을 누구보다 더 혹독하게 당하였을 것임은 말할 것도 없을 것이다.

옥중만세로 고문 받을 때마다 유관순은 지하 감방으로 끌려갔다. 이 지하 감방은 가로 세로 각 1m, 높이 1.4m의 독방으로 유관순처럼 키가 큰 사람은 허리 펴고 서있을 수조차 없는 끔찍한 공간이었다. 지속적인 매질과 말로 표현할 수 없는 고문, 독방 감금 그리고 반복되는 식사 차입금지… 건강하고 활달하던 젊은 여성의 신체는 1년 반 동안의 감옥 생활로 만신창이가 되었고, 방광파열이라는 참혹한 상태로 죽음에 이르게 된 것이다.

七

타오르던 햇불,
한줌 재가 되다

● 죽음과 장례

유관순의 몸은 계속되는 고문으로 만신창이가 되었다. 제대로 먹지도 치료받지도 못한 상태에서 거의 주검에 가까운 상태가 되었다. 이렇게 위중한 상태가 되도록 일제는 그를 감옥에 그대로 방치하였고, 한 번도 제대로 된 치료를 받지 못했다. 17세의 건강하고 투지 강한 여성이 1년 반 만에 사경(死境)을 헤매게 되었다는 것은 일제가 얼마나 비인간적이고 악랄한 만행을 저질렀는지를 단적으로 보여준다.

거의 죽음에 가까운 상황이 되어서야 일제는 유관순의 가족에게 면회를 허락하였다. 이화학당의 월터 선생과 오빠 유우석, 그리고 김현경이 함께 면회를 갔다. 김현경은 공주의 경천소학교 교사로 있을 때 만세시위에 참가하였다. 4월 1일 공주시위에서 유관순의 오빠 준석과 함께 시위를 벌였고, 공주감옥에서 징역 4월에 집행유예 2년을 선고받고 유관순과 같은 감방에서 서로 부추기며 의지가 되어 주었다. 출소한 다음 김현경은 이화학당 보육과에 들어가 공부하고 있었다. 철창사이로 본 유관순은 병색이 완연했다. 얼굴은 퉁퉁 부어있고 걸음도 잘못 걸었다. 김현경은 유관순의 맞잡은 손이 부어서 손자국이 그대로 눌린 채로 있었고, 손가락으로 눌러 만져

보니 살이 썩어서 손에 피가 묻어 나왔다고 증언했다.[212] 거의 죽음 직전이었던 유관순은 마지막 해후에 아무 말도 못한 채 눈물만 흘릴 뿐이었다.[213] 월터 선생과 일행은 간수에게 유관순을 병원에 입원시킬 수 있도록 가출옥시켜 달라고 요청하였으나, 중죄인이라는 이유로 받아들여지지 않았다.

감방에서 같이 지내던 이신애는 어느 날 꿈에 유관순이 나타나 '언니, 나는 가요'라고 해 놀라서 잠을 깼다. 예감이 불길했다. 그리고 얼마 후 유관순이 죽은 것을 알았다.

유관순과 가장 늦게까지 함께 있던 어윤희가 풀려나오고 얼마 안 돼 유관순의 숨은 멈췄다. 처음이자 마지막 면회를 하고 온 지 얼마 지나지 않아 유관순의 사망 소식이 학교에 전해졌다.

이미 책머리에서도 말했듯이 유관순의 시신은 [214] 수레에 실려 돌아왔다. 시위현장에서 입은 허리의 상처가 계속 유관

---

212) 김현경, 삼일여성 14, 삼일여성동지회, 1984.
213) 김현경, 3.1운동 14, 삼일여성동지회, 1984, 47쪽; 동아일보 1971. 3. 1. 7면, 구국의 별이 지금은 구멍가게 노파. 김현경은 공주 경천소학교 교사로 있을 때 공주만세시위에 참가 유관순의 오빠 준석과 함께 시위를 벌였다. 공주감옥에서 징역 4월에 집행유예 2년을 선고받고 유관순과 같은 감방에서 서로 의지가 돼주었다. 징역형을 치르고 출옥한 김현경은 이화학당 보육과에 들어가 공부하던 중, 유관순이 옥사하자 월터 선생과 함께 가서 유관순의 시신을 찾아왔다고 증언했다.
214) 일설에는 유관순의 시신이 토막이 난 채로 석유궤짝에 담겨져서 돌아왔다고 하지만, 이는 당시 주변 사람들의 증언으로 사실이 아닌 것으로 확인되었다.

순을 괴롭혀온 데다 3.1만세시위 1주년 기념으로 벌인 1920년 3월 1일의 옥중 만세로 심한 구타와 고문을 당해 방광이 파열되고 몸이 썩어 들어간 끝이었다.

사실 얼마 전부터 유관순이 출옥할 것이라는 소문이 돌아 친구들은 관순에게 줄 선물로 새 옷을 마련하고, 머리핀을 사는 등 한껏 기다리고 있던 차에 주검으로 돌아왔으니 친구들의 충격은 이루 말할 수 없었으리라.

당시 학교에 있던 친구 이정수는 유관순이 시신으로 돌아오던 날 피눈물로 그를 맞이하였다. 유관순의 온몸은 멍이 들어 있었고 심하게 부패해 있었다. 유관순의 사망일이 9월 28일인데, 시신이 돌아온 것이 10월 12일이었으니 이는 타당한 증언이라고 하겠다.

유관순과 5년 가까이 기숙사에서 함께 지낸 이정수는 누구보다도 유관순의 죽음을 안타까워했다.

"관순이는 괄괄한 성격에다 자존심이 강했어요. 3.1운동 때 옥사하지 않았더라면, 해방 후 분단 조국의 현실을 그냥 바라보고만 있지 않았을 겁니다."라며 "살아 있다는 것이 죄스러웠다"[215] 고 회고하였다.

---

215) 보각스님(이정수)의 증언 중앙일보 1993.3.1, 세계일보 1993.3.1.

유관순의 동무들은 처음에는 면으로 수의를 만들었으나 유관순이야말로 진정한 영웅이라 하여 다시 비단을 사서 밤새워 수의를 만들어 입혔다. 그리고 정동교회에서 김종우 목사의 주재 하에 몰래 장례예배를 드렸다. 일제는 유관순의 장례를 극도로 감시하여 학생들이 참석하는 예배도 제한하고, 마지막 가는 길을 배웅하려는 친구들의 길을 막았다. 10월 14일 학교의 월터 당장과 김활란 선생, 그리고 오빠 유우석 등 몇몇 사람만이 장례행렬을 뒤따를 수 있었다. 학교 일을 맡은 이 씨가 끄는 행구를 뒤따르는 조용한 행렬은 이태원공동묘지로 향하였다.

유관순의 주검과 장례를 목격한 유관순의 친족 중에 유중영이 있다. 유중영은 유빈기의 아들로 유관순의 부친과는 6촌이며 유관순은 유중영의 7촌 조카뻘이다. 유빈기는 일찍이 선교사 케이블을 만나 기독교도가 되고, 지령리교회를 일으키는데 큰 역할을 한 인물이다.

유중영은 공주 영명학교를 졸업한 후 1917년 서울로 가서 박문서관에서 서점 경영수업을 받았다. 이는 아버지 유빈기의 권유였다. 유중영은 서점에서 일하던 중 파고다공원의 3.1

독립운동에 참여하였다. 공주에 있던 아버지 유빈기와 조카 유준석(유우석)도 만세운동을 일으켜 재판을 받게 되었다. 유빈기는 선교사들의 협조로 집행유예 3년을 받아 옥살이는 면하고 서울로 이사하였다.

유중영은 아버지와 함께 자취를 하면서 서점 사업을 시작하였다. 그러던 어느 날 이화학당에서 연락이 왔다. 서대문감옥에서 복역 중이던 유관순이 죽었고 그 시체가 이화학당에 왔다는 것이다. 시체 받을 친척을 찾다가 아버지를 찾은 것이다. 유중영은 아버지 유빈기와 함께 이화학당으로 갔다. 유중영은 당시 상황을 이렇게 기억했다.

"길가에 행랑채 같은 곳간에 싸지도 않은 관이 먼지투성이 땅바닥에 놓여 있었다. 그 밤을 아버님과 같이 경야(經夜)하고 다음 날 학교 직원, 학생 대표 몇 명이 모여 정동예배당에서 초라한 장례식을 김종우 목사 주례로 마치고 허술한 장례로 이태원묘지로 옮겨졌다."[216]

유관순의 묘지에는 묘표(墓標)도 세우지 못했다. 그러니

---

216) 유중영 抄, 고흥 유빈가씨 약사, 1986.1.

이태원 유관순추모비

사실상 유관순의 유골이 어디에 묻혔는지는 확인하기 어려운 상황이 되어 버렸다.

1970년대에 천안에 유관순 열사 사적공원이 설치되면서, 이곳에 유관순 열사의 영정각과 순국 기념비, 봉화기념비, 그리고 유관순 기념전시관 등이 만들어졌고, 유관순이 횃불을 올렸던 매봉산 봉우리에 초혼묘를 만들어 그의 넋을 위로하고 있다.

이태원묘지는 1936년 일제의 군용기지로 개발되었다. 이 과정에서 분묘이장을 공고하였으나 가족이 나타나지도 않았고, 표지도 없어 무연고 묘로 취급되어 합동 화장되어버렸다. 이 합동 화장된 유골의 일부는 망우리 공동묘지로, 일부는 미

분묘이장 공고 신문기사

아리 공동묘지로 이장되었다. 미아리 공동묘지는 해방 후 다시 개발에 밀려 폐지되었고, 망우리 묘지에는 당시 이장된 혼령들을 위로하는 무연고 분묘합장비가 세워져 있다. 최근 한 신문에[217] 유관순이 망우리 공동묘지에 합장되었다는 기사가 실렸다. 이를 계기로 이화여고동창회와 유관순 열사기념사업회가 주관하여 무연고 분묘 옆에 유관순묘 표지비를 세워 유관순의 흔적을 남겼다.[218]

---

217) 조선일보 2018. 6. 5.
218) 2018년 9월 7일 유관순 열사기념사업회와 이화여자고등학교에서 함께 추진하여 건립하였다.

八

유관순 열사에 대한 추모

유관순에 대한 자료는 극히 적다.

그의 생애가 매우 짧았다는 것이 첫 번째 이유이다. 고등학교 1학년(지금으로서는 고2학년정도)의 짧은 생애동안 그 자신이 남겨놓은 기록이나 자료는 전혀 없다고 보는 것이 맞다. 딱 하나, 조카를 위해 손수 뜬 아기모자와 사진 두 장뿐이다. 사진은 학창시절의 단체사진 1장과, 감옥에서 작성된 수형자 카드이다.

두 번째 이유는 이화학당에 그에 관한 기록이 전혀 없다는 것이다. 학적부를 비롯한 어떤 자료도 없다. 위에서 말한 선생님과 학생들이 함께 찍은 사진 한 장도 이화학교에서 나온 것이 아니라, 당시 같은 학생이었던 친지에게서 나온 것이다. 왜냐하면 이화학당 본관 건물에 학적부 등 모든 자료가 있었는데, 6.25전쟁 때 폭격으로 건물이 무너지면서 불이 나 서류가 모두 소실돼버렸기 때문이다.

세 번째는 유관순이 순국 후 거의 30년간, 해방이 될 때까지 아무도 유관순의 순국 사실에 주목할 수 없었다는 사실이다. 유관순의 부모가 한꺼번에 돌아가시고, 오빠도 독립운동에 가담하여 감옥에 가고, 어린 동생들은 고아가 되어 하루아침에 집안이 풍비박산이 났다. 게다가 아우내시위를 주도한 마을 사람들은 유관순 때문에 마을이 초토화되었다고 그를 원망하고 그의 이름조차 입에 올리지 않으려 했기 때문이다.

결국 유관순의 흔적은 조카를 위해 뜬 아기모자와 사진 한 장, 그리고 서대문감옥에 남아있는 판결문과 감옥소 재소자 확인을 위한 수형자카드뿐이었다. 최근에 그의 호적(제적부)과 국가기록원에서 발견한 공주법원 형사기록부가 추가되었으나 다른 직접적인 자료는 전무하다. 나머지 유관순에 관한 이야기는 친구나 스승, 지인들을 통한 증언에서 나온 것들이다.

유관순의 모교인 이화여고에서는 1996년 창립 110주년 기념식에서 유관순에게 명예졸업장을 수여했으며, 2006년 창립 120주년에는 유관순 동상을 유관순기념관 앞에 세웠다.

유관순 열사 명예졸업장 수여식과 기사

● 유관순관련 저술

1. 전영택 『순국처녀 유관순전』

유관순에 관해 처음 나온 저술이다. 저자는 가장 아름답고 가장 슬픈 생애를 가진 유관순을 온 세계에 널리 전하고 자랑할 만한 이름이라 하고, 하루바삐 우리 삼천만 동포에 알리고 싶고 특별히 우리 젊은 여성들과 여학생들에게 알리고 싶은 나머지 조사와 연구가 부족한 것을 돌아보지 않고 시급히 전기를 썼다고 서문에 밝혔다. 그 내용은 중등학교, 초급학생 정도를 대상으로 쓴 글이다.[219]

1948. 3. 1 **수선사 간행** pp.101

1947년에 유관순기념사업회가 조직되고 그 회장으로 당시 문교부장이었던 오천석이 머리말을 썼다. 아직 정부수립도 되기 전인 것이다.

이 책의 특기할 만한 점은 제1장의 제목을 '조선의 잔다르

---

219) 전영택, 순국처녀 유관순전, 서문, 늘봄, 1948. 5. 5.

크'라 하여 유관순을 잔다르크에 비교되는 인물로 설정한 것이다. 전영택은 목사이자 소설가이며, 해방 후 문교부 편수국 편수관을 지내기도 했다.

2. 정광익 『짠딱크와 유관순』

이 책은 잔다르크의 전기를 앞부분에 쓰고, 뒷부분에 유관순 열사 전기를 기록하여 본격적으로 유관순을 잔다르크와 동격의 인물로 설정하였다.

1945년 **동국문화사**

3. 박화성 『타오르는 별 -유관순의 일생-』

이 책은 제목에서 보다시피 여류 소설가 박화성이 유관순의 일생을 소설화하여 쓴 전기이다. 소설의 형식을 빌렸지만, 열정적이고 성실한 현장 조사와 증언의 채록으로 사실에 가장 가까운 기록으로 평가된다.

박화성은 후기에 다음과 같이 밝혔다.

1960년 초판. **문림사 간행**
pp.397

"기미년에 나는 아산 산골 읍에서 16세의 소녀 교원이었다. 삼일운동에 직접 참가할 입장은 아니었다. 어느 날 총독부 기관지인 매일신보에 천안의 만세소요사건의 진상이 나고 그 주모자가 16세의 소녀 유관순이라는 데서 나는 큰 충격을 받았다. 26년 동안 암흑에 잠겨 있다가 해방이 되면서야 유관순의 얘기가 영화로 나타날 수 있었다. 마침 자신도 유관순의 이야기를 소설로 써볼 생각을 가지고 있던 차에 유관순의 모교인 이화여고에서 청탁을 받아 전기를 쓰게 되었다. 유관순의 조카뻘 되는 유제한 씨의 비장(秘藏)의 참고서류와 전영택 씨의 간단한 전기도 참고하였다."

박화성은 유관순의 조카인 유제한과 함께 유관순의 고향인 지령리에 갔다. 출생하여 16년간 자란 그의 집터를 찾고, 1919년 3월 13일 이후 31일까지 그가 헤매 다녔던 여러 고을의 길목을 더듬어 다니며, 매봉에 올라 기미년 음력 2월 그믐밤의 하늘을 태우던 4개의 봉화를 생각하였다. 그날 유관순의 봉화를 선두로 24개의 봉우리에 봉화가 일어난 일을 상상하였다. 또 유관순이 공주감옥에서 함께 고생하던 민원숙, 서대문감옥에서 오랜 시일을 한방에서 복역한 어윤희, 이애주를 만나 갖가지 숨은 얘기를 얻어 들었다. 또 이화학당에서 한반이요, 기숙사에서도 같은 방에서 뒹굴며 함께 장난꾼으로 유명하던 서명학에게서는 학교생활의 모든 에피소드를 들었고, 그때의 실장이던 서은숙 씨와 상급생이며 선생님이던 김활란에게서도 유관순의 성격과 인품 따위를 소상하게 들었다. 누구도 접하기를 꺼린다는 유관순의 오빠 유우석을 어렵사리 만나 유관순의 어릴 적 이야기를 들었다.

따라서 이 소설은 전기소설로써 기록이 없는 유관순의 일생을 증언을 통해서 가장 사실에 가깝게 묘사하고 있다는 장점이 있다.

4. 문정희 長詩集, 『아우내의 새』

문정희 시인은 1987년에 『아우내의 새』를 펴냈다. 그는 이 시집을 쓰기 위해서 거의 10년을 가슴앓이를 했다고 한다. 이 책은 20년 후에 새로 펴냈다.

저자는 "이 슬픈 시집은 그러므로 엄혹한 그 시대를 통과하며 숨죽였던 나의 슬픔에 대한 고백이며, 그토록

1987년 초판. 2007. 6.
랜덤하우스코리아 pp.124

동경하던 자유혼에 대한 찬사이다"라고 했다.

평론가 이숭원이 2007년판 시집의 해설을 썼다.

"유관순을 죽음으로 몰고 간 원인은 무엇인가? 일제의 탄압이라고 생각하는 것은 피상적인 관찰이다. 일제의 탄압 속에서도 멀쩡히 살아남은 사람이 더 많지 않았던가? 진정한 원인은 좌우를 가리지 않고 온몸으로 돌진했던 그의 행동에 있다. 그는 만세 봉기를 주도했을 뿐만 아니라 재판 과정에나 옥중에서도 저항적 언행을 멈추지 않았다. 이것이 우리의 열사를 자궁파열(필자 주: 방광파열)로 이끈 근본 이유다. 그는 1970년대보다 생명의 억압과 행동의 통제가 몇 배 더 심했던 일제강점기에 젊음의 절정을 행동의 절정으로 바꾸는 저항적 궤적을 가장 극적인 형태로 보여주고 세상을 떠났다. 유관순이 문정희 시인의 가슴을 때린 것은 바로 이것 때문이었을 것이다. 이것 때문에 시인은 밤마다 열병을 치르듯 유관순을 끌어안고 불면의 시간을 보냈을 것이다. …

10년의 세월이 흘렀지만, 한국사회는 여전히 유관순이라는 상징적 존재가 필요한 상황이다. 그로부터 20년이 지난 지금도 그 상징성은 여전히 유효하다고 나는 믿는다."

해설자의 마지막 말은 아직도 우리 사회에 유효한 메시지를 던지고 있다.

5. 이정은 『유관순 불꽃같은 삶, 영원한 빛』

역사학자 이정은은 3.1운동을 주제로 박사논문을 쓴 전공자로서 그가 쓴 유관순 전기는 가장 자료를 충실히 조사하고 연구한 결과물로 평가된다.

2004년 **한국독립운동사 연구소** pp.508

책의 형식은 역사서가 아니라 전기물로, 대중적 접근을 하기 위해서 약간의 소설적인 가공의 스토리를 넣기는 했지만, 지금까지 발간된 유관순 전기의 모범이 되는 책이라 할 수 있다.

이 책의 저술 과정에서 자료 수집의 공로를 치하 받을 인물이 천안지역 향토사학자 임명순 씨이다. 이정은 박사의 연구 가운데 상당히 많은 자료가 임명순 씨가 어렵게 수집한 자료들에 힘입어 이루어진 것이기 때문이다.

이 책은 500여 쪽이나 되는 두꺼운 책이므로 일반인들이 간편하게 읽을 수 있도록 다시 축약한 『유관순 −삼일운동의 얼』이라는 책을 2010년에 펴냈다. 유관순에 관한 연구가 진전

됨에 따라 미확인된 부분이나 잘못된 부분에 대한 약간의 수정도 곁들였다.

그러나 유관순 열사에 대한 연구가 완성된 것은 아니다. 앞으로도 부단히 미확인된 부분에 대한 철저한 고증을 통해 사실을 밝혀내야 하는 과제가 남아 있다.

6. 장종현 『유관순 이야기』

2010년 웅진주니어 pp.177

이 책은 삽화를 곁들인 초등학생 대상의 유관순 전기이다. 저자 장종현은 백석대학교 총장이다. 2000년에 백석대학교(당시 천안대학교)에 유관순 연구소가 설치된 이래 유관순에 대한 학문적 접근이 본격적으로 시작되었다. 유관순 연구소에서는 매년 연구결과물을 『유관순 연구』라는 논문집으로 간행하여 발표하고 있다. 『유관순 이야기』는 유관순 연구소 소속의 백석대학교 교수들이 10여년 이상의 유관순 열사의 흔적 찾기, 연구 지원 등을 통해 나온 결과물을 바탕으로 제작되었다. 특기할 점은 이 책을 영어, 일본어, 러시아어 로 번역하여 유관순 열사를 세계에 알리고 있다는 점이다.

● 해방공간에서의 유관순 발굴

이제 우리는 유관순의 순국 사실이 어떤 과정을 통하여 일반에게 알려졌으며, 온 나라가 추모하고 숭앙하는 순국열사로 거듭나게 되었는지 알아볼 필요가 있다.

해방 이듬해인 1946년 2월 21일자 미 군정청 관보에 "3월 1일을 경축일로 정함. 순국열사 제위를 선조와 같이 감사"한다는 기사가 났다.[220] 대한국민대표 민주의원에서 3월 1일을 경축일로 결의한 것이다.

3.1만세운동은 일제하에서 우리 민족이 최초로 최대의 궐기를 일으켜 세계만방에 조선이 독립국임을 선포한 사건이다. 이날 이후 전국적으로 거족적 만세시위들이 이어졌으며 일제의 지속적인 탄압 속에서도 민족의 가슴에 불씨로 남아 해마다 3월 1일이면 기념행사가 끊임없이 이어져왔다. 1920년 이래 3월 1일이 되면 격문과 태극기를 제작해서 살포하고 기습적인 만세시위를 벌였다. 국내뿐만 아니라 국외에서도 기념행사를 치렀다.

일본에서는 3월 1일이면 유학생들을 비롯한 교민들이 삼

---

220) 동아일보 1946. 2. 20.

삼오오 모여서 기념시위를 벌였다. 1923년 도쿄 우에노공원에는 300여명에 달하는 한국인들이 모여들었다. 이미 공원에는 경찰이 배치되어 삼엄하게 경계를 펼치고 있었다. 한국인들은 경찰의 경계가 너무 심해 섣불리 나서지 못하고 이곳저곳에서 수군거리기만 했다. 마침내 한 청년이 나서서 "3월 1일은 조선민족의 영원히 기념할 날이다"고 연설하고 만세를 외치자 군중도 따라서 만세를 삼창하면서 시위를 벌였다.[221] 1928년 요코하마에서도 경계중인 경찰을 따돌리고 수백 명의 한국인들이 아오토야마(靑低山)공원에 모여 만세를 외쳤다. 놀란 경찰이 달려갔을 때는 이미 군중은 해산한 뒤였다. 3.1운동 기념행사는 음악회장에서도 일어났다. 1925년 러시아 연해주의 한인들 수천 명은 광장에 모여 시위행진을 벌이고 연설을 했다. 간도에서는 1932년 삼일절 기념투쟁이 일어났다. 무장폭동이라는 시위형태뿐만 아니라 내용적으로도 일체의 애국주의와 민족주의를 부정하고 삼일절을 '지주 및 자산계급이 일전(一戰)을 벌인 날'로 상징화하는 극도로 과격한 기념행사였다. 이렇듯 3.1절 기념행사는 오사카, 도쿄, 간도, 연해주, 나아가서 중국, 미국 등 해외 곳곳에서 다양한 형태로 전

---

221) 동아일보, 1923. 3. 4. '우에노공원의 기념식'

개되어 왔다.[222]

이제 해방을 맞은 기쁨과 함께 3월 1일을 국경일로 정하고 공식적으로 3.1.기념식 행사를 치르게 된 것이다.

해방 후에 유관순이 언론에 의해 대중에게 처음 알려진 것은 1947년 2월 28일 경향신문에서 3.1절을 기념하는 기사로 유관순이 소개되면서 부터이다. 소설가 박계주는 '순국의 처녀'라는 제목으로 유관순 열사의 독립만세 과정을 소개하였다. 그가 유관순에 관한 기사를 어떻게 수집하였는지는 몰라도, 독립만세를 외친 것과 가냘픈 소녀의 몸으로 감방에서도 독립만세를 불렀고, 배후를 묻는 일제의 고문에 맞서 끝까지 항거하였음을 밝혔다. 그러나 그의 고향이 천안이 아니라 논산이라 하였고, 부모가 독립만세운동 당시에 순국한 것이 아니라, 유관순 열사에게 주모자를 밝히는 과정에서 총살되었다는 등의 오류를 범하고 있다. 그렇더라도, 박계주는 유관순을 프랑스의 구국 소녀 잔 다르크에 비유하였다. 박계주는 당시 유관순의 오빠가 살아있다는 사실을 알지만, 그 거처를 알지 못하여 기사 말미에 유우석이 살아있다면, 신문사로 연락

---

222) 최선웅, 3.1운동 기념의례의 창출과 변화, 역사와 현실 74, 한국역사연구회 2009, 208~211쪽.

왼쪽부터 천안, 이화여고, 장충동(태평로에서 이전)에 있는 유관순 동상

해줄 것을 부기해 놓았다. 그 결과로 며칠 후 유우석과 연락이 닿아 잘못된 사실을 수정하였다.

한편 광복직후부터 초등학교 국어교과서 제작하는 일을 하고 있던 박창해는 교과서에 들어갈 내용을 논의하다가 3.1운동 때 우리 여성 가운데 프랑스의 잔다르크처럼 활동한 사람을 찾아내기로 했다. 함께 교과서를 만들던 전영택과 박창해는 3.1운동 때 이화학생들이 맹활약을 했다는 사실을 알고 이화여고 신봉조 교장을 만났다. 신봉조 교장은 자세한 사실을 알 수 없어서 당시 이화학당에서 태극기와 독립선언서를 준비했던 사람이 서명학 교감이니 서명학 교감을 만나라고 하였다. 서명학 교감은 '당시 이화학생 200여명이 3.1운동에 참여했으므로 누구를 내세워야할지 모르겠다'고 했다. 그런 며칠 후 유제한이 이들에게 와서 "집안에 3.1운동으로 옥살이한 이화학생이 있다"고 했다. 이리하여 유관순의 이야기를 알게 되었고, 박창해, 전영택, 유제한[223]이 유관순을 초등교과서에 넣도록 협의하였다. 1946년경의 일이었다. 그런데 실제로 유관순이 처음 들어간 교과서는 1948년 1월 10일 발행된 문교부 중등국어책이다. 그 내용은 대체로 경향신문에 실렸던 박계주의 글과 대동소이했다.[224] 그러니 전영택, 박창해와 유제한에 의하여 초등학교 교과서에 등재 인물을 발굴하는 중에 박계주의 글이 채용되었음을 짐작할 수 있다.

❀ 박인덕과 신봉조의 유관순 이야기

이화학당에서 유관순의 순국 사실을 제대로 알고 있지 못한 상태에서 이를 알린 사람이 박인덕이다. 박인덕은 해방 후에 이화여자중고등학교를 방문하고 신봉조 교장을 만나는 자리에서 그가 보았던 유관순의 이야기를 꺼냈다. 그때의 만남에 대하여 오랜 후에 두 사람이 라디오 프로그램에서 대담 형식으로 한 인터뷰 녹음이 있다.(요약)

---

[223] 유관순의 일가 인물로 해방 이후 문교부에서 교과서 편찬 업무를 담당. 국어학자.
[224] 임명순, 유관순 열사의 아이콘, 유관순 연구 제22호, 2017. 64~74쪽.

신봉조 교장: *(이화의) 유명한 프라이홀. 프라이홀은 한국에서 많은 여성을 길러낸 명문 건물인데, 거기에 박인덕 선생님이 언젠가 오셨는데, 내가 이화학교 졸업생 중에서 굉장히 국가 민족에 공헌한 사람 있으면 그런 분을 선생님이 말씀해 달라고 했지요. 그것은 프라이홀 남쪽 2층 조그만 방에서 그랬던 것으로 기억합니다. 그때가 언젠가요?*

박인덕 선생: *그때가 태평양(전쟁) 끝난 후, 해방을 당한 후에 이화를 갔는데, 가서 신봉조 교장을 만나뵈었거든요. 지금 아까 설명하신대로 바로 그곳에서. 첫째 신교장이 뭐라 했는고 하니 "아 박 선생 우리가 이렇게 해방되기까지 여러 남녀가 희생을 당했는데, 여자의 대표로 나서야 하겠는데, 어떻게 생각을 하시냐"고. 내가 서슴지 않고 "아, 우리 이화의 학생으로 있던 유관순이"라고 했지요. 왜 유관순이를 택하느냐고 그래서, 나도 그때 서대문감옥에 5달 동안 있었거든요.*

박인덕: *"나하고 바로 앉은 건넌방이에요. 대개 오후 5시 되면, 문을 다 쫙 열고 호명을 합니다. 그러면 간수가 여럿이 오지요. 아무개 아무개 다 있는데, 이렇게 보니까 유관순이가 앉아 있거든요. '아이고 쟤가 어떻게 와 갇혔나'*

말은 못하지요. 거리가 있으니까.

신봉조: 그런데 그 얼굴을 아신 것은 선생님이 가르쳤기 때문에 아신 거죠?

박인덕: 네. 내가 가르쳤으니까 알았지요. … 그런데 저녁에 대한독립만세를 불러요. 어디서 시작됐냐하면 유관순이 방에서 유관순이가 시작한 거에요. "꺄!! 대한독립 만세!" 하면 거기 있는 감방에 있는 사람들이 뭐 다 같이 부르거든. 그러면 간수들이 다 와서 "누가 주모자냐?" 유관순이가 "나요, 내 어머니 아버지가 네놈들 총칼에 죽었소. 내가 그걸 본 사람이야."

…

박인덕: 그래요. 유관순이가 그걸 목격한 거예요. 우리 어머니 아버지를 저놈들이 총살해 죽였단 말이에요. 그뿐만 아니고 어쨌든 우리 민족을 저놈들이… "나는 죽더라도 죽기까지 싸운다." 그러면 끌어내갑니다. 얼마나 때렸는지. "죽여라 나 죽어도 상관없다. 내 목숨 죽어서 내 민족이 구원을 받는다면, 해방된다면 너희 놈들을 쫓아낼 수 있다면 나는 열 번 죽어도 백번 죽어도 좋다." 그 어린 아이가 그렇게 말을 해요. 참. 사실 나는 그렇게 못해요. 날마다 합니다. 날마다 만세소리가 나면 꼭 그 방에서 나는

거예요. 그랬는데, 하루는 지방법원에 갔어요. 같은 날 갔어요. 따로 따로. 오동마차 타고. 지방법원가서 심문을 당하는 거거든.

신봉조: 오동마차라는게… 감옥에서 마차를 타고 갔군요. 지금 같으면 버스를 탔을 텐데, 그땐 오동마차?

박인덕: 네. 오동마차. 내가 오동마찰 탔으니까 알거든요. 우리가 거기 앉아서 지방법원에서 부르기만 기다리는 거예요. 지방법원에 가면 미결수들이 심문받으러 가서 부르기 전에 기다리는 방이 있어요. 그때 고걸 나무로 쪼옥 줄 행랑모양으로. 그래가지고 하나 겨우 들어가 앉지 못하고 서서 한 시간이 되거나 두 시간이 되거나 하루 종일 서 있는 거예요. 한방에 한사람씩.

신봉조: 한 방도 아니지, 한 궤짝에 하나씩.

박인덕: 그래요. 거기 있는데, 누가 벽을 '똑똑', 나무로 했으니까, 하면서 "누구십니까" 그러거든요.

박인덕: 네, 옆 칸에서. 그때도 어떻게 했느냐하니 밖으로 사람이 지나가는 게 어른어른 봬요. 저들이 우릴 지키려니까 우리도 볼 수 있거든. 순사들이 그러니까 그거(순사) 없는 동안 "누구십니까" 해서 "나 박인덕이야" 그러니까, "아! 선생님, 제가 유관순이에요." 옆 칸에 있었거든요.

"어떻게 여기 왔니?" 하니까 그때 말을 하는 거예요. … 사람이 있나 없나, 오래 기다리니까 할 말이 뭐 있나, 띄엄띄엄 다 하는 거예요.

박인덕: 네, 어머니 아버지가 일본 놈에게 총에 맞아 죽는 걸 내 눈앞에서 봤다. 피를 토하고. "선생님, 나는 각오했습니다. 이 몸을 독립운동 위해서 나는 죽어도 상관없습니다." 잡혀서 7년형을 받고 상고했대요. 그래서 여길 왔대요. 그걸 받아도 기결수로 둔 것은 상고했으니까 아직 미결이라 말이야. 그래서 거기 와서 있는 걸 서로 봤으니까 만나서 얘기할 수 있는 건 거기밖에 없죠. 내가 먼저 불려 들어갔어요. 난 나간다는거야. 삘링스가 내 석방을 위해 30원 보석을 내서 나는 그날 돌아오는데, 걔는 언제 했는지 모르겠는데. (서대문감옥에) 돌아와서 그날 저녁 점고할 때 또 보는데, 어쨌든지…

박인덕은 이화학당 대학부 제3회 졸업생으로 모교에서 교사로 재직하고 있었다. 학생들의 만세시위 참여의 배후로 지목되어 3월 10일 구속되었다. 경성복심법원에서 재판을 받으러 온 유관순과 우연히 만나게 된다. 미결수들은 서대문감옥에 수감되어 재판 날이 되면 오동마차에 태워져 정동에 있는

법원으로 호송되었다. 재판소의 미결수 대기실은 한 사람이 들어가 앉을까 말까하는 정도의 작은 칸막이 방이었다. 방이라기보다 한 개의 궤짝이었다. 이 칸막이 궤짝방에서 대기하고 있을 때 옆 칸에서 누군가가 똑똑 치면서 말을 걸어와 유관순의 사정을 들어 알게 되었다.

✿ 유관순기념사업회의 창립

1947년 11월 27일 조선일보 조간에 '억만인의 감읍(感泣). 불멸의 역사 한 페이지. 후광찬연(後光燦然)한 순국소녀 유관순'이라는 제목의 기사가 실렸다.

> "유관순의 사실(史實)이 작년 10월경 처음으로 일부 식자 간에 알려진 후 유 처녀의 모교인 이화여자중학교를 위시한 유지들이 앞서 유관순기념사업회를 발기하고…"

유관순에 관한 사실이 지난 해 10월경에 처음으로 알려졌다면, 이는 누가 알린 것일까? 위에서 언급한 유제한의 이야기를 말함인가? 아니면 박인덕 신봉조 대담에서 유관순을 처음으로 세상에 알리게 된 사실을 말하는 것인가? 어떻든 두 갈래의 유관순 알리기는 1946년경의 일로 알려져 있으나, 아마도 신봉조 교장을 중심으로 한 유지들의 움직임을 보도하는 것으로 보아 박인덕이 신봉조에게 알린 유관순의 이야기가 더 일반에게 퍼지게 되었을 것이다.

이와 같이하여 1947년 8월부터 신봉조 교장을 비롯한 정인보, 최현배, 설의식, 장지영, 서명학 등이 유관순기념사업회를 발기하였다. 11월 말에는 명예회장에 조병옥, 회장에 오천석, 고문에 서재필, 이승만, 김구, 오세창, 이시영, 김규식 등이 참여하고, 위원으로는 정인보, 최현배, 장지영, 이범석 신익희 등 우익 계열의 인사와 학계 대표들이 대거 포진하여 '유관순기념사업회'가 조직되었다.

기념사업회의 목표는 먼저 유관순 열사의 순국기념비, 유관순 동상 및 기념관의 건립과 도서를 출판하여 유관순의 정신을 국내외의 동포에게 보급할 것, 유관순 열사의 정신을 계승하기 위한 교육기관 설치. 유관순 정신을 기조로 한 국민교육을 실시. 유관순의 전기 영화화, 매봉을 중심으로 녹화운동 전개까지 유관순의 얼을 기리는 다양한 행사를 펼치기로 하였다.

그런 가운데, 천안 지령리 유지들도 '순국처녀 유관순 비'를 건립하고(1947년 10월 27일) 병천장터가 내려다보이는 구미산에 '기미독립운동 기념비'를 건립하였다.(1947년 11월 27일) 또 유관순기념사업회의 목표에 부응하여 1948년 5월, 전영택의 『순국처녀 유관순전』이 발표되었다.

이런 일련의 행동은 해방 이후 사상의 혼란이 가중되는 가운데, 그 원인을 애국심 부족이라고 파악하고, 유관순이 청년들에게 부족한 애국심을 보여주는 좋은 선례이기 때문에 이를 밝혀 건국 정신을 확립하기 위하여 간행되었다고 해석하기도 한다.[225]

유관순기념사업회는 2001년에 이르러 '류관순열사기념사업회'로서 사단법인 체제를 갖추고 유관순 열사의 독립 항일 구국정신을 추모하고 애국정신을 계승 선양함을 목적으로 연구 및 출판사업, 장학사업 등을 추진하고 있다.

❀ 유관순 영화의 제작

이어 1947년 11월 말, 유관순 영화를 촬영해 상영되었다. 윤봉춘 감독의 「유관순」은 '국가 재건의 다난한 전도(前途)에 있어 대중 교화와 민심 계발'의 목적으로 제작되었고, 그 효과는 상상 이상이었다. 위의 인터뷰 가운데 신봉조의 증언이

---

225) 정상우, 3.1운동의 표상 유관순의 발굴, 역사와 현실 74, 2009, 252쪽.

이를 말해 준다.

사회자: 신박사님은 어떻게 유관순을 알리게 되었나요?
신봉조: 그때 윤봉춘 감독이 유관순 영화를 만들었어요. 영화니까 뭐 각색, 윤색, 문학적 그런 게 있었죠. 서울을 위시해서 방방곡곡에서 영화로 보고 굉장한 감동을 받았어요. 애국자의 일제시대 당하던 생생한 사실이 영화로 나간 것이 처음일거요. 영화사상 최고의 인원이 동원된 거죠. 그러니 유관순 하면 영화보고 모르는 사람이 없는 거지. 그 영화 보고. 그 다음엔 유관순이 하도 유명하니까. 몇 해 후에 또 다른 사람이 유관순 영화를 만들어 국도극장에서 상영했지. 그때는 배우가 도금봉이란 사람이에요. 윤봉춘이 만든 유관순의 배우 그 아인 죽었어요. 이름은 잊었어. … 박 선생님 그때 말씀. 그게 시초가 되어. 나는 유관순이라든지 그런 사람을 알릴 이치가 없죠. 늘 유관순 씨를 생각할 때는 박인덕 선생을 기억하죠. 박인덕 선생이 열렬하게 하던 그 말씀이 고대로 살아서 전기

가 되어 한국 민족은 물론이고 전 세계에 알려진 거죠. [226]

영화 「유관순」은 당시 대성공을 거뒀다. 비슷한 시기에 함께 만들어진 안중근 의사, 윤봉길 의사의 전기 영화와는 비교도 되지 않을 만큼의 대성공이었다. 유관순을 소재로 한 영화는 1959년, 1966년에도 제작되었으며, 2019년에는 3.1운동 백주년을 기념하여 「항거-유관순 이야기」와 「1919 유관순」이 제작되었다.

🌸 교과서에 신기와 비판

유관순이 교과서에 직접 등장한 것은 초등교육용 교과서에서 시작된다. 이는 위에서 보여준 바와 같이 유관순의 순국 사실이 알려지고, 유관순기념사업회의 발족과 그에 따른 행사들이 행해지면서, 유관순에 대한 대중적 인지도와 국민교육적 활용가치가 급격히 향상되었기 때문일 것이다.

처음에는 3학년 국어 교과서에 단원명 '유관순'이라고 언급된다. 그리고 고등중학교 6학년용 역사교과서에 유관순에 관한 글이 나온다. 이후 유관순은 초등학교부터 중고등 교과

---

226) 신봉조 박인덕 대담, 1978년 10월 7일 '미국의 소리' 방송, 백석대학교 유관순 연구소, 유관순 연구소 소식 제44호, 2006.10.1. 재인용.

서에 지속적으로 언급되었다.

그런데 2009년 유관순이 교과서에 언급된 것에 대한 비판의 글이 나왔다.

> "유관순이 부각된 것은 해방직후 이른바 '우파'로 지칭되는 세력에 의한 것으로, 이는 자신들의 과거-'친일'이라는 과오를 정화하는 동시에 정치적, 도덕적 권위를 부여하기 위한 것이었음을 알 수 있다."[227]

3.1운동의 소환이 과거 '친일' 전력에 대한 면죄부를 받고 도덕적 정치적 권위를 획득하는 과정이었듯이, 유관순을 소환하는 것 역시 권위의 획득과정이기도 했다는 것이다. 그렇다면 3.1운동 100주년을 맞이하여 독립운동가에 대한 재조명, 독립운동가들에 대한 예우의 재인식, 유관순 열사의 보훈 등극의 재조정 등은 어떤 정치적 목적이 있어서 이루어지고 있는가 묻고 싶다.

---

227) 장상우, 위의 글, 237쪽

❀ 백석대학교 유관순 연구소

유관순 열사에 대해서는 국민적인 인물로서 대부분 그 이름을 알고 있지만, 유관순에 대한 본격적인 연구는 별로 이루어지지 않았다.

1997년 충남 천안에 기독교적 인성 감성 지성을 겸비한 인재 양성을 내세운 천안대학교(2006년에 백석대학교로 교명 변경)가 설립되었다. 이 대학은 지역 특성을 살려 천안지역의 인물인 유관순을 연구하기 위하여 2000년에 유관순 연구소를 개설하였다. 이로 인하여 당시까지 만세운동을 했다는 수준에 그쳤던 유관순 열사 연구가 더 심도 있게 전개돼나갔다. 개설 20년이 다가오는 유관순 연구소는 자료의 발굴과 수집을 통해 유관순 열사에 대해 미확인된 사실을 알리고, 학술지『유관순 연구』를 발간하고 있으며 매년 정기학술대회와 국제학술회의를 통해서 유관순 연구를 지속적으로 수행해나가고 있다.

九

유관순가의
독립운동가들

유관순 열사의 부모와 삼촌, 오빠가 모두 3.1운동에 연결되어 사망하거나, 이후의 생을 나라를 찾는 일에 바치고 독립투사로서의 삶을 살아온 것은 위에서 보아온 바이다. 유중권과 유중무의 형제 집안에서 애국과 헌신의 정신이 이어져 삼대에 걸쳐 독립유공자가 9명이나 나왔다. 유관순의 부모와 오빠, 그리고 유관순이 사망한 후에 결혼한 올케 조화벽까지. 그들의 공적을 살펴보도록 하자.

🌸 유중권과 이소제

유관순의 집안은 1919년 4월 1일 이후 풍비박산이 되었다. 부모 유중권과 이소제가 그날 아우내장터에서 살해되었고, 삼촌 유중무도 감옥에 갇혔으며, 같은 날 공주만세시위에 참여한 오빠 유우석도 감옥에 갇혔다. 유관순은 만세운동 직후 일본경찰을 피해 숨어 지냈으나 며칠 후 일본 정보원에 의해 체포되었다. 당시까지 살아있던 유관순의 조부 유윤기는 큰아들 내외의 처참한 죽음과 둘째 아들 유중무와 손자 손녀의 구금으로 충격을 받아 몸져누웠고 두 달 만인 6월 16일에 숨졌다. 유관순의 어린 두 동생 인석과 관석은 졸지에 고아가 되었으나 지령리 마을에서 아무도 거두어주지 않아 유우석과 유관순이 구금돼 있는 공주로 가서 떠돌았다. 이때 영명학교

교감인 황인식이 이들을 거둬 돌봐주었다.

아우내시위에서 딸 유관순을 도와 큰 역할을 한 아버지 유중권의 행적은 그리 두드러지지는 않는다. 유중권은 유씨가문 중에서 기독교를 받아들이지 않은 인물로 알려져 있다. 동생 유중무가 적극적으로 기독교를 받아들이고 그의 아버지 유윤기도 기독교로 개종하였으며, 딸과 아들조카들이 기독교인이 되고, 기독교학교에 다니게 되었어도 그는 유교를 고수하였다. 유우석의 증언에 의하면 제사를 맡아야했기 때문이라고 한다.[228]

흥호학교를 세워 다음 세대의 교육에 투신하였으며, 그로인해 빚을 지고 일본인에게 곤욕을 당하기까지 했다는 이야기도 있지만, 역사 자료에 나타나는 흥호학교는 군수, 면장과 지역 유지들이 협찬하여 일으킨 학교이며, 흥호학교의 임원들이 기호흥학회 목천지회 임원들이라는 점으로 볼 때 기호흥학회 목천지회에서 운영한 학교로 추정된다. 그러나 유중권이 흥호학교와 일정한 연고가 있었음은 추측할 수 있다.

유중권은 유관순이 서울에서 내려와 3.1만세시위 사실을

---

228) 조선일보 1961. 8.26.

알렸을 때 아우 유중무와 함께 아우내시위 모의에 협조하였고, 시위 당일 조인원과 함께 맨 앞줄에서 만세를 부르다가 일제의 총칼에 살해당하였다. 옆에서 남편의 죽음을 본 유관순의 어머니 이소제 여사는 더욱 절규하며 만세를 부르다 역시 일제의 총칼에 숨졌다.

유중권·이소제에게는 1991년에 건국훈장 애국장이 추서되었다.

❀ 유우석과 조화벽

유관순의 오빠 유우석(1899~1968)은 1899년에 태어나 유관순보다 3년 위이다.[229] 아명은 관옥(冠玉), 초명은 준석(俊錫)이었으며 배재학교에 입학한 후 어느 시기에 우석(愚錫)으로 개명한 것으로 보인다.[230] 호는 백노(白奴). 향리에서 유석 조병옥 선생과 같은 시기에 성장하였으며, 한학을 같이 수학하였다. 1913년에 공주공립보통학교에 입학하였고 1916년 3월에 공주공립보통학교를 졸업하고 이어 4월에 사립영명학교

---

229) 호적에는 출생이 광무3년(1899, 명치32년)으로 되어 있고, 배재학교 학적부에는 명치33년(1900년)으로 되어 있다. 이는 유우석이 공주감옥에서 출소한 후 서울 배재고등보통학교에 편입하던 1920년(대정9년)에는 이미 나이가 21세가 되었으므로 의도적으로 1년을 줄여서 기재한 것이 아닌가 추측해볼 수 있다.

230) 유우석의 배재고등보통학교 학적부.

에 입학하였다.[231]

1919년 4월 1일 공주만세시위 때 유우석은 영명학교 4학년 학생으로 시위에 참가하였다.

공주시위운동은 영명학교 교사와 학생, 감리교 목사들이 주도하여 아우내시위와 같은 날인 4월 1일에 일어났다. 공주시위의 준비는 영명학교 목사인 현석칠, 천안의 안창호 목사, 학생 오익표, 안성호, 영명학교 교사 이규상, 김관회, 현언동, 그리고 김사현 등이 학교에 모여 시작되었다. 안창호 목사는 공주에 있다가 천안으로 옮겨 천안 읍내에 교회를 개척하고 있었다. 유관순이 시위 연락을 위해 안창호 목사를 만나 의논한 일도 있었으므로, 공주와 병천의 시위 준비상황은 서로 정보를 공유하고 있었다고 볼 수 있다.

시위에 학생들의 참가가 필요하여, 김관회 선생은 학생들 중 김수철을 불러 대표들을 모으기로 지시하였다. 이 자리에 유관순의 오빠인 유준석(우석), 노명우, 강윤, 윤봉균이 모였고 준비는 착착 진행되었다. 시위 이틀 전인 3월 30일 그는 노명우, 강윤, 윤봉균 등과 만세시위운동의 구체적인 계획을

---

231) 유우석의 배재고등보통학교 학적부에 의거함(2018년 7월 16일 원본대조필). 지금까지는 유우석이 16세에 공주 영명학교에 간 것은 알려져 있지만, 공립보통학교에 다녔다는 것은 알려져 있지 않았다.

논의하였고, 31일 오후에는 이들과 함께 기숙사에서 독립선언서 1,000여 장과 대형 태극기 4개를 만들었다. 4월 1일 오후 2시 유우석은 장터에서 시위군중들에게 독립선언서와 태극기를 나누어 주고 맨 앞에 서서 만세시위운동을 주도하다가 일제에 체포되었다. 8월 29일 공주지방법원에서 소위 보안법 및 출판법 위반 혐의로 6월형을 언도받고 복역하였다.[232] 유우석은 공주감옥에서 재판 받을 때 유관순과 우연히 마주치면서 아우내만세시위로 부모님이 모두 돌아가셨다는 소식을 듣게 되었다. 출옥 후 서울로 올라와 1920년 4월 1일에 배재고등보통학교 3학년에 편입하여 1922년 3월에 졸업하였다. 이어 경성법학전문학교에 진학하였으며, 재학 중 조국수호회를 조직하여 독립운동을 전개하였다.

1927년 부인 조화벽이 루씨여학교로 전근하게 됨에 유우석과 동생들 모두 원산으로 거처를 옮겼다. 유우석은 이 무렵 무정부주의에 눈을 뜨게 되었고 원산의 무정부주의 운동가들인 이향, 조시원, 김연창, 한하연 등과 원산청년회를 표면단체로 내세워 사상계몽운동을 폈다. 무정부주의자로서의 유우

---

232) 독립유공자공훈록 3, 3.1운동편(하), 1987. 151~152쪽.

유우석의 유관순 추억
조선일보 인터뷰 기사, 1961. 8. 26.

석의 생애는 평탄하지 않았다. 계속되는 경찰의 감시로 수사 선상에 오르내리고 구금과 석방을 되풀이했다. 해방 후에는 대한노동총연맹을 결성하고 위원장으로 피선되어 통일운동, 신탁통치 반대운동에 참여하였다. 이듬해 독립노동당 창당에 참여하였다. 1948년 대한민국임시정부 국민의회 산업경제분과 위원장에 피선되었다. 1954년 1월 이승만의 자유당이 숙당 작업을 통해 이기붕 체제로 구축되자 전진한이 탈당하여 노동자 농민 소시민층을 기반으로 노동당을 창당하는데 참여하여 활동하였다.

유우석은 천안을 무대로 삼아 노동당 활동을 펼쳤고, 김창숙 등과 유도회 성균관에서 청년회를 구성하고, 유도회청년회

총본부장에 뽑히기도 하였다.[233] 5.16군사혁명 후 독립운동자동의회를 결성하고, 순국선열유족회 회장으로 피선되어 독립운동 유가족구호에 힘썼다. 1968년 별세하였으며 1982년에 건국포장, 1990년에 건국훈장 애국장을 추서 받았다

조화벽(趙和璧 1895~1975)은 강원도 양양에서 감리교 전도사 조영순(趙英淳)과 전미흠(全美欽)의 무남독녀로 태어났다. 원산 루씨여학교를 거쳐 개성 호수돈여학교 보통과를 나오고 1919년 고등과를 마쳤다. 3.1운동이 일어났을 때 조화벽은 개성북부교회 전도부인 어윤희와 이경지·경채 자매(이선근 박사의 누나들)와 더불어 개성만세시위운동을 주도하였다. 휴교령이 내리자 조화벽은 가방 안에 독립선언서를 숨긴 버선을 담아서 고향 양양으로 왔다. 조화벽은 독립선언서와 다른 지역의 만세운동 상황을 양양의 교회 청년인 김필선, 김주호 등에게 전해주고 이들과 함께 은밀하게 만세운동을 준비하였다.

그 해 가을 조화벽은 공주 영명여학교 교사로 부임하였다. 그 곳에서 영명학교 황인식 선생이 고아가 된 유관순의 두 동

---

233) 한상도, 유우석 조화벽 부부가 걸어간 한국근현대사, 순국소녀 유관순 제7호, 2009.

생을 돌보고 있는 것을 보고 이들을 친동생처럼 보살펴 주고 유우석의 옥바라지까지 하였다. 이런 인연으로 1923년 개성의 호수돈여학교에서 교편을 잡고 있을 때 유우석과 혼인하였고, 유우석 일가는 조화벽의 고향인 양양으로 옮겼다가 1927년 원산 루씨여학교로 전근하였다.

조화벽은 1932년 양양에 정명학원(貞明學園)을 세워 농촌계몽운동에 헌신하였다. 해방이 되자 건국운동에 참여하였다가 후에는 신앙인으로 가난하면서도 내핍생활을 하며 주위의 어려운 사람들을 돕는 생활을 하였다. 1982년 대통령 표창, 1990년 건국훈장 애족장이 추서되었다.

❀ 유중무

유중무(柳重武, 1875~1956)는 유관순의 작은아버지로 자는 성관(盛寬)이고, 유중용(柳重容)이란 이름으로 불리기도 했다.

1919년 4월 1일 아우내장터 독립만세운동을 주도한 사람 중의 한 명이다.

유중무는 일찍이 기독교로 개종하여 천안군 동면 용두리의 지령리 감리교회를 이끌었다. 1912년 장남 유경석을 공주 영명학교 고등과로, 1914년경 딸 유예도를 이화학당으로 유학 보냈다. 딸 유예도가 유관순과 함께 고향으로 내려와 지역의 인사들과 만세운동을 벌이자고 하였을 때 유중권 조인원 등과 함께 거사를 계획하였다.

1919년 4월 1일 홍일선·김교선·한동규·이순구·조인원, 그리고 형인 유중권, 조카 유관순 등이 아우내 장날을 기하여 일으킨 대대적인 독립만세시위에 동참하였다. 이날 오후 1시경 시위 군중의 선두에 서서 태극기를 흔들며 대한 독립 만세를 외쳤다. 일본 헌병의 총에 맞아 빈사 상태에 빠진 형 유중권을 들쳐 업고 주재소로 달려가, 주재소 헌병들을 압박하며 인명 살상에 항의하였다. 이날 시위로 유중권 등 19명이 사망하고 수십 명의 부상자가 발생했다. 유중무는 병천만세운동의 주동자로 체포되어 공주지방법원에서 징역 5년형을 선고받고 항소하였으며, 7월 4일 경성복심법원에서 징역 3년형을 받고 고등법원에 상고하였으나 9월 11일에 기각되어 옥고를 치렀다.

대한민국 정부는 유중무의 공훈을 기려 1977년 대통령 표창을, 1990년에 건국훈장 애족장을 추서하였다

유예도와 한필동

 유관순의 사촌언니인 유예도는 이화학당에서는 관순보다 상급생이었으나 같은 기숙사방을 썼다. 유예도는 유관순의 씩씩함에 비하여 차분한 성격이었으며 몸이 약했다. 천안에 돌아와서 유관순과 함께 이웃 마을 연락을 맡아 이 마을 저 마을 찾아다니며 만세운동을 준비하였다. 유예도는 이미 서울에서 고향에 돌아올 때 일종의 지령을 받고 있었다. 그것은 고향에서 독립운동을 위한 군자금을 모금하는 일이었다. 그러나 시골에서 모금활동이 쉽지 않았고, 조인원 유중무 등 어른들과 모의하여 일본 헌병의 눈을 속이기 쉬운 시골 여인의 행색으로 연락의 임무를 맡은 것이었다. 처음에는 유관순과 같이 다녔으나, 몸이 허약한 예도는 곧 포기하고 유관순 혼자서 먼 길을 걸어 지방의 유림을 설득하러 다녔다. 아우내만세시위가 일어나고 검거 선풍이 불자 예도는 오빠인 유경석을 따라 이리저리 피신하였다. 그러던 중 유경석은 한태유 목사와 의논하여 충남 홍성에 있는 한태유의 고향집으로 유예도를 피신시키고 그곳에서 한태유의 동생 한철유와 결혼시켰다. 이후 유예도는 깊은 신앙인으로 평생을 교회에서 봉사하였다. 그녀는 농촌계몽운동 지도원, 반탁운동 지도위원, 애국부인회 지방 책임자로도 활동했다. 1977년 대통령표창이 수

여되었고, 1990년에 애족장이 추서되었다.

　유예도의 아들 한필동은 후에 광복군으로 활동했다. 한필동은 일본 오사카외국어전문학교를 다니다 학병에 강제로 끌려와 중국전선에 투입됐다. 그는 영어를 전공했으며, 중국어를 부전공으로 했다. 중국말을 할 수 있었기에 일본군에서 중국 후난성 장사(長沙)의 일군 제64부대에 배치되었다. 이곳에서 중국군 포로 감시병으로 근무하다가 유치장에 있는 중국인 포로들을 이끌고 탈출에 성공하였다. 1945년 중경(重慶) 총사령부로 후송되었으며, 광복군 토교대(土橋隊)에 배속되어 임정 요인의 호위, 총사령부 지시에 의한 공작수행 등을 전개하던 중, 광복을 맞이하였다. 한필동은 학병에 나갈 때부터 탈출을 미리 생각했다고 한다. 6·25전쟁 후에 헌병대장으로 있었다. 정부에서는 그의 공훈을 기리기 위하여 1990년에 건국훈장 애족장(1963년 대통령 표창)을 수여하였다.[234]

🌸 유제경

　유경석과 노마리아의 아들 유제경은 유관순의 5촌 조카로서 독립운동가 집안의 정신을 이어갔다. 유제경은 공주고등

---

234) 한국독립사(김승학) 하권, 300·324쪽, 독립운동사(국가보훈처) 6권, 464·466·609쪽, 독립운동사(국가보훈처) 9권, 864쪽.

보통학교에 다닐 때부터 애국 독립정신과 관련된 여러 일화를 남겼다. 5학년 때 졸업앨범 편집위원이 되어 앨범에 단군기원으로 연호를 표기하고 국화인 무궁화를 넣고 졸업소감을 한 마디 썼는데, 이 사건으로 경찰서에 소환되어 조사를 받았다. 이때 "나는 조선 사람입니다. 당신이 당신 나라 사랑하는 것을 자연스럽고 당연한 것이라 했는데, 내가 우리나라 사랑하는 것이 어떻게 나쁩니까?" 라며 조사하는 형사에게 항의하였다 한다.

결혼 후 공주 장기국민학교에서 우리말과 역사를 가르치는 교사로서 학생들에게 애국심을 고취시켰다. 당시 형사들은 학생들을 통해서 뭔가 꼬투리를 잡으려고 하고 있었다. 유제경은 형사들이 학생들을 잡아다가 선생과 대질시키려하는 형사들에게 "일본 교육은 선생과 제자를 대질시켜서 싸움 붙이는 거냐? 우리는 그런 거 없다. 스승은 부모 같아 부모와 자식간에 네가 언제 했냐? 안했냐? 이런 것은 우스운 이야기다. 내가 사실을 확인한다고 사인하면 될 것 아니냐?"라면서, 자기가 했다고 사인하고 학생들을 빨리 풀어주도록 하였다. 그 다음부터 순경들이 유제경 선생을 존경한다고 인사를 했다. 또 대전에서 공판을 받을 때에는 일본 검사에게 "당당하게 자기 할 말을 하고 판사에게는 정의의 편에서 약자를 도와야 한다"고 훈계하는 등 일본의 재판에 굴복하지 않았다. 그래서 3년을 복역하게 되었다. 대전감옥에서 상고하여 고등법원까지 가서 투쟁을 하였고 형이 확정되자 서대문감옥에서 복역하였다. 복역 중에 중국 하이난도(해남도)에 비행장 항만 도로를 건설하는 공사에 투입되었다. 수형자로서 조선보국대에 끌려가 노동하였다. 수많은 수감자들이 죽고 돌아오지 못했는데 유제경은 강제노역 기간을 끝내고 서대문감옥으로 돌아왔다.

해방 후에 유제경은 프랑스 신부와 상호교육을 통해 검정고시로 교수가 되어 공주사범대학 불문과 교수로 정년퇴직했다. 유관순이 짜준 뜨개실 모자는 평생 간직하다가 백석대학교 유관순 연구소에 기증하였다. 1990년에 건국훈장 애족장을 받았다.

유관순이 조카 유제경이 태어났을 때 떠준 모자

❀ 유경석과 노마리아

유경석은 유예도의 오빠로서 유중무의 장남이다. 지령리에서 한문을 수학하다가 1910년 아버지의 권유로 공주 영명학교에 입학, 보통과를 2년만에 수료하고 1912년 고등과에 진학하여 1915년에 졸업하였다. 1916년 영명학교 제1회 졸업생인 노마리아와 결혼하여 아들 유제경을 낳았다. 유관순은 사촌 오빠의 아들이 태어나자 아기 모자를 떠서 선물하였다. 3.1운동에 참여하고 동생 유예도가 수배 당하자 예도를 보호하기 위하여 이곳저곳으로 피신시키다가 예도를 홍성의 한태유 목사의 집으로 보내 그의 동생 한철유와 혼인하게 하고 본인은 일본으로 피신하여 공소시효가 끝날 때까지 10년간 가족과 떨어져 숨어 살았다. 그 후 돌아와 노마리아와 함께 공주에서 공금학원(公錦學園)을 운영하며 교육운동을 폈다.

노마리아는 영명학교 졸업 후 계룡 경천 원명학교 교사로서 문맹자와 가난한 아동을 위한 교육에 힘쓰다가 유경석과 결혼하였다. 노마리아는 3.1만세시위 때 아기를 업고 만세를 부른 바로 그 여인이다. 유경석이 일본에서 숨어 지내는 동안 혼자서 10년간 공금학원을 운영하였고, 남편이 돌아오자 함께 이를 운영하며 문맹퇴치에 힘을 기울었다. 해방이 되자 공주군 애국부인회장, 민족통일본부 중앙협의회원으로 이시영,

조성환, 오하영, 김성수, 이범석, 윤보선 등과 함께 위촉되었다. 1947년 국립경찰전문학교를 졸업하고 제5관구 경찰청에서 경찰공무원으로 근무하였다.

❀ 유관순 일가의 독립운동 서훈자들

유관순 일가의 독립운동 서훈자들

25세	26세	27세	28세	29세
潤基	- **重權** = 이소제	- **愚錫** = 조화벽	- 제충 = 김정애	- 덕상
		仁錫	- 제의	
		七錫(冠錫)	- 장부	
		계출 = 이상칠		
		寬順		
	重武 = 김은혜	- 京錫 = 노마리아	- **濟敬**	
		丁錫		
		寅錫		
		禮道 = 한철유	- **韓弼東**	
		(愛德)		

* 독립유공자는 굵은 글씨로 표시

집단의 순신(김자섭, 1973, 이화여고 유관순기념관)

글을 마치며

영웅 유관순을 그리며

유관순의 일생을 다시 연구하고 자료를 찾으면서 필자의 머리에 내내 의문부호로 남아 있는 것은 '유관순의 만세운동에서 보여주는 저항과 일관된 투지는 어디에서 나온 것일까?'였다.

수많은 독립 운동가들이 함께 만세를 부르며 일제에 저항했고, 독립을 염원했고, 한 목숨을 나라에 바쳐 끝까지 투쟁하겠다고 맹세하였다. 혹독한 고문을 견디어 냈고, 감옥에서 나오면 또 다시 불나비처럼 독립운동의 처절한 삶속으로 뛰어 들어갔다. 어느 독립운동가의 삶인들 헌신적이고 고귀하지 않겠는가? 어느 독립운동가의 삶인들 오늘날의 대한민국을 만드는 원천이 되지 않은 게 있겠는가? 그런데도 우리는 왜 유관순을 특별히 추모하고 그의 정신을 높이 사고, 그 정신을 따르려 하는 것일까?

유관순 열사의 18년의 삶 자체는 크게 내세울 것도 드러나는 것도 없을 수 있다. 시골의 평범한 가정에서 자라난 소녀였고, 이화학교에서 기독교 교육을 받으면서 나라사랑, 민족사랑을 배운 소녀였다. 그러나 남보다 일찍 신교육의 혜택을 받아 장차 한국의 여성을 깨우치고, 여성도 사회의 한 일원으로서 남성과 같이 동등한 인간으로서의 역할을 할 수 있도록 선도해 나가는 선구자적인 인물로 성장할 수 있는 선택받은 소녀였다. 그러한 유관순이 단순한 여성 지도자나 여성인권운동가라는 지위를 넘어서 애국의 화신이 된 동인(動因)은 무엇일까? 즉 유관순의 정신 그것은 어디에서 찾아야 할 것인가?

이제 다시 유관순 열사의 삶을 되돌아보자.

먼저 그의 가정을 주목하지 않을 수 없다. 유관순의 아버지 유중권은 주변의 형제 자녀가 기독교에 귀의하였는데도 자신은 유교적 도덕관념을 유지하고 살았던 인물이다. 기록에 의해 확인되지 않은 사실이지만, 흥호학교를 설립하여 교육을 실시한 인물이었다는 점도 그의 시대적 인식을 엿볼 수 있는 단서가 된다. 유관순이 서울에서 3.1운동의 소식을 전해

오자, 유중권은 조인원 등과 함께 만세시위의 주도적인 인물로 참여하였다. 뿐만 아니라 어머니 이소제 여사도 만세운동에 함께 참여하였고, 두 부모는 그날 아우내장터에서 일제에 저항하다가 함께 숨졌다. 유관순의 오빠 유우석도 같은 날 다른 장소, 즉 공주에서 만세시위를 일으키는데 주역으로 참여하였다. 유우석은 시위로 징역을 살고 나온 뒤 일제하에서 역시 무산계급을 위한 저항운동, 나아가서 무정부주의 운동에 투신하여 일생을 올곧게 살아갔다. 이렇게 부모 형제에게 이어져오는 가문적 특성은 외부의 자극이나 고문에도 굴하지 않고, 불의에 굽히지 않는 성격으로 유관순에게 이어져왔을 것이다.

두 번째로 유관순은 남의 도움을 받으면 이를 보답하고 주변에 자기보다 어려운 사람을 배려하고 돕는 이웃 사랑의 정신을 보여주었다. 이화학당시절에 청소와 빨래를 도맡아 한다던가, 고학생의 어려운 사정을 배려하여 만두를 팔아준다던가, 점심을 거르는 친구를 위해 자기의 점심을 대신 제공한다던가, 심지어는 감옥에 있을 때 어린 아기를 위하여 기저귀를 자신의 체온으로 말려준다던가, 이 모든 사랑의 마음과 행동은 곧 기독교의 사랑의 정신에서 오는 것이다. 어린 시절부터 마을의 교회에 다녔고, 영명학교, 이화학교, 그리고 정동교회를 통해서 길러진 신앙심은 극한 상황에 처한 유관순으로서도 인간애, 이웃 사랑을 발휘할 수 있는 정신을 길러주었다. 기독교 교육. 이것이 유관순의 존재를 저항의 인물, 투쟁의 인물만이 아니라 사랑의 인물로 승화시켜주었다고 할 수 있다.

 셋째, 이화학당에서의 교육은 기독교와 함께 인간의 자유, 평등의 정신을 가르쳤다. 이는 곧 일제하에서 조선의 독립을 추구하는 민족운동의 정신으로 연결되었다. 이화학당 학생들은 을사늑약 이후 자발적으로 국가의 위급을 걱정하는 구국 기도회를 가져왔고, 고종이 갑작스레 붕어하자 대한문 앞에 가서 망곡하는 학생들이 열을 지었다. 이문회를 비롯한 학생 자치조직은 문예를 기초로 현실에 당면한 문제를 인식하고 토론하는 능력을 길러주었고, 3.1운동을 맞이하여 학생 만세운동이 모의될 때 이들은 만세운동에 참여하기로 결의하여 애국심을 드러내었다. 비록 서양 선교사들에 의해 주도되는 교육이지만, 선교사들은 한국의 현실을 이해하였고, 학생들의 애국운동을 묵인하였다. 거기에 이화학당 출신의 교사들이 학생들의 만세운동을 이끌어 줌으로서 학생들에게는 자연스럽게 대한의 독립을 되찾아야 한다는 민족의식이 고양되어 있었다.

넷째 재판을 받고 감옥에 갇혀서도 발휘되는 유관순의 항거의 정신이다. 많은 독립운동가들이 투옥되고 고문 받고, 그리고 징역을 언도받아 적게는 6개월에서 많게는 2년 또는 3년의 언도를 받고 기한이 되어 감옥에서 풀려 나왔다. 물론, 그들 독립운동가들은 자유의 몸이 된 뒤에도 굴하지 않고 다시 독립운동을 계속하고 투쟁과 구금과 고문과 징역의 생활을 되풀이하였다. 그런데 유관순은 감옥에서도 굴하지 않고 투쟁을 계속하였다. 악랄하고 잔혹한 고문을 이겨내고 온 몸이 만신창이가 되어도 "내나라 독립을 외친 것이 왜 죄가 되는가?" "죄인은 너희들이다. 남의 나라에 들어와서 이 땅을 차지한 너희 일본이 죄인이다" 라고 용감히 외칠 수 있는 그의 저항의 힘은 어디에서 나온 것일까? 일제의 재판에 불복하여, 일본인에 의한 재판을 받을 수 없다고 재판관에게 항의한 힘, 그 힘은 어디에서 나온 것일까? 그것은 어쩌면 16세 소녀가 지닌 순수한 정신에서 나온 것이 아닐까? "우리 조선 사람들이 10분의 1만이라도 만세를 부르면 독립이 되지 않을까요?" 라고 스승 박인덕 선생에게 말한 그 순수한 독립의 의지와 신념. 이 순수성은 감옥에서도 조금도 쉬지 않고, 독립 만세를 부른 행동으로 나타난다. 세상 현실에 물들지 않은 16세 소녀의 독립의 소망. 그 소망을 끝까지 지키고 실천해 나가려는 의지. 나라를 위해서는 내 목숨이 하나뿐인 것이 안타깝다는 자기 희생의식. 이것이 유관순을 유관순답게 만든 그 힘이 아닐까?

유관순은 20세기 초 세계적으로 여성의 존재가 인간적으로 가치를 인정받기 시작하는 시기에 민족의 독립을 찾는데 앞장 선 여성 영웅의 한 사람임에 틀림없다. 필자는 영웅으로서의 유관순을 인간적으로 접근하면서, 일반적 영웅이 갖는 설화적인 기이함을 다루게 되는 우려를 피하려고 노력하였다. 그리하여 영웅 유관순은 보통 사람과 다른 하늘에서 뚝 떨어진 초인(超人)이 아니라 남들보다 특별할 것 없는 존재이지만, 그러나 그 속에 감춰져 있는 비범함을 찾으려 하였다.

우리는 흔히 배운 것을 실천하고 진리를 믿으며, 믿는 것을 끝까지 지키는 것이 우리 모두 지켜야 할 덕목이라고 쉽게 말한다. 그러나 잔인한 고문 앞에서, 극도의 공포 속에서, 그리고 목숨을 내놓으면서까지 그 덕목을 지키는 게 결코 쉬운 일은 아니다. 100년이 지난 지금 유관순이 우리에게 영웅으로 다가오는 이유이다.

유관순의 전기를 마치면서, 오늘날 이 부강하고 부족할 것

없는 세상에서 살아가는 우리 후손들은 유관순에게서 무엇을 배울 것인가, 그리고 유관순의 어떤 점을 기려야할 것인가를 다시 생각해보지 않을 수 없다.

유관순의 정신, 즉 이웃 사랑과 자기희생의 정신, 그리고 애국의 정신과 자기의 신념을 굴하지 않고 지켜나가는 실천 의지, 이것이야 말로 지금 우리 시대에 필요한 덕목이 아닐까 생각된다.

이 책이 독자에게 던지는 메시지이다.

저자약력

지은이 **고혜령**

이화여고와 서울대 문리대 사학과를 나와 이화여고 교사로 재직. 후에 이화여대에서 문학석사, 문학박사학위를 받고 국사편찬위원회에서 근무, 편사부장으로 정년퇴직했다. 학교법인 이화학원 재단이사, 이화여고 총동창회 부회장을 역임하였으며, 문화재위원, 한국고전번역원 이사를 역임했다. 역사 대중화를 위해 명가, 고택 답사를 주로 하는 뿌리회 회장직을 맡고 있다. 최근에는 이화 출신의 여성에 대해 관심을 갖고 자료 수집과 연구에 집중하고 있다.

저서

『고려 후기 사대부와 성리학 수용』
–일조각, 2001

『청백리 하정 류관 평전』
–인문학&문화포럼, 2015

『한국 여성 최초 문학사 김란사 꺼진 등에 불을 켜라』
–이화여고동창회, 2016

그 외 공저·논문 다수

색인 INDEX

1919 유관순(영화) 308
2.8독립선언 126, 131, 154, 182
3.1기념만세 272, 280
3.1독립운동 → 3.1운동
3.1만세 → 3.1운동
3.1만세시위 → 3.1운동
3.1만세운동 → 3.1운동
3.1여성동지회 91, 259
3.1운동 100주년 10, 20, 308
3.1운동 10, 22, 25, 26, 40, 52, 70, 79, 80, 83, 91, 109, 116, 122, 127, 129, 132, 136, 138, 146, 150, 153, 155, 156, 158, 163, 165, 166, 170, 179, 184, 185, 188, 196, 198, 199, 202, 215, 216, 223, 228, 239, 247, 251, 258, 262, 269, 280, 281, 293, 295, 298, 299, 309, 312, 313, 318, 325, 329, 331
3.1운동 기념행사 296
3.1운동의 꽃 12
3.1운동의 날 21
3.1절 기념행사 294, 297
3.1혁명 25
3.5만세시위 → 3월 5일 남대문역시위
3월 5일 남대문역시위 162, 164, 166, 167, 170, 171, 173, 175, 177, 179, 180, 184, 202, 208, 239, 247,
3월 5일 만세운동 → 3월 5일 남대문역시위
3월 5일 학생연합 만세시위 → 3월 5일 남대문역시위
3월 5일의 학생단 시위 → 3월 5일 남대문역시위
5.16군사혁명 318
5인 클럽 → 5인결사대
5인결사대 51, 159, 170, 180
6.25전쟁 13, 28, 286
7인결사대 91
7인전도대 58, 194, 195
8호 감방 17, 256, 257, 258, 259, 260, 262, 267, 269, 271, 272
Literary Society 66
New York Times 20
NYT 12
YWCA 70
간과된 여성들 12
감리교 총회 → 감리교대회
감리교대회 151

감리교신학대학교 17
감리교회 충청도 교구 108
김배후 273
갑신정변 148
갓츠이(活水)대학 44
강기덕(康基德) 131, 134, 171, 247
강나열 109
강매 32
강신근 110
강윤 110, 315
강홍식 245
개성만세(시위)운동 258, 318
개성북부교회 258, 318
거울 18, 48, 49, 50, 51, 70, 165, 166, 168, 170, 173, 178, 179, 185, 199, 223, 234, 267, 268
건국훈장 독립장 21
건국훈장 애국장 314, 318
건국훈장 애족장 319, 320, 322, 324
검상대 51, 154, 155, 156, 166
결사대 51, 154, 155, 156, 166
경무총감부 178, 179, 180
경성공업전문학교 131
경성법원 251
경성법학전문학교 316
경성복심법원 224, 245, 248, 250, 253, 254, 303, 320
경성여자보통학교 37
경성의학전문학교 131
경성전수학교 131
경성지방법원 196
경천소학교 278, 279
경천 원명학교 325
고등법원 245, 255, 320, 324
고등보통학교 13, 33, 40, 47, 314, 315, 316, 322
고등여학교령 35
고등학교령 35
고려대학교 171
고야마(小山) 231, 234
고종 33, 94, 127, 128, 139, 152, 154, 157, 162, 163, 190, 197, 212, 272, 331
고종황제 → 고종
고흥 유씨 75, 80, 83, 85
고흥 유씨 집성촌 75
공금학원(公錦學園) 325
공약3장 138, 216
공주 영명학교 → 영명학교

공주감옥 193, 243, 246, 248, 258, 279, 290, 314, 316
공주공립보통학교 115, 117, 315
공주교회 218
공주만세시위 315
공주읍교회 217
공주지방법원 193, 244, 246, 248, 316, 320
공주형무소 193
공주회 65
광무황제 127, 129, 130, 153
광무황제의 인산일 → 고종, 광무황제
광문사(廣文社) 96
광복군 78, 322
교비생 30, 43, 54, 56
교비학생 → 교비생
교육학 42
구국기도회 147
구미동교회 118
국권반환요구서 128
국문 42
국민 누나 22
국사편찬위원회 52, 79, 86, 91, 94, 96, 124, 130, 132, 134, 138, 160, 163, 183, 187, 194, 197
국채보상운동 94, 95, 97, 98, 99, 100, 103
국채보상의연금 98, 99, 104
국채보상취지서 96
국채보상회 97
국현숙 155, 159, 170
군자이문회우 이우보인(君子以文會友 以友輔仁) 66
권애라 258, 262
금주단연(禁酒斷煙)운동 98
기독교청년회(基督敎靑年會) 97
기미독립운동 기념비 306
기숙사 26, 31, 33, 45, 53, 56, 57, 58, 59, 60, 61, 62, 63, 155, 157, 159, 160, 177, 178, 179, 181, 184, 185, 258, 280, 291, 316, 321
기숙사 사감 56, 258
기저귀 268, 330
기호흥학회 목천지회 313
김금후 131
김관회 217, 315, 316
김광제(金光濟) 96
김교선 217, 224, 225, 230, 231, 237, 245, 247, 254, 320

색인 INDEX

김구 305
김구응(金球應) 219, 220, 225, 226, 231, 232, 238, 240, 241
김구현 231
김규식 126, 305
김금봉 165
김금боть 67, 165, 166, 167, 170, 172, 173, 178, 198
김노리베카 38
김독실 44, 146, 181, 196, 210
김동준 165, 184, 185
김란사 10, 33, 56, 57, 60, 61, 68, 69, 149, 153
김마리아 126, 181, 182, 183, 184, 185, 187, 196, 251, 259
김메례 33, 146
김미라 → 김마리아
김배후 273
김복림 165
김복순 159
김복희 118, 189, 190, 193, 246, 248
김봉렬 174
김분옥 155, 171
김사현 315
김상철 239, 245, 254
김상헌 231, 236, 237, 241
김상훈(金相訓) 215, 216, 241, 242, 243, 244, 245, 250, 252
김성수 317
김성실 68
김수철 310
김순의 36
김순이 → 김순의
김신도 190
김애리시 → 김앨리스
김애식 → 김애리시
김애은 190
김앨라 194 ⇒ 김엘라
김앨리스 142
김엘라 165
김엘라 69, 165
김엘리사벳 165
김연창 317
김영의 165
김온순 165, 168, 170
김올루세 165
김용이 231, 232, 241, 243, 244, 250, 252
김원벽(金元璧) 127, 130, 167, 168, 243
김원숙 86
김원주(金元周) 192
김을루 161
김을루세 161
김장방학 60, 61
김점동 42
김종우 24, 146, 275, 276
김주호 312
김진호 전도사 149
김창숙(金昌淑) 125, 311
김평율 170
김폴린 24, 56, 57, 62, 190
김하루논 178, 180
김함나 161, 190 ⇒ 김함라
김함라 161
김향화 254
김현경 242, 272, 273
김형기(金炯幾) 127
김혜정 39
김활란 25, 30, 42, 56, 178, 180, 181, 182, 183, 190, 275, 285
김활란(최활란) 35, 36, 42
김희자 151, 155, 167
꺼진 등에 불을 켜라 67, 149
나다니엘 파이퍼 270
나소카운티 19
나혜석 178, 179, 180, 192, 247
남계석 116
남대문시위 179, 243,
남대문역 학생단 시위 158
남동순 87, 88, 115
노동당 311
노마리아 81, 106, 109, 236, 316, 317, 318, 320
노명우 310
노백린 74, 263,
노블 부인 45, 157, 158, 169, 170
노블 부인의 일기 169
노순경 255, 263, 264,
노예달(盧禮達) 156, 167, 177, 192, 206
노우리박 36
논산영화학교 114
논어(論語) 64
뉴욕주의회 19
뉴욕타임즈 18
단연회(斷煙會) 92
대관원(大觀園) 127
대구민의소(大邱民議所) 92

대동광문회(大東廣文會) 92
대동단사건 255, 266, 267
대록군 73
대목악군 73
대조선애국부인회사건 192
대지령야소교당 94, 95, 97, 99
대학과 30, 31, 38, 39, 56, 63, 67, 140, 141, 142, 190, 192
대학예과(중학과) 31, 38, 56,
대한노동총연맹 311
대한매일신보 93, 95,
대한문 132, 133, 135, 143, 149, 156, 159, 168, 325
대한민국임시정부 74, 267, 311
대한인국민회(Korean National Association) 121
대한자강회(大韓自强會) 93
대한제국 90, 91,
덕수궁 123, 133, 136, 153, 156, 159, 169
덕수초등학교 33
도금봉 301
도별대 24
독립기념관 75, 223
독립노동당 311
독립선언서 124, 125, 126, 128, 129, 130, 131, 132, 134, 149, 154, 180, 208, 211, 212, 214, 222, 243, 258, 262, 292, 310, 312
독립선언식 128, 129, 133
독립신문 32, 188
독립연설회 158, 160
독립운동사연구소 73, 135, 136, 138,
독립청원서 121, 125
독립협회 32, 74
동경 2.8선언 122, 127, 150, 178,
동경 유학생 2.8독립선언
동경미술학교 178
동경여자의학전문학교 178
동경여자학원 178
동아리(Society) 62, 63, 68
동유실(董裕實) 190
동창 유관순의 생각 46, 47, 49, 51
동풍신 255
드루대학(교) 184, 204
드루신학교 157
등재부락 86
러빙소사이어티 63
러일전쟁 90

색인 INDEX

로버트 샤프(Robert A. Sharp) 108
루스(Ruth) 114
루씨여학교 311, 312, 313
류관순열사기념사업회 300
마티 윌콕스 노블(Mattie Wilcox Noble) 157, 158, 169, 170
만동(萬東)여학교 109
만세보 93
만세사건 266
만세시위 45, 75, 104, 106, 128, 134, 154, 158, 160, 176, 180, 195, 197, 208, 209, 211, 212, 216, 220, 221, 227, 236, 239, 244, 254, 255, 272, 289, 297, 310, 314, 324,
만화천 70, 71
망곡(望哭) 150, 153, 325
망명정부 148
망우리 공동묘지 278
망우리공원 21
매봉 82, 222, 284
매봉교회 72, 110,
매봉산 70, 71, 86, 89, 222, 277
매서인(賣書人) 98, 101
매일신보 123, 183, 193, 284,
매일학교(Day School) 112, 114
맹성호 231, 232
메리 스크랜트 31, 32, 97, 144, 145
메인홀 26, 29, 30, 31, 144
명선(明宜)여학당 108, 109
명선여학교 107
명예졸업장 281
명월관 128, 129
모든 일을 단정히 하고 규칙을 따라 행하라 59
목주 73
목천 70, 73, 74, 75, 80, 94, 95, 97, 99, 100, 102, 109, 116, 213, 225
목천군 이동면 지령리 70
목천보통학교 만세시위 209
무단통치 118, 120, 126
무쇠골격돌근의 청년남아야 85
무정부주의 311, 324
무흠단 63
문예반 64
문예회 65, 66
문정희 285, 286
미감리회 여선교회 108
미감리회 조선선교회 108
미리흠여학교 258

미북감리회 144, 145
미아리 공동묘지 278
민원숙 284
민족과 더부러 영원히 산 관순이가 부럽다 48
민족대연합전선 128
민족대표 125, 129, 133, 149, 243
민족자결주의(民族自決主義 National Self-Determination) 120, 121, 122
민찬호 121
박거투룻 → 박경숙
박경숙(朴敬淑) 35, 142, 161, 165, 166
박계주 291, 293
박꺼투룻 → 박경숙
박동완 149
박만석 250
박만성 252
박병호 237
박봉래 213, 222, 235, 241, 244, 252
박상규 237
박태애 188
박순애 142
박승일(朴昇一) 178, 192
박에스더 → 김점동
박에스터 161
박영복 161
박영복 68, 161, 175
박영학 237
박영효 219
박용옥 39, 46, 255
박유복 236, 237
박은규 95
박인덕 44, 52, 70, 146, 156, 166, 167, 181, 182, 183, 184, 186, 187, 188, 191, 196, 197, 210, 246, 251, 252, 253, 259, 260, 261, 262, 299, 300, 301, 302, 303, 304, 305, 307, 308, 332
박제신 245, 248
박준규 241
박창해 298, 299
박초양 120
박충은 17, 82
박치화 117
박화성 13, 246, 287, 288
박현영 32
박흥순 111

박희도 131, 158, 171
방우로 110
방춘실 214
방치성 241
배재고등보통학교 314, 315, 316
배재학교 78, 115, 135, 151, 167, 168, 314
배재학당 32, 148, 149, 150, 151, 153
백석대학교 17, 23, 69, 294, 308, 310
백석대학교 유관순연구소 23, 69, 308, 309
백정운 27, 245, 247, 248, 256
버드나무 가지 156, 166
병천 53, 74, 78, 79, 91, 92, 93, 119, 217, 218, 225, 229, 231, 237, 238, 247, 253, 255, 256, 315
병천만세운동 222, 244, 320
병천시위 → 병천만세운동
병천시장(장터) 91, 231, 237, 253, 255
보각(스님) 26, 54, 157, 164, 178, 189, 279
보상소 97
보성법률상업전문학교 171
보성사인쇄소 132
보성전문학교 131
보통과 40, 41, 45, 47, 52, 69, 70, 109, 116, 144, 318, 325
보통학교 40, 45, 69, 115, 164, 213, 257, 314, 315, 316, 323, 325
보통학교령 35
보호여회 149
복심(覆審)법원 9, 224, 245, 246, 248, 250, 253, 254, 303, 320
본처전도사 102
봉화시위 193, 225
부속학교 43
부흥회 64, 109
붕어 86, 127, 153, 154, 331 ⇒ 고종, 광무황제, 인산
빌링스 45, 192, 257, 297
삘링스 → 빌링스
사경반 107
사경회 강습 103
사범학교령 35
사부인 30, 113, 114, 117
사부인선교기념비 117
사애리시 108, 109, 110, 112, 114,

색인 INDEX

115, 117, 118
사우어 109
사자골 104
삼일여성동지회 23, 277
삼일학교 192
상동교회 78, 112
하몬드 112
상해임시정부 78, 150, 187, 192
샘물이 돌돌아…89
샤프 목사 112
샤프 부부 112
샤프 부인 17, 30, 108, 109, 111, 112, 116
샤프 선교사 17, 30, 108, 109, 111, 112
서대문감옥 17, 25, 80, 180, 196, 202, 205, 208, 246, 250, 252, 257, 258, 260, 262, 267, 269, 271, 272, 275, 282, 287, 290, 300, 303, 324
서대문형무소역사관 17, 251, 257, 258
서영학 45, 47, 48, 49, 50, 51, 54, 155, 156, 158, 159, 166, 170, 177, 298, 305
서몬스(Summons) 38
서병문 245
서병순 241
서사덕(徐思德) 113
서상돈(徐相敦) 96
서숙 17
서우학회(西友學會) 97
서울 만세시위운동 164, 218
서울만세운동 218
서울복심법원 246
서울운동장 168, 172
서울프레스 270
서원보(徐元輔) 101
서준숙 291
서재필 34, 305
석오 이동녕(石吾 李東寧) → 이동녕
이동녕 77, 78
설의식 305
성문회 69, 70
성창호(成昌鎬) 170
세브란스 63, 105, 106, 259, 269, 263, 267, 270
세브란스 간호사 → 세브란스
세브란스 의사 → 세브란스
속장 103, 107, 108, 216

손병희(孫秉熙) 128, 132, 158, 196, 247, 253
손정도 150, 151, 152, 153, 154
손정순 70, 181, 196
송수산나 38
수신사 223
수형자기록표 80, 81, 256, 264
숙명여학교 133
순국의 처녀 297
순국처녀 유관순비 305
순국처녀 유관순전 13, 55, 75, 246, 288, 306
순성여학교 34
숭실학교 78, 110, 115
숭의학교 182
스웨어러 부인(May Shattuk Swearer) 112, 113
스웨어러(Wilbur C. Swearer) 101, 102, 113
스코필드 269, 270
스크랜튼 부부 148
스크랜튼(William B. Scranton) 101, 148
승동교회 158
신관빈 258
신덕심(申德心) 160
신마식 146
신마실라 146, 185
신봉조 135, 262, 298, 299, 301, 300, 302, 304, 305, 307, 308
신봉조관 56
신을우 241
신익희 91, 305
신준려 44, 52, 146, 165, 166, 180, 181, 182, 184, 186, 187, 188, 191, 196, 197, 210
신줄리아 182
신진심(申眞心) 160, 180, 196, 197, 210
신체르뇨 182
신특실 91
신한민보 193, 240. 242, 243, 269
신한청년당 126
신흥우 151, 152
심명철 258, 260, 262
심산 129
심상훈 254
심슨 부인 32
심슨기념관 32
심슨 홀 32, 33, 71, 148

심영식 258
아관(俄館, 러시아공사관) 163
아우내 104, 108, 215, 216, 220, 224, 225, 228, 230, 238, 247, 312, 319, 320
아우내 만세시위 → 아우내
아우내 만세운동 → 아우내
아우내 장날 → 아우내
아우내의 새 291
아우내장터 → 아우내
아우내장터 만세운동 → 아우내
아펜젤러 부부 148
아펜젤러(선생) 33, 67, 161
안나(Anna) 118
안내(Annai) 104
안병숙(安秉淑) 182
안성호 315
안숙자 165, 172, 182, 184, 185
안순환 133
안중근 21, 308
안창호 78, 125
안창호 목사 217, 218, 315
애국가 174, 192
애국기생 258
애국부인회 91, 181, 184, 187, 196, 325
대조선국부인회사건 196
앨리스 샤프(Alice J. Sharp) 17, 30, 108, 109, 111
앨리스 하몬드(Alice J. Hammond) 108
야마모토(山本) 헌병 232
양명 268
어우당(於于堂) 84
어우야담(於于野談) 84
어윤희 165, 222, 223, 233, 234, 246, 258, 259, 262, 267, 268, 270, 271, 272, 274, 279, 290, 318
언더우드 148
에델(Ethel) 118
에드가 후퍼기념관 32
에스더(Esther) 118
엘라(Ella) 118
여옥사(女獄舍) 8호 감방 17, 256, 258, 260, 262, 267, 269, 271, 272
여자보통학교 35, 40
연세대학교 171
연습회 69, 70
연희전문학교 78, 131, 171
염창섭 182

찾아보기 INDEX

영명백년사 111, 114, 116
영명여학교 9, 110, 105, 106, 107, 109, 318
영명학교 78, 108, 109, 110, 111, 113, 115, 116, 117, 215, 217, 243, 281, 312, 314, 315, 318, 320, 325, 330
영명학교100년사 30
영친왕 127, 257
영화(永化)여학교 113, 118
오 이탈리아 38
오동마차 250, 302, 303
오사카외국어전문학교 322
오세창 315
오익표 315
오주경 165
오천석 288
오하영 326
올드 랭 사인 174
외국어학교령 35
용두리 74, 78, 91, 92, 93, 105, 216, 233, 241, 319
용두산 75
용수 250
우국창가 89
우리암(William) 109
원산청년회 316
월터(Miss Althea J. Walter) 27, 28, 160, 161, 168, 276, 278, 279, 281
윌리엄 노블 161
윌리엄 아더 노블 → 윌리엄 노블
윌슨 대통령 124
유경석(柳京錫) 110, 115, 117, 240, 319, 321, 322, 325
유계출 85, 87, 326
유관복(柳寬福) 80, 226, 243
유관석(柳寬錫) 80, 312
유관순 동상 111, 287, 298, 305
유관순 불꽃같은 삶, 영원한 빛 14, 77, 293
유관순 빨래터 56
유관순 상 21
유관순 생가 74, 75
유관순 연구(학술지) 69, 82, 294, 299, 310
유관순 열사 사적공원 283
유관순 이야기 294
유관순(영화) 13, 306, 307, 308
유관순기념관 287
유관순기념사업회 304, 306, 308

유관순묘 표지비 284
유관순－삼일운동의 얼 293
유관순연구소 14, 23, 69, 294, 308, 310, 324
유관순열사 분묘 합장 표지비 9, 23, 24, 284
유관순열사기념사업회 23, 26, 54, 164, 178, 189, 282
유관옥(柳寬寅) 80, 314
유도기 245
유린보육원 267
유몽인(柳夢寅) 84, 85
유몽표(柳夢彪) 84
유빈기(柳斌基) 86, 99, 105, 106, 107, 281, 282
유석 조병옥(維石 趙炳玉) 76, 78, 79, 103, 104, 106, 305, 314
유성배 99, 100
유승백 105
유애다 41, 85, 87
유애덕 245
유영(柳英) 83
유영운(柳榮運) 85, 86
유영일 86
유영직(柳榮稷) 86
유예도(柳禮道) 87, 88, 109
유우석 27, 81, 82, 83, 88, 89, 99, 100, 105, 109, 110, 115, 119, 219, 243, 281, 282, 283, 297, 298, 312, 313, 314, 315, 316, 317, 318, 319, 330,
유윤기(柳閏基) 86, 87, 88, 105, 312, 313
유은상 120
유인복 241
인복 → 유인복
유인석(柳麟錫) 84
유일석 80
일석 → 유일석
유점선 155, 170, 171, 180, 196, 198, 210
유제경 85, 87, 322, 323, 324, 325
제경 → 유제경
유제한 13, 55, 165, 226, 290, 299, 304
유준석(柳埈錫) 88, 115, 117, 215
유중권(柳重權) 86, 87, 108, 119, 120, 215, 223, 225, 226, 228, 231, 235, 236, 237, 241, 312, 313, 314, 329, 330

유중무(柳重武) 86, 87, 88, 99, 107, 108, 114, 115, 215, 226, 231, 235, 245, 246, 247, 248, 249, 254, 255, 256, 319, 320, 321
유중영 102, 275, 276
유중오 237
유중용(柳重容) 319
유중화 86
중화(重華) → 유중화
유창순 219
유청신(柳淸臣) 83
유치사범과 40, 41, 146
유칠석 80, 85, 87
칠석(七錫) → 유칠석
관석(冠錫) → 유칠석
유탁(柳䍡) 83
유학생대회 126
유활(柳活) 84
윤보선 326
윤봉길 315
윤봉길 308
윤봉춘 306, 307
윤성덕 194
윤심성 165
윤치호 38
윤태영 241
윤희천 241
을사늑약(乙巳勒約) 35, 94, 147, 197, 331,
의친왕 152, 272
이강(李堈) 152, 272
이갑성 131, 133, 171
이경지 318
이경지 185
이경재 318
이계순 45
이광수 126
이규상 315
이근문 245
이금선 184
이기봉 317
이문회(以文會) 65, 66, 67, 68, 69, 70, 146, 157, 331
이백하(李伯夏) 215, 216, 224, 226, 230, 237, 245, 247, 254
이범석 78, 305, 317, 326
이상재 38
이상칠 85, 87, 326
이선경 192
이선근 318

이성하 241
이성회(李成會) 32, 66, 68
이소제 85, 87, 228, 231, 238, 239, 241, 312, 314, 326, 330
이순구 224, 230, 237, 245, 247, 254, 320
이숭원 292
이승만 108, 125, 305, 317
이승훈 129
이시영 305, 325
이신애 259, 271, 272
이아주 259
이애주 259, 269, 270, 271, 290
이영남 17
이은(李垠) 127
이은라 146
이울라 165
이인애 146
이자형 11
이정구 120
이정래 120
이정수 26, 45, 54, 157, 189, 279
이정옥 14, 17, 77, 100, 172, 179, 189, 190, 216, 220, 221, 225, 226, 228, 239, 255, 293
이종상 192
이종일 132
이주환 165
이태원공동묘지 → 이태원공동묘지
이태원 묘지 무연분묘 합장비 24
이태원묘지 21, 23, 24, 27, 279, 280, 281
이토 히로부미(伊藤博文) 94, 95
이필주 131, 150, 153
이향 316
이화70년사 38, 43, 68, 165
이화동산 39, 32, 40, 48
이화숙 33, 146
이화여고보 192
이화여자고등보통학교 13, 40, 47
이화여자고등학교 18, 23, 222, 282
이화여자고등학교 총동창회 11, 17, 69
이화여자대학교 17, 37, 46
이화여자보통학교 40
이화여자중고등학교 48, 165
이화학교 본관 13, 56, 58, 148, 286

이화학당 기숙사 26, 31, 33, 45, 53, 56, 57, 58, 59, 60, 61, 62, 63, 155, 157, 159, 160, 177, 178, 179, 181, 183, 184, 185, 280, 291, 316, 321
이화학당 대학과 32, 33, 40, 58, 65, 69, 144, 145, 146, 194, 196
이화학당 보육과 276, 277
이화학당 보통과 41, 47, 52, 109, 116
이화학당 생활규칙 57
이화학당 학칙 전 12조 36
이훨란 45
인산(因山) 129, 130, 157, 162
일본동경미술학교 182
일엽(一葉) 192 ⇒ 김원주
임경애 165
임명순 17, 81, 244, 248, 293, 299
임명애 258, 268
임순남(林順男) 188
임연철 17, 117, 181, 188, 206, 210
임효정 192
잔다르크 13, 22, 289, 298,
장기국민학교 323
장로교 148, 20, 269
장명학교 219
장총현 294
장지영 305
재팬애드버타이저(Japan Advertiser) 138, 140, 142
재팬크로니클(Japan Chronicle) 138, 201
전도부인(傳道夫人) 58, 102, 318
전미흠(全美欽) 318
전영택 13, 55, 75, 94, 246, 288, 289, 290, 298, 299
전주 이씨 86, 87, 221
전진한 317
전치관 241
정광익 289
정대현 214
정동 감리교제일회당 37
정동교회 32, 147, 148, 149, 150, 151, 152, 153, 154, 159, 162, 181, 281
정동여자고등보통학교 257
정동예배당 131, 177, 282
정동제일교회 32, 148, 151, 218
정동제일감리교회 148

정동제일교회 30년사 32
정동제일예배당 26
정명학원(貞明學園) 319
정복희 52, 158, 159
정상우 306, 309
정수영 235, 238
정신여학교 259
정인보 305
정재용 134, 136
정춘영 238
정한경 125
제1차 세계대전 123, 124, 152
제2차 만세시위 162
제2차 세계대전 175
제국신문 97
제암리 269
조국수호회 316
조만수 32
조만형 217, 219, 226, 245, 248, 254, 256
조병옥 76, 78, 79, 103, 104, 106, 305, 314
조사(助師) 102
조선교육령 및 개정사립학교 규정 40
조선독립선언서 196
조선독립신문 133
조선여선교회연례회의(KWMC) 116
조선청년독립단(朝鮮靑年獨立團) 126
조선총독부 122, 123, 163, 197, 224
조선혜 17
조성택 99, 100
조성환 326
조시원 316
조신성(趙信聖) 147
조영숙 165
조영순(趙英淳) 318
조인99, 103, 106, 107, 108, 114, 115, 215, 216, 217, 225, 226, 230, 231, 232, 233, 235, 236, 237, 238, 245, 246, 247, 248, 249, 254, 255, 256, 314, 320, 321, 330
조재순 165
조창석 111
조형원 99
조화벽(趙和璧) 85, 312, 314, 316, 318, 319, 326

색인 INDEX

조희순 165
존스 38
종로 보신각 164, 171
주종의(朱鍾宜) 131
중학과 32, 36, 37, 38, 39, 40, 41, 58, 67, 69, 144, 145, 182, 194, 196
지랭이골 74
지령감리교회 107, 319
지령리 74, 75, 90, 92, 93, 94, 98, 100, 103, 101, 104, 105, 106, 107, 115, 120, 216, 228, 290, 305, 312, 325
지령리교회 103, 108, 105, 114, 218, 281
지령리아소교회 94
진명학교 119
진상부(溱相部) 236
집단안전보장 원칙 124
짠딱크와 유관순 289
차사복 72
차인숙 192
차인제(車仁濟) 192
찬송가 206장 174
찬양회 34
천도교 128, 129, 269
천안 용두 장날 222
천안교회 218
천안대학교 14, 294, 310
천안읍교회 217
철기 이범석(鐵嶺 李範奭) 78
청신의숙 219
청주 한씨 87
총교사 56, 151
최감리사 37
최경숙 37, 169
최남선(崔南善) 129, 132
최린(崔麟) 132, 133
최마그렛 165
최매지 165
최매지(崔梅枝) 146, 165, 196
최문순 192
최병헌 37, 218
최사라 165
최상호(崔相浩) 170
최선재(崔先在) 90
최정철 238, 239, 241,
최학서 225
최현배 305
최활란 37, 44, 146

케블 목사 → 케이블
케이블 78, 102, 103, 104, 106,
쾌활한 청년과 그들의 전도 194
키네(甲) 237
타오르는 별 13, 119, 246, 289
타오르는 별 -유관순의 일생 289
탑공공원 130, 136
탑원리 90, 92, 93
태화관
태화관(泰和館) 132, 133, 134, 137
테일러 161
토지조사사업 122, 123
통감(統監) 95
통감부 35, 95, 100
파고다공원 130
파리강화회의 125, 126, 129, 152, 153
파이프오르간 152
페인 147
평신도대표 151
평양 숭실 → 숭실학교
평양 숭의학교 → 숭의학교
프라이 90, 32, 40, 144, 145, 160, 168, 169, 170, 186, 199
프라이홀 57, 260, 300
피터 현 175, 176
필라델피아 장로교 역사과 문서고 202
하란사 10, 33 ⇒ 김란사
하복순 146, 165, 166
하창순 185
학부(學部) 34
한동규 224, 230, 237, 245, 247, 254, 320
한북흥학회(漢北興學會) 97
한상필 241
한성여자고등여학교 35
한연순 193
한위건(韓偉健) 131, 134, 171
한철유 321, 325, 326
한태유 321, 325
한필동 321, 322
한하연 317
함덕훈 165
항거-유관순 이야기 308
해롤드 174
허애시덕 146
헌병보조원 231, 234, 235, 236, 242
헐버트 33

현석칠 217, 315
현순 150, 152, 175
현연동 315
형사사건부 244, 245, 246
호랑이 어머니 57
호수돈여학교 258, 262, 267, 271, 318, 319
혼건적 83
홍에스터 146, 194 ⇒ 홍에시덕
홍에시덕 165 ⇒ 홍에스터
홍일선 224, 230, 245, 320
홍일선 237
화암 신봉조관 56
황국신민칙어 52
황성신문 36, 38, 97, 104, 120, 170
황애덕(黃愛德) 184, 187, 196 ⇒ 황애시덕, 황에스터
황애시덕(黃愛施德) 181, 182, 196 ⇒ 황애덕, 황에스터
황에스터 10, 184, 251 ⇒ 황애덕, 황애시덕
황용배 110, 115
황인식 110, 313, 318
휴교령 192, 248, 318
흥양 류씨 검상공파세보 80
흥호학교 119, 120, 313, 329

참고문헌

국사편찬위원회 신증동국여지승람
국사편찬위원회DB:
· 국내외항일운동문서 · 한국근대사자료집성 · 주한일본공사관기록
· 고종시대사 · 통감부문서 · 대한민국임시정부자료집 8권
· 일본외무성문서 · 한민족독립운동사자료집 · 한국독립운동사자료집
· 한국독립운동사 2 · 윤치호 일기 일제침략하한국36년사 4권
· 신편한국사
한국민족독립운동사료(중국편) 국회도서관, 1976
독립운동사편찬위원회, 독립운동자료집 4종, 삼일독립운동실록, 1985.
김병조, 한국독립운동사 상, 1920, 상해
독립신문
신한민보
대한매일신보
황성신문
한국독립신문
조선일보, 동아일보, 경향신문, 한국일보, 세계일보 중앙일보 신동아
홍양류씨 검상공파세보 1936
고흥류씨검상공파보 1979
고흥류씨세보 1994
이화여자중고등학교 교지, 거울
독립운동사연구소 편, 재팬애드버타이저, 3.1운동기사집, 2015.
이정은, 유관순 불꽃같은 삶 영원한 빛, 한국독립운동사연구소, 2004.
이정은, 삼일운동의 얼, 유관순, 2010.
김폴린, 주님이 함께 한 90년, 보이스사, 1989.
홍석창편, 천안 공주지방 교회사자료집, 도서출판 에이멘, 1993.
현순, 자서전, 연세대 국학연구소
마티 윌콕스 노블, 삼일운동, 그 날의 기록, 대한기독교감리회 서울연회본부, 2001.
추영수 편, 구원의 횃불, 중앙여자중고등학교, 1971.
조병옥, 나의 회고록, 1959.
김활란, 그 빛 속의 작은 생명, 이화여자대학교출판부, 1975.(신판 1999)
피터 현 지음, 임승준 옮김, 『만세』 한울, 2015. (원저: Hyun Peter, Mansei,–the Making of a Korean American –, University of Hawaii Press, 1996.)
유중영 抄, 고흥 유빈기씨 약사, 1986. 1.(필사원고)
전영택, 순국처녀 유관순전, 1948.
박화성, 타오르는 별–柳寬順의 一生, 세운문화사, 1960.
문정희, 장시집 아우내의 새 2007.
짠딱크와 유관순(짠딱크와 柳寬順), 풍국문화사, 1954.
전택부, 인간 신흥우, 대한기독교서회, 1971.
최은희, 조국을 찾기까지–한국여성활동비화 중권, 탐구당, 1973.
삼일여성동지회, 3.1운동 14, 1984.
이화여자고등학교, 김용섭 저, 이화70년사, 1961.(공판인쇄본)
이화여자고등학교, 이화80년사, 1986.

참고문헌

이화여자고등학교, 梨花百年史, 1994.
이화여자대학교, 이화100년사, 1994.
강매, 정동교회30년사, 1915.
정동제일교회 역사편찬위원회, 정동제일교회 125년사, 2011.
기독교대한감리회 정동제일교회, 정동제일교회의 역사, 1992.
영명100년사 편찬위원회, 영명100년사, 공주영명중고등학교, 2007.
영명중고등학교총동창회 편, 영명팔십년사, 1985.
영명90년사편찬위원회, 영명구십년사, 1997.
장종현, 유관순이야기, 웅진미디어, 2010.
유관순 열사기념사업회, 순국소녀 유관순 창간호, 2003.
이윤희, 한국민족주의와 여성운동, 신서원, 1995.
박용옥, 한국 여성 항일운동사 연구 서울, 지식산업사, 1996.
고혜령, 꺼진 등에 불을 켜라 - 한국 최초의 여성 문학사 김란사, 이화여자고등학교 총동창회, 초이스북, 2016.
찰스 스톡스 지음, 장지철 김홍수 옮김, 미국감리교회의 한국선교역사 1885~1930, 한국기독교역사연구소, 2010.
동아일보, 3.1운동 50주년기념논집, 1978.
장병욱, 한국감리교여성사, 1979.
김창수 · 김승일, 해석 손정도의 생애와 사상 연구, 넥서스, 1999.
김진봉, 3.1운동사연구, 국학자료원, 2000.
김진봉, 3.1운동, 민족운동총서 제2집, 민족문화협회, 1980.
고춘섭 편저, 수양산인 정재용 전기, 2008.
홍석창, 매봉교회가 낳은 민족의 보배 유관순, 2014.
최은희, 여성을 넘어 아낙의 너울을 벗고-한국 최초의 여기자 추계 최은희의 개화여성열전, 문이재, 2003.
이덕주, 한국 교회 처음 여성들-개화기 여성 리더들의 혈전의 역사, 홍성사, 2007.
윤정란, 한국기독교 여성운동의 역사, 국학자료원, 2003.
독립과 민주의 현장 서대문감옥역사관, 서대문구 도시관리공단, 2014.
한국여성독립운동사, 3.1여성동지회, 1980.
뿌리깊은 나무, 털어놓고 하는 말 2, 1980.
이덕주 최태육, 유관순가의 사람들, 신앙과지성사, 2019
임연철, 이야기 사애리시, 신앙과지성사, 2019
The Korea Repository, March, 1892.
The Korea Mission Field, 1914.10.
Official Minutes of the 18th Annual Meeting Korea Mission, 1902.
Korea Woman's Conference, 1906. 1915.
Official Minutes of the Korea Mission (MEC), 1902(18차)
Minutes of the Korea Mission Conference (KMC), 1904~ 1908.
Korea Woman's Conference of the Methodists Episcopal Church(KWMC), 제15회(1913), 제16회(1914), 제17회(1915).
In duk Pak, September Monkey, New York, 1954.
Conrow, Our Ewha, 1956.
미감리교회부인선교부, 50 Years of Light, Seoul, Korea, 1938.

불꽃처럼 살다간 梨花人 ③
유관순 횃불되어 타오르다

1판 1쇄 인쇄 2019년 11월 25일
1판 1쇄 발행 2019년 11월 29일

발행인 이자형
발행처 이화여자고등학교 총동창회(www.ewha1886.net)
주소 서울시 중구 정동길 26(정동) | **전화** 02-752-3364 | **팩스** 02-775-2890

지은이 고혜령
펴낸곳 초이스북
출판등록 2009년 12월 9일 제307-2012-19호
전화 02-720-7773 | **팩스** 02-720-7760 | **이메일** choisbook@gmail.com
디자인 이희철
인쇄 올인피앤비

저작권자 ⓒ2019 by 이화여자고등학교 총동창회
이 책의 저작권은 이화여자고등학교 총동창회에 있습니다. 저자와 출판사의 허락 없이 내용의 일부를 인용하거나 발췌하는 것을 금합니다.

ISBN 979 11 86204 25 2 03910

값 13,000원